Holde Heuer

Augen-Blicke

Holde Heuer

Augen-Blicke

Ganz private Gespräche mit …

Vorwort von Peter Ustinov

UNIVERSITAS

Meiner Mutter

Schutzumschlag: Katja Ungerer, Stuttgart
Lithos: Lorenz & Zeller, Inning
Druck: Jos. C. Huber KG, Dießen
Binden: R. Oldenbourg, München
Printed in Germany
ISBN: 3-8004-1128-8

Inhaltsverzeichnis

Peter Ustinov
anstelle eines Vorworts

Bei uns ist es 5.30 Uhr morgens und 7.30 Uhr hier in Moskau. Irgendwo in meiner riesigen Hotelsuite läuft Wasser in die Badewanne. Ich kann es deutlich fließen hören.

In drei Stunden habe ich einen Termin mit Herrn Gorbatschow, gemeinsam mit einigen Kollegen. Eigentlich, denke ich, sollte Holde Heuer meinen Platz einnehmen. Erstens ist sie dekorativer als ich und, nach der Eleganz der Frau des sowjetischen Parteichefs zu schließen, kann er nicht ganz unempfänglich für Schönheit sein. Zweitens aber, was viel wichtiger ist, hat Holde Heuer einen scharfsinnigen, glasklaren Verstand, der aus Journalismus ein Erlebnis und eine Liebe zur Sache macht. Bei Holde Heuer ist er keineswegs nur ein Mittel, sich den Lebensunterhalt zu verdienen.

Ich kann keinem Journalisten vertrauen, der vorgibt, völlig objektiv zu sein. Holde Heuer ist eine Frau, die feste Anschauungen vertritt, die eine nützliche Portion von Zweifeln nicht ausschließen. Sie ist eine Frau von starkem Gefühl, das sie sorgsam mit Vernunft mäßigt.

Eine erstklassige Journalistin? Zweifellos! Man verliert mit ihr jedes Gefühl für Zeit. Dabei fällt mir ein – ich höre das Wasser nicht mehr! Oh Gott ...

ГОСТИНИЦА
·СОВЕТСКАЯ·
МОСКВА

20. 10. 86

It is 5·30 in the morning, our time: 7·30 Moscow time. My bath is running somewhere far away in this immense hotel suite. I can hear the water cascading from a great height.

In three hours time, I have an appointment with Mr. Gorbachev, together with some colleagues. It occurs to me that it should really be Holde Heuer who takes my place. First of all, she is more decorative than I am, and judging by the elegance of his wife, the first secretary cannot be entirely insensitive to pulchritude. Secondly, and most importantly, she has a penetrating and crystalline mind which makes of journalism a high adventure, a labour of passion, instead of merely a means of earning a living!

ГОСТИНИЦА
·СОВЕТСКАЯ·
МОСКВА

II

I never quite trust an interviewer who gives the appearance of having no point of view, of neutrality. Hölde Heuer is a creature of convictions pleasantly and useful mixed with doubts, and of emotions carefully tempered with reason. In other words the usual questions and answers soon become conversation. A first-class journalist? Without any doubt. One loses all sense of time. Speaking of which, I can no longer hear the bath water. Oh, God...

In haste

[illegible]

Helmut Berger

»Ich lebe in einer Welt, die für viele unverständlich ist ...«

Der Mann fällt zurück in den Sessel, streift nervös mit schmalen Fingern durch die kurz geschnittenen, hellen Haare. Er mustert unsicher das Glas Champagner auf dem Beistelltisch, beugt umständlich den Körper nach vorne, umfaßt den Kelch mit einer Hand, zögert Sekunden und schiebt es vorsichtig auf die Glasplatte zurück.
»Du zitterst«, sage ich behutsam, »ich lasse dir einen Strohhalm bringen«, und ziehe den Couchtisch nah an seinen Fauteuil, umfasse beruhigend seinen Arm: »Ich kann dir dein Glas aber auch gerne halten?«
Gelächter aus dem Publikum!
Das blasse Gesicht wird eine Spur bleicher.
Beginn meiner Talk-Show mit Helmut Berger! Ein Gespräch um Dollars und menschliche Ungereimtheiten eines sensiblen und hochintelligenten Weltstars!
Helmut Berger, ganz kurz: Österreicher, Sohn reicher Eltern, übertriebene Liebe zur Mutter, Haß auf den unverständigen Vater, aufsässiger Schüler, Internatswechsel, Hotelfachschule, Schauspieler, bekannt geworden durch »Visconti-Filme« und bis heute in 49 Filmrollen, ledig, ohne festen Wohnsitz.

Helmut Berger wirkt in dem dunklen taubenblauen Anzug noch schmaler als auf dem Bildschirm. Er ist nüchtern – auf eine Bitte von mir – und sehr aufgeregt. Kalte feuchte Hände bei der Begrüßung! Berger hat Angst vor dem Publikum; vor Menschen, die er nicht kennt, die ihn sehen und ihm zuhören.
Berger mit leiser Stimme: »Statt Champagner wäre mir eine Beruhigungstablette jetzt lieber und dazu ein Kleenex, das Micro rutscht aus meiner Hand.«
Ich spreche ihn auf Drogen an.
»Ich bin ein social smoker, ein social drinker, ein social sniffer, ein social fucker.«
»Du bist bisexuell?«
»Ich mag im nüchternen und betrunkenen Zustand nur Frauen, habe betrunken Heiratsanträge gemacht, die ich im ausgenüchterten Zustand bereut habe. – Betrunken schlafe ich auch mit Männern, eigentlich mit allem, was sich bewegt.«
»Und Liebe?«
»Liebe habe ich in meinem Leben nicht genug bekommen und kann nie genug Liebe bekommen. Ich schreie danach, wenn sie mir fehlt.«
Flapsig versucht Berger, Sehnsüchte nach einer Frau, die nur für ihn da ist, zu umgehen. Sogar um die Kindererziehung machte er sich schon Gedanken.
»Vorbild müßten die Eltern sein und liebevoll.«
Ich erlebte ihn mit meiner vierjährigen Tochter Laura in seinem Freundeskreis. Zwei Stunden spielte er mit ihr, dachte sich köstliche Geschichten aus, war fröhlich wie ein Kind. Später sagte er zu mir vorwurfsvoll: »Du mußt mehr Zeit mit deiner Tochter verbringen, engagiere dich weniger in deinem Beruf und sei mehr für Laura da!«
»Wer waren die Heiratskandidatinnen und warum hat es nicht geklappt?« fragte ich unvermittelt Berger.
»Meine Mutter war nie zufrieden mit meinen Freundinnen. Und eine Mutter hat immer das richtige Gefühl für ihren Sohn. – Bianca Jagger konnte nicht einmal Tee kochen, saß nur da und rauchte. Da hat der Mick meiner Mutter schon besser gefallen und er konnte auch Tee kochen. Dasselbe mit Marisa

Mell! Sie war schön, sie war lieb, aber meiner Mutter zu verrückt!«
Berger hätte gerne eine Frau, eine, die ihm nachreist, Koffer ein- und auspackt, ein Hausmütterchen, das ihm Salzburger Spezialitäten serviert. Er sagt wörtlich: »Aber dafür als Mann arbeiten, daß die Frau sich bei Valentino einkleidet und Gucci-Handtaschen trägt, brauche ich nicht.«
Selbständig müßte sie sein, eine Frau, die ihre eigene Meinung hat, aber immer für ihn da ist! Und keine Schauspielerin; ein Verrückter in der Familie reicht!
Berger zündet sich hastig die x-te Zigarette an. Seine Hände sind fahrig. Was mag in ihm vorgehen? Ich komme auf seine Ängste zurück. Ja, er hat Angst vor seiner Verletzbarkeit, den Depressionen und den darauffolgenden betäubenden Exzessen. Sie haben in seinem sonst jugendlichen Gesicht tiefe Linien gegraben. Er hat Angst vor dem deutschen Publikum, glaubt, daß die Menschen ihn mit den Veröffentlichungen, die ihn als schwierigen Paradiesvogel schildern, gleichsetzen.
An den Paradiesvogel und die Diva »Berger« erinnert an diesem Abend wenig. Ein Zwischenruf von einem Gast!
»Ich habe den Eindruck, daß Sie ein Menschenverachter sind. Ihre Sprache ist zum Teil ordinär.«
Berger zieht die Schultern hoch, winkt energisch mit beiden Händen ab: »Nein, nein! Ich zeige keine Menschenverachtung. Ich fürchte mich vor Menschen wie jetzt hier. Auch Sie haben doch eine andere Vorstellung von mir. Das ängstigt mich! Darum schirme ich mich ab. Ich spiele in Filmen dekadente und perverse Rollen und die Leute glauben, daß ich so bin: blasiert und vulgär. Aber ich bin kein schlechter Mensch. Ich mache das Beste aus dem Leben und bin ehrlich; deshalb meine klare Sprache. Aber manchmal verstehe ich mich selber nicht.«
Rüde Beschimpfungen auf Polizei, Prügeleien bei durchzechten Nächten mit systematischer Zerstörung der Bareinrichtungen waren seinem unguten Image nicht gerade abträglich. Bergers Kommentare dazu: »Die Nachtclubs waren häßlich und brauchten einen neuen Dekorateur«, machen es dem Publikum schwer, den randalierenden und tobenden Berger vom

jetzigen ruhigen und reservierten Berger zu unterscheiden. Ist er mit sich selbst eins? Berger ist voller Widersprüche. Er kann nach exzessiven Nächten den Blick in den Spiegel kaum ertragen. Er klagt sich selber an; denkt an Schönheitschirurgen und will sein Leben ändern!

Berger, der Unstete, der ohne festen Wohnsitz von Hotel zu Hotel eilt, und sich doch nach einer ständigen Bleibe sehnt. Er will eine Wohnung oder ein Haus in London suchen. Die englische Hauptstadt soll seine zukünftige Heimat werden. London ist für ihn im Gegensatz zu Paris eine »männliche Stadt« mit den besten Schauspielern der Welt. Aber Theaterboden wird er nicht betreten. Ein Theaterstück nach zwei Monaten Proben viele Abende zu spielen füllt ihn nicht aus. Er zieht den Film vor. Filmarbeit ist ungleich schwerer. Auf die Sekunde genau muß eine schwierige Szene sitzen. Das ist Faszination. Berühmte Regisseure wissen um die schauspielerische Brillanz eines Helmut Berger. »Die Verdammten«, »Ludwig II.« und, und, und ...

Aus dem Liebesreigen der Carringtons als rauschgiftsüchtiger Peter de Vilbis wurde er trotz aller Unkenrufe von Erfolgsproduzent Aaron Spelling nicht gefeuert. Es war seine eigene Entscheidung. Er sagt: »Keine Gage der Welt bringt mich als wandelndes Mannequin zurück. Vorher ginge ich auf den Strich.«

Ist jetzt Berger in seinem Element? Angriffslustig stützt er sich auf die Sessellehne: »Ich bin ein europäischer Schauspieler und ich liebe Europa. Warum soll ich mich in Amerika prostituieren? In den Händen der amerikanischen Studios wird der Künstler entmenschlicht und erniedrigt, und wenn er nicht mehr spielen kann, bekommt er eine Ladung Vitaminspritzen verpaßt.«

»Würden Produktionen oder Regie in meiner Hand liegen, würde ich deutsche oder österreichische Stoffe verfilmen. Schnitzler oder Handke zum Beispiel! Keinen Franzosen! Wir haben doch eine anspruchsvolle Kultur in Deutschland und Österreich, und so viel Material, das noch verfilmt werden kann. Und wer verfilmt deutsche Literatur? Ausländer, das ist furchtbar!«

Applaus vom Publikum! Endlich! Berger atmet auf.
Am 23. September 1984 war für die Denver-Serie auch sein letzter Arbeitstag als Schauspieler, verschiedene Rollenangebote liegen vor. Ihn interessiert ein Filmangebot von Werner Herzog. Das Drehbuch ist hervorragend und vielleicht wird er einen Vertrag unterschreiben. Man wird sehen, denn langfristige Planungen liegen Helmut Berger nicht. »Ich unterschreibe drei Tage vor Drehbeginn.«
Berger mag die Amerikaner nicht. Sie sind puritanisch mit einer doppelbödigen Moral.
»Die lächeln sogar noch, wenn sie einen Trauerfall erfahren. Außerdem sind die Chancen deutscher Schauspieler in Hollywood gering. Sie werden von der Filmmafia in bestimmte Rollenklischees wie Nazioffiziere oder blonde Dummchen gesteckt.«
New York ist für Berger ein Tollhaus. »Ein paar Tage ›Shopping‹ von T-Shirts, wo ›Fuck you‹ draufsteht, was mit das einzige ist, worüber Amerikaner sprechen können. Immer ›Shit‹ und ›Fuck‹! Sie haben die besten Jeans, Hamburger and Fried Chicken, sind ›business minded‹, aber sie haben keinen Persönlichkeitskern und keine Kultur.« Nur drei Namen aus dem amerikanischen Showgeschäft ragen für Helmut Berger heraus: Barbra Streisand, Faye Dunaway und Burt Lancaster.
Gehört es der Vergangenheit an, daß Berger das Hotelpersonal beschimpft, schlechten Zimmerservice reklamiert, den Masseur hinauswirft oder einen Techniker provozierend an den Po greift? Oder bleibt es sein Spiel, wie auch das Verschenken von eleganten Lederkoffern und großzügigen Trinkgeldern an die Hotelangestellten? Berger ist für jede Überraschung bereit. Er kauft innerhalb von Stunden beim exklusiven Leder-MCM 26 Koffersets in weiß/blau, die er einen Tag später gegen die Farbe schwarz tauscht. Geld spielt keine Rolle, solange es vorhanden ist. Stimmungen und Emotionen verleiten ihn zu diesen spontanen Käufen.
Helmut weiß, daß Menschen, die sich nicht selber lieben, auch keine Liebe geben können.
»Ich habe Ehrfurcht vor mir selber, vor Gott und vor meiner ei-

genen Furcht. Ich weiß, wenn sich eine Tür in meinem Leben schließt, öffnet sich immer eine neue.«
Für Berger ist das Leben wie ein Durchgang zu einem anderen Leben.
Seine Freunde sind seine Familie, für die er immer da ist – wenn man ihn erreicht. Ich hatte ihn drei Wochen vor diesem Interview gebeten, nach Stuttgart zu kommen und bei dieser Talk-Show mitzumachen. Berger sagte ohne Zögern, ohne Wenn und Aber, sofort zu. Er ist ein wirklicher Freund und ein großartiger Mensch. Und dennoch bleibt er ein Traumtänzer: schon mit fünf Jahren hat er seine fantasievollen Vorstellungen praktisch durchgespielt. Er wurde dafür vom Vater mit dem Einkaufsnetz verdroschen. Er wurde auf einen für ihn verhaßten Berufsweg gezwungen, aber er hat seinen Kindheitstraum verwirklicht. Es scheint, daß er traumwandlerisch immer den richtigen Menschen und immer die richtige Tür gefunden hat.
Mein Gespräch mit ihm zeigt, daß er es sich dabei nicht immer leicht machte. Helmut saugt das Leben auf, versucht, es voll auszukosten. Trotzdem treibt es ihn nicht ausschließlich an der Oberfläche. Er reflektiert und denkt nach. Wir redeten noch bis morgens an der Hotelbar. Berger war erschöpft und dennoch zufrieden. »Einem Freund vertraue ich. Ich kann dir alles erzählen und spare mir dadurch den Psychiater.«
Wir haben gelästert und gelacht. Der Abend war zu kurz, Helmut zu aufgewühlt. Er fordert von sich und seinen Freunden alles. Das ist fair und nicht zu wenig.
»Wie alt bist du denn eigentlich, Helmut?«
»O Gott, wie alt bin ich – für mich ist immer ein Gestern. Alles geht so schnell.«
Ich wollte mich nach meinem Urlaub für den Abend bedanken. Ich konnte ihn weder in Gstaad, Salzburg oder Rom erreichen ...

Maria Schell

Damals rührte sie jahrelang als »Seelchen« das Kinopublikum zum Weinen und bezauberte Millionen mit ihrem spontanen Lächeln. Heute ist sie eine Künstlerin, die die großen Frauenrollen des deutschsprachigen Theaters mit Wandlungsfähigkeit und Leidenschaft ausfüllt.
Die erstgeborene der vier Schellkinder Maximilian, Immy und Carl des Schweizer Schriftstellers Hermann Ferdinand Schell und der Schauspielerin Margarethe ist ein Allround-Star, wie es nur noch wenige gibt. Hauptrollen in 39 Filmen! Im In- und Ausland gefeiert! Gastspiele und Fernsehen in den USA und in Deutschland!
Maria Schell sagt über ihren Beruf: »Für eine Frau ist die Schauspielerei eine Erfüllung. Dieser Beruf vereinigt so viele Erfahrungen und Erkenntnisse in sich, wie sie das wirkliche Leben einer einzelnen Person gar nicht bieten kann.«
Welcher Mensch verbirgt sich hinter dieser großartigen Schauspielerin? Welche Frau? Sie ist in zweiter Ehe mit dem Regisseur Veit Relin verheiratet. Sie haben die gemeinsame Tochter Marie-Theres und sie hat einen Sohn Oliver aus erster Ehe mit Horst Hächler.
In einem Aufnahmestudio unterhalte ich mich mit Maria

Schell über Partnerschaft, Selbständigkeit der Frau und die neue Männlichkeit in unserer heutigen Gesellschaft.
Die Schell trägt ein klassisches Kostüm in zarten Pastelltönen, passend zum hellen Teint und blonden Haar. Mit 59 Jahren strahlt sie sprühende Energie und ungezügelte Lebenslust aus. Sie zählt zu den wenigen deutschsprachigen Künstlerinnen, die nicht aus Eitelkeit ihr Alter verschweigen oder sich um viele Jahre verjüngen. Denn, das weiß sie: »Jedes Alter fordert Frauen heraus, beruflich und privat! Ein Leben lang sammelt man Erfahrungen, und nur dann füllt man seine Rolle voll aus, wenn man als reifer Mensch hineingewachsen ist.«
Die Schell ist an diesem Abend temperamentvoller denn je. Ich betrachte die feinen Linien in ihrem immer noch schönen Gesicht. Lachfältchen um die smaragdgrünen Augen, aber auch eine eingegrabene Linie zwischen den Augenbrauen. Feingezeichnete Lippen, die jetzt lächeln. Ein Mensch, der bewußt lebt, leidet und liebt! Ihr verschmitzter Blick streift mich, als wollte sie sagen: »Kind, so einfach ist das mit der selbständigen Frau nicht!!!«
Unvermittelt frage ich sie nach ihrer glücklichen Verbindung von Karriere und Ehe. Diese Frage entlockt der nachdenklichen Frau einen langen Stoßseufzer: »Das war und ist schwer! O ja! Natürlich gibt es in jeder Ehe Krisen. Aber ich erkenne rückhaltlos an, daß es zwei Geschlechter gibt und jeder seine Aufgabe zu erfüllen hat.«
Die Schell holt bei der Fortsetzung unseres Gespräches weit aus und urteilt mehr allgemein als persönlich. Ich unterbreche plötzlich ihren Redefluß und komme auf das Thema Gleichberechtigung zurück. Zählt sie nicht zu den Frauen, die ihre Aufgabe als Frau mit Verantwortungsgefühl trägt, aber ihren Beruf nie aus den Augen verloren hat? Maria Schell wirft spontan ihre Arme in die Höhe, verschränkt die Hände im Nacken und lacht wissend: »Wir Frauen werden die Gleichberechtigung bereuen! Eine starke Frau stellt sich schwach, um dem Mann, den sie liebt, die Führung zu überlassen. Du weißt ja, die Männer wollen immer über der Frau stehen. Ich überlasse gerne die Führung dem Mann, wenn ich es für richtig empfinde. Wir

Frauen sollten einem Mann nicht seine vorherrschende Stellung nehmen. Wir wollen die Mannsbilder doch auch bewundern, oder?«
Und ihre Ehe? »Meine Ehe mit Relin ist wunderbar. Wir sind beide sehr dynamisch und haben endlich eine gute gemeinsame Ebene gefunden«, antwortet sie mit Zurückhaltung.
Die Schell hat der Öffentlichkeit immer gerne ausführlich über ihre positive Lebenseinstellung Auskunft gegeben. Auch über »sündige«, wie sie selbst sagt, Verhältnisse mit Kollegen, wie dem verstorbenen Dieter Borsche. Aber über ihre Gedanken und Gefühle zu ihrem Ehemann Veit Relin weicht sie aus. Sie streicht »süßen Zuckerguß« aus Charme und fröhlicher Leichtigkeit über ihre privaten Geheimnisse. Weckt Neugierde, aber läßt meine Frage nach ihrer Ehe offen.
Das Thema Partnerschaft fordert sie heraus. Ist sie gerne das Weib, das dient und bewundert? Sie genießt es, voll und ganz Frau zu sein. Ihre melodisch schwingende Stimme unterstreicht sie mit lebhafter Gestik. Schmale Hände streichen liebkosend und sanft über den Seidenschal ihrer Bluse. Dann wieder aneinandergelegte Handflächen, die sie nachdenklich vor ihre Lippen legt! »O ja, natürlich, wenn ich es so will!«
Und wie funktioniert Partnerschaft? Sie lacht schallend über das Wort Partnerschaft. Sie reißt ihre Arme hoch und antwortet: »Ich mag das Wort Partnerschaft nicht. Partnerschaft kann es nicht geben, weil Frauen anders lieben als Männer.« Sie zitiert den Satz von Jean Paul: »Eine Frau liebt in einem fort, ein Mann hat dazwischen zu tun.« Maria Schells Redefluß ist jetzt nicht zu bremsen. Meine Frage nach der ehelichen Treue während langer Theatertourneen übergeht sie. Sie legt ihre Hand auf meine und sagt beschwichtigend: »Meine Ehe ist doch heute nicht das Thema, Kind. Wenn ich auf Tournee bin, telefoniere ich mit meinem Mann täglich. Wir schreiben uns. Manchmal auch Gedichte! Überhaupt lassen wir uns in der großen Schellfamilie nicht los. Ich habe in meiner Kindheit gelernt, was Familie bedeutet. Und die Familie ist der Kernpunkt meines Lebens.«
Sie lehnt sich nachdenklich zurück, streift mit den Fingerspit-

zen der rechten Hand über ihre hohe Stirn. Es folgt ein langer Monolog über das Riesenmißverständnis der sexuellen Aufklärung. »Es wäre besser, die jungen Menschen über die Ehe aufzuklären. Heute werden doch die sogenannten ›kleinen Ehen‹ schon zwischen 16 und 23 Jahren geprobt, und dann wird ganz bürgerlich geheiratet: Man darf nicht mehr ausgehen, tun und lassen was man will, dazu Verbote des Partners, Verantwortung für eigene Kinder, Schwierigkeiten und Haß. Es ist nicht so wichtig, wie Liebe im Bett stattfindet, sondern das Nachher. Liebe ist Arbeit an sich selbst. Wenn die erste Verliebtheit abklingt, und das geschieht natürlich nach einer gewissen Zeit, dann sollte man in sich selbst hineinhören und nicht die Schuld beim anderen suchen. Aber weil viele es nicht gelernt haben, rennen sie enttäuscht zum Scheidungsanwalt.«
Maria Schell sagt, was sie denkt. Sie kann sich in die junge Generation hervorragend hineindenken. Sie führte lange Gespräche mit ihren beiden Kindern Oliver und Marie-Theres. Sie hat darauf hingewiesen, daß jeder Mensch sich erst selber kennen und annehmen muß, bevor er ein Leben mit einem anderen teilen kann.
»Ich bin sicher eine Ausnahme als Schauspielerin, auch als Mutter und Ehefrau. Aber es ist eine enorme Anstrengung, allen Rollen gerecht zu werden! – Nur mit einer gewissen Reife und Erfahrung entwickelt eine Frau auch die innere Zeit für ihre Kinder, ihren Mann und ihren Beruf. Eines leidet aber meistens!« Und dann: »Die Frauen sollten ihr Frausein besser verstehen lernen und die Aufgabe, die die Natur an sie stellt. Deshalb gibt es die sogenannte Gleichberechtigung zwischen Mann und Frau nicht. Nur in der gegenseitigen Achtung!«
Weiblichkeit, Herzlichkeit und Wärme, davon hat Maria Schell genug. Sie hat auf viele attraktive Rollen verzichtet, weil ihre Kinder noch in einem Alter waren, in dem sie ihre Mutter ständig brauchten. Die Kinder sind heute erwachsen. Oliver studiert Musik in München. Marie-Theres besucht die Schauspielschule. Maria Schell stellt sich heute neuen Herausforderungen auf der Bühne, z. B. in dem Dürrenmatt-Drama »Der Besuch der alten Dame« als grausame Greisin, und sie

spielt die Titelrolle in »Elisabeth von England« als bittere Monarchin. In den letzten Monaten hat sie ein Buch geschrieben, das zur Buchmesse im Herbst 1985 erscheint: »Die Kostbarkeit des Augenblicks«. Spannend wie ein gutes Drehbuch verlief bisher ihr Leben. Spannend wird dieses Buch über und von Maria Schell sein.
Die Liebe in sich und für andere ist für sie wichtig. »Die Liebe ist immer eine Gnade und ein Wunder. Jeder sollte sich selbst vertrauen und den Mut haben, die Liebe als etwas Kostbares zu sehen, auch wenn sie sich nicht erfüllen kann.«
Sicher hat Maria Schell auch das erfahren und wie alles in ihrem Leben ins Positive umgesetzt.

Thomas Gottschalk

»Dieser Junge hat Zukunft!«, schwärmte schon Rudi Carrell, als er Thomas Gottschalk in seiner Sendung »Am laufenden Band« vorstellte. Den Senkrechtstarter in den Showhimmel, den Münchner »Muntermacher«, den Liebling der Nation, den großen Blonden mit der frechen Klappe!
Der Sohn eines Rechtsanwaltes aus Kulmbach hat eine steile Karriere gemacht: Examen als Volksschullehrer, erfolgreiche Teilnahme an einem Discjockey-Wettbewerb, erster bei einem Sprecherseminar beim Bayerischen Rundfunk, journalistische Ausbildung beim Institut zur Förderung publizistischen Nachwuchses. Als Schauspieler riß er in dem Film »Supernasen« neben Mike Krüger das Publikum von den Stühlen. Für eine »Supernase« wurde er mit dem Bambi ausgezeichnet. In »swinging« London hielt er sich ein Jahr zu einer schöpferischen Pause auf. Seit 1985 wird seine ZDF-Show »Na Sowas« 14tägig ausgestrahlt. Der Funk- und Fernsehunterhalter ist verheiratet mit der zauberhaften Thea, hat einen Sohn Roman und wohnt in einer großräumigen Villa am Weßlinger See. Ab 1. Oktober 85 wird der schlagfertige Moderator seine flotten Sprüche über den Äther bei seiner alten Liebe B3 des Bayerischen Rundfunks senden, wo der beliebte Fernsehstar schon als kleiner Stationssprecher seine Karriere begann.

Mein Gespräch mit dem blondgelockten Sunnyboy im überfüllten »Marco Polo« Saal des Hilton München beginnt ungewöhnlich amüsant. Ich komme kaum zu Wort. Thomas Gottschalk ist der geborene Alleinunterhalter. Nach zwei Stunden meint er aufgedreht: »Ich mache gerne noch weiter. Welches Thema interessiert Sie, meine Damen und Herren? Für eine lockere Unterhaltung bin ich immer gut!«

Die Zuschauer lachen und applaudieren. Thomas ist hinreißend wie immer. Die Pointen und Scherze kommen Schlag auf Schlag. Und er lächelt dabei und fordert das Publikum zu ständigem Applaus heraus.

Seine große Nase ist wohlgeformt. Der Mund etwas groß und die Lippen vollmundig. Seine Zähne blitzen weiß auf. Die lebendigen Augen strahlend blau und gewitzt, das gesamte Gesicht wirkt sehr gewinnend.

Thomas Gottschalk ist hochgewachsen, fast zwei Meter groß; in einer fröhlichen Aufmachung: schmale weiße Lederkrawatte auf dunkelrotem Hemd, hellem Leinenblazer und schmalgeschnittenen Röhrenhosen, die relativ kleinen Füße, Schuhgröße 42, versteckt er in Stiefeletten. Meistens erscheint er nur in Turnschuhen. Und immer wieder das strahlende Lachen!

»Thomas, erzähl bitte mal von deiner Löwennummer bei einer bekannten Wohltätigkeitsveranstaltung in München! Gehörte viel Mut dazu, in den Löwenkäfig zu gehen?«

»Ja, sehr viel Mut.«

»Hast du mit den Großkatzen locker gequatscht?«

»Nein! Das ist auch so etwas. Ich bin in gefährlichen Momenten vorsichtig. Ich habe zehn Proben gehabt. Denkst du, ich gehe da rein, vielleicht im weißen Frack. Nein, nein. Dann habe ich irgendwo gedacht, das kann nicht sein. Die können dich nicht fressen vor der Fernsehkamera, das gibt es nicht ...! Auf einmal war ich drin, und dann ist mir ganz heiß geworden, und dann bin ich wieder raus, rückwärts zwar und freundlich, aber ich bin raus. Und dann kam ein Fotograf, und wenn der Fotograf nicht gewesen wäre, dann wäre ich nie wieder reingegangen. Der sagte, komm Thomas, los rein, wir machen da jetzt ein paar heiße Fotos und so. Und dann bin ich wieder rein und sagte, das ist okay. Und dann sagte mein Vater, er geht mit rein. Und er hat die Tür aufgemacht und ich bin voraus und er ist nicht mitgegangen. – Und dann gefiel es mir eigentlich ganz gut!«

Und nachdenklich: »In Talk-Shows soll man ehrlich sein und nur Dinge sagen, die man wirklich meint!«

»Ich kann doch mit dir über alles reden?«, frage ich.

»Wir können über den Beruf reden und über das, wovon ich etwas verstehe. Am liebsten rede ich selbstverständlich über das Fernsehen und über den Funk. Die Zeiten, wo ich so locker und leicht über diese und jene Dinge geplaudert habe, sind leider vorbei, weil es nicht mehr geht. Ich kann guten Gewissens nicht mehr sagen«, meint Thomas Gottschalk mit besonderem Nachdruck, »was ich denke, wenn ich dauernd denken muß, was könnte einer denken, wenn ich das sage, was ich dabei gedacht haben könnte.«

Thomas Gottschalk, auch ein Philosoph? Ich frage weiter: »Was ist für dich wichtiger, die persönliche Entfaltung beim Funk und Fernsehen oder das gute Geschäft?«

Thomas Gottschalk frech: »Holde, wenn ich an das Geschäft denken würde, würde ich keine Verträge mit dem Fernsehen abschließen. – Tja, natürlich die künstlerische Entfaltung und darunter verstehe ich nicht diese ›papierene Unterhaltung‹, wo jeder genau merkt, das ist eine abgesprochene, geschriebene Geschichte und die Texte sind von den Moderatoren gelernt. Ich bin der Meinung, der Entertainer muß aus sich selbst herausgehen, wie ich es in meiner Sendung ›Na Sowas‹ mache. Der kleine normale Wahnsinn ist doch viel interessanter als das gestellte ›Irgendwo‹, das aufgemöbelt werden muß, um beim Publikum anzukommen.«

»Welche Sendungen meinst du?«

»Z. B. Rudi Carrell, über den ich genauso nett rede, wie er über mich, hat mit meiner Art Unterhaltung wenig zu tun. Der Rudi ist ein Profi, ein Macher, der nachts im Bett liegt und sich Spiele und Sketche überlegt. Ein Gaukler der alten Schule aus der Richtung Frankenfeld, der von der Pike auf lernte, die Lacher vorher zu berechnen. Und auf der anderen Seite der Kuli, der nicht jeden Satz vorher schon durchprobt! Der Kuli macht sich außerdem rar, ist nicht auf jedem Titelbild und trotzdem populär.«

»Aber nicht jedem ist doch deine lockere fröhliche Form von Unterhaltung von Natur aus gegeben?«

Thomas Gottschalk antwortet bescheiden: »Ich stehe dem, was ich mache, immer selbst ein wenig staunend gegenüber. Es ist doch ein Wahnsinn! Da gibt es Menschen, die Schauspielerschulen besuchen, die sich quälen, die hungern, damit sie Schauspieler werden können, und die doch ihr ganzes Leben nicht in die Verlegenheit kommen, einen Film zu drehen. Und da komme ich, mache plötzlich einen Film und stecke dafür auch noch eine Menge Geld ein. Dazu ist der Film noch ein Renner. Das fasziniert mich.«

Ich sage: »Du hast doch auch an den Drehbüchern deiner Filme mitgearbeitet?«

Nach einer etwas längeren Denkpause entgegnet er: »Es gibt begnadete Autoren, die Ungeheures auf die Beine stellen und vorher Deutsche Literatur studierten, und ich kann ohne spezielle Studien schreiben. Ich finde das toll. Aber ich habe trotzdem ein seltsames Gefühl.«

»Gibt es eigentlich Menschen, die du kennengelernt hast und die ähnliche Begabungen haben wie du? Leute, die du den Fernsehredaktionen als Nachwuchstalente empfehlen könntest?«

Thomas wirft spontan die Arme hoch: »Ich denke ja gar nicht daran. Ich hatte ja auch keine Beziehungen. Mich hat auch keiner gerufen. Ich habe Abitur in Kulmbach gemacht und bin nach München. Ich habe an so einem Wettbewerb im Jugendfunk teilgenommen, dann saß ich lange in Jugendfunksendungen. Ich hatte es nie leicht gehabt. Da mußte ich mich energisch durchwurschteln. In diesem harten Geschäft muß man eine gewisse Mentalität haben. Immer freundlich sein, sich auch anpflaumen lassen von den Herren Abteilungsleitern. Das macht dich schon mürbe. Aber da muß man durch. Und dann gibt es auch noch Moderatoren, die einfach nicht fließend sprechen können, es aber trotzdem versuchen.

Das treibt mich schier zum Wahnsinn. Auf der anderen Seite

muß ich überzeugt sein, daß ich gute Unterhaltung mache. Nur so kann ich mich wirklich in meinem Beruf engagieren.«
Bei den Antworten auf meine folgenden Fragen wirkt Thomas etwas verhalten und nachdenklich: »Beim Radio kannst du mit den billigsten Mitteln Unterhaltung machen, daß es knackt. Fernsehen ist da viel schwerer und da stelle ich fest, daß die Leute sich wirklich bemühen!«
»Wie nachgiebig muß man beim Bayrischen Rundfunk sein?«, frage ich vorsichtig.
»Irgendwann gibt jeder mal nach! Die Hörer sind zum Teil verbissener als man denkt. Eine Wettervorhersage, die ich nicht genau ablese, bringt sofort etliche Anrufe. Natürlich darf nicht zu viel Eigenwerbung sein.«
Ist Thomas Gottschalk ein Lieblingskind der Presse?
»Mir nimmt man meine Sprüche Gott sei Dank nicht übel. Ich weiß nicht, welchem glücklichen Umstand ich es zu verdanken habe, daß ich in eine ›Eulenspiegelrolle‹ gedrängt worden bin. Ob Verantwortliche beim Fernsehen oder Presse, niemand weiß genau, ob ich etwas ernst gemeint habe oder nicht! Die Verantwortlichen sagen sich: Der Gottschalk meint das nicht so, da brauchen wir uns nicht aufzuregen, und wenn er es doch so meint, dann weiß er nicht wovon er redet. In der Geschichte waren die Hofnarren wichtige Persönlichkeiten. Sie hatten eine gewisse Art von Ventilfunktion. Und das mache ich auch gerne, das ist gar nicht so übel.«
In seinen weiteren Ausführungen äußert sich Thomas Gottschalk ungeniert über »Gott und die Kirche«. Daß seine Mutter ihm verübelt hätte, daß er nicht Theologie studiert habe, wischt er als »Gerede« zur Seite. »Obwohl ich glaube, daß die katholische Kirche mal so einen bräuchte wie mich.«
»Ich habe eine ganz konkrete Meinung über die Kirche. Die Kirche müßte z. B. an der Spitze der Friedensbewegung stehen. Wenn man Franz Alt gelesen hat, so ist es logisch, daß jeder Mensch nach dem Grundsatz ›Liebe deinen Nächsten wie dich selbst!‹ in der tätigen Liebe sich entwickeln sollte. Ich werde wahnsinnig, wenn die Caroline von Monaco doch noch eines Tages vom Papst die Genehmigung erhält, mit Gloria und

Weihrauch und Erzbischof ihre zweite Ehe einsegnen zu lassen. Warum hat sie ihre erste Ehe nicht in einer kleinen Waldkapelle geschlossen? Aber nein! Es mußte mit großem Chor sein, und dann auf einmal hintenrum wieder raus. So geht es nicht!«

Thomas betonte vor meiner Talk-Show, daß er über sein Privatleben nicht sprechen möchte. Thea, seine Frau, sitzt im Publikum und blickt bewundernd zu ihm auf. Sie wirkt in ihrem selbstgenähten Folklorekleid wunderschön. Ich frage dennoch: Ist dein Zuhause »My home is my castle« und das geht niemand etwas an?« »Das ist richtig. Die Freiräume werden immer weniger. Ich war früher ein Mensch, der unheimlich gerne andere Menschen angeguckt hat. Am Flugplatz oder Bahnhof habe ich andere Leute beobachtet. Ich überlegte z. B., welchen Beruf sie haben könnten. Welche Probleme sie mit sich herumtragen. Und das geht heute einfach nicht mehr. Ich sitze in einer Abflughalle und dann kommen Menschen auf mich zu und fragen mich etwas oder sagen mir, wie toll sie mich finden. Die meinen es ja alle gut, aber diese freundliche, erdrückende Umarmung meiner Mitmenschen ist manchmal kaum auszuhalten. Jeder nimmt sich die uneingeschränkte Freiheit, mir zu sagen, was er über mich denkt. Das ist positiv! Aber wenn du zwanzig Mal am Tag hörst, wie gut du bist und mir von drei Frauen täglich gesagt wird, daß ich im Fernsehen besser aussehe als in Wirklichkeit, dann gebe ich den Damen ohne Einschränkung recht! Was soll ich machen, aber es zermürbt einen auf die Dauer.«

»Und dann entspannst du dich zu Hause bei Thea und Sohn Roman?«

»Ja, und da sagt mir meine Frau den ganzen Tag, daß ich besser aussehe als im Fernsehen. Also mein Privatleben bleibt ein Geheimnis, ob ich nun kochen helfe oder nicht, darüber kannst du jetzt nachdenken.«

Nur so viel von seiner Frau Thea in einem Interview: »Mit Thomas habe ich das große Los gezogen. Wenn ich früher hörte, daß Lebenspartner nach längjährigem Zusammenleben immer noch behaupten, glücklich wie am ersten Tag zu sein, habe ich daran gezweifelt. Heute weiß ich: Thomas und ich lieben uns wie am ersten Tag. Mehr noch! Unsere Liebe ist inniger und zärtlicher geworden. Für mich ist er ein Ehemann aus dem Bilderbuch.«

Und was bedeutet für Thomas Gottschalk Treue?

»Das ist eine sehr vertrauensvolle Frage! Aber ich will sie knapp beantworten. Treue fängt für mich da an, wo das Fremdgehen aufhört! Ja, hoffe ich doch. Das ist doch richtig, oder?«

Thomas Gottschalk schaut liebevoll zu seiner Frau Thea. Das ist Treue, zu seiner Frau und zu sich selbst.

Wir freuen uns auf viele Stunden Unterhaltung mit dem starken Thomas Gottschalk.

Heidi Brühl

»Mami, ich fahre jetzt zum Pferdestall – bin in einer Stunde wieder da« , ruft die 15jährige Nicole ihrer Mutter Heidi Brühl zu. Wir sitzen auf der Terrasse ihres Hauses, das nicht weit weg vom Starnberger See liegt. Hinter hohen Hecken verborgen.
Ein herrlicher Blick über weite Felder und Wiesen! Heidi Brühl läuft leichtfüßig in hellblauen Leinenjeans mit einem weißblau gestreiften T-Shirt ins Haus. Ich höre ihre energische Stimme: »Hast du auch einen warmen Pulli dabei? Nicki, vergiß nicht den Stall der Shetlandponies sauber zu machen! Der hat es dringend nötig!« Lächelnd kommt sie zurück auf die Terrasse und legt sich aufatmend in den Liegestuhl.
Aus der Presse wissen die Leser, daß Heidi Brühl eine fürsorgliche Mutter für ihre Kinder Clayton und Nicole, aus der Ehe mit dem amerikanischen Schauspieler Brett Halsey, ist. Heidi Brühl wirkt zunächst zerbrechlich, aber das täuscht. Sie ist beneidenswert energiegeladen und von täglichen Ballettübungen sehr elastisch.
Von den vielen Künstlerinnen, die ich in meinen Talk-Shows interviewte, imponiert sie mir besonders. Nicht nur, daß Heidi Brühl seit 30 Jahren einer der vielseitigsten deutschen Showstars ist, der singen, tanzen, »schauspielern« und komisch sein kann; sie ist in den letzten Jahren auch eine erfolgreiche Mu-

sikproduzentin geworden. Zu ihren Interpreten zählen u. a Charlene Tilton, die Lucy aus der Serie »Dallas«, sowie der smarte John James, in »Denver« als Jeff Colby bekannt.
Stolz betont sie: »Daß ein Künstler so viele Jahre erfolgreich ist, gibt es selten. Ich bin wie eine Katze, die immer wieder auf die Füße fällt.« »Bringt es viel Arbeit und Härte gegen sich selbst?« frage ich schnell. »Ich arbeite mit dem nötigen Perfektionismus an jeder Form der Unterhaltung oder Rolle, die ich gerade spiele. Und das ja immerhin seit meinem zehnten Lebensjahr!«, antwortet Heidi selbstbewußt. Sie ist ungeschminkt. Das lange blonde Haar ist stufig geschnitten, fällt weich auf die femininen Schultern. Sie hat erstaunlich blaue Augen, die mich forschend und sehr direkt anschauen. In dem schmalen Gesicht sind eine klassische gerade Nase, feine Lippenkonturen über blendend weißen Zähnen! Sie ist natürlich und ihre Antworten sind nicht zurechtgelegt, etwa überlegtes Kalkül für die Presse.
»Heidi, du hast mit 34 Jahren über dein Leben ein Buch geschrieben mit dem Titel »Eine kühle Blonde bitte«. Bist du wirklich kühl bis ins Herz?« Spontan antwortet sie: »Sicher ist die gefühlsmäßige Zurückhaltung auch ein Teil von mir. Ich bin in meinem Beruf im besten amerikanischen Sinn ein Könner, der alles beherrscht, was im Showgeschäft verlangt wird.« Sie zögert, räkelt sich im Liegestuhl, schaut nachdenklich in die Luft: »Aber meine sogenannte Kühle ist auch eine gewisse Schutzmauer meiner Seele nach außen, ohne die ich in meinem Beruf nicht existieren könnte.« Sie bekennt schonungslos: »Ich bin besonders verletzbar. Ob das daran liegt, daß ich im Zeichen Wassermann geboren bin? Es macht mich betroffen, wenn man mich in die Rolle der stets überlegenen Frau zwängen will. Aber durch die innere Disziplin, die ich mir selbst anerzogen habe, kann ich mich im Umgang mit anderen gut beherrschen und gebe damit vielleicht ein irreführendes Image ab. Die Stunden der Traurigkeit, die ich, wie jeder andere Mensch genauso erlebe, mache ich mit mir selbst ab.«
Heidi Brühl wurde sogar Verbissenheit und übermäßiger Ehrgeiz vorgeworfen, den ich während der vertrauten Gespräche

mit ihr nicht festgestellt habe. Vielleicht liegt der Grund für diese unberechtigten Vorwürfe darin, daß sie zu den Frauen zählt, die außergewöhnlich begabt und in ihren beruflichen Betätigungsfeldern sehr engagiert sind. Die auch ohne Bitterkeit Rückschläge in Kauf nehmen und ohne Rücksicht auf Publikumswirkung ihre persönliche Meinung nicht für sich behalten will.

Nach langjähriger Ehe und Freundschaften mit Kollegen lebt sie seit einem Jahr allein mit ihren Kindern, ohne von Einsamkeit eingeholt zu werden. Immerhin hat sie die Verantwortung für zwei heranwachsende Kinder. Den 18jährigen Clayton hat sie nach einem hervorragenden Abitur auf ein College nach Los Angeles gebracht: »Er studiert dort Computerwissenschaft und Informatik. Meine Tochter Nicole besucht das Gymnasium. Sie machen mir beide viel Freude, aber Kinder kosten Geld. Die Beiden sind für mich das Wichtigste im Leben. Wenn ich ausgewogen und glücklich bin im Privatleben, dann überzeuge ich besonders auf der Bühne. Und wenn ich traurig bin, dann gibt es meine Kinder und meine Freunde.« Heidi Brühl sieht mich an: »Mißstimmungen halten bei mir nicht lange an. Schon am nächsten Tag stelle ich mich den neuen Anforderungen. Ich liebe meine Arbeit und Erfolg beflügelt mich.« Mit Elan bewältigt sie eine Fülle verschiedener Tätigkeiten: Sie arbeitet als Entertainerin, Moderatorin, Texterin, Produzentin der eigenen Show und Interpretin. Und sie ist erfolgreich auf allen Gebieten!

»Wie weit gab es Rivalitäten bei deinen Schauspielkollegen? Eventuell auch mit Brett Halsey?« »Natürlich gab es immer Konkurrenzdenken in meinem Freundeskreis, in meiner Ehe. Aber ich setzte mich darüber hinweg.«

»Könntest du einem Mann zuliebe auf deinen Beruf verzichten?« »Irgendwo war es schon ein Traum, nur noch für einen Mann und die Kinder da zu sein. Aber Holde, diese Situation ergab sich nie«, sagt sie. Wir gehen in ihr Wohnzimmer: ein großer Raum in Creme und Grün gehalten. Die Harmonie der Farben in ihrer Ausschließlichkeit mit geschmackvoll kombinierten Antiquitäten und selbstgezüchteten Pflanzen spiegelt die Sensibilität der Künstlerin wider. »Ich habe eine grüne Hand wie meine Mutter, die mir noch heute bei der Pflege meiner Rosen hilft«, lächelt Heidi. Sie serviert mir in einer venezianischen Glasschale selbst zubereiteten Obstsalat. Heidi Brühl, ist sie auch die perfekte Hausfrau? »Ich habe schon in meiner Ehe mit Brett die Familie ernährt, die Kinder erzogen und den Haushalt geführt. Ich liebe mein Heim. Ich bin mehr als ordentlich.«

Ich frage: »Welche neuen Pläne hast du?« Und das ist einiges: »Ich habe meinen eigenen künstlerischen Bereich vernachlässigt und mich sehr auf die Produktionen mit anderen Künstlern konzentriert. John James war mit unserer Single jetzt vier Wochen in Amerika in den Charts. Das kostet viel Zeit und Organisation. Von der Nervenbelastung ganz zu schweigen. Ich besinne mich jetzt wieder mehr auf mich selbst.«

»Ich möchte mehr für Deutschland in deutscher Sprache machen. Meine erfolgreiche Show, die im Frühjahr im Bayerischen Fernsehen gezeigt wurde, hat mich auch dazu inspiriert. Ich habe die deutsche Version der Platte »The search is over« von den Survivers, die im Moment Nummer vier in den amerikanischen Hitparaden ist, geschrieben. Im Oktober kommt die Single »Momente einer Liebe« heraus. Refrain dieses Liedes ist: »Wie kann ich es dir sagen, bin nur eine Frau, die schon oft geliebt hat ..., ja ich lebte wie im Traum!«

Es ist spät geworden, Heidi fragt mich, worauf ich Appetit habe. Sie möchte für ihre Tochter und mich kochen. Ich schlage ein Restaurant vor: ein gemütliches bayerisches Gartenlokal. Wir fahren los. Heidi kennt die Wirtsleute, begrüßt sie herzlich auf bayerisch. Unterhält sich freundlich mit Gästen, die Autogramme wollen.

»Heidi, bist du glücklich?«

»Ich bin glücklich. Wenn ich allein bin genieße ich es heute. Ich habe viele Pläne, die ich vorbereiten muß. Und ich habe wirklich gute Freunde, denen ich vertraue. Ich bin also nicht einsam, weil ich keine feste Beziehung habe. Manchmal nur, und das ist das Einzige, was ich mir wünsche, träume ich davon, daß jemand immer da wäre, den man anstoßen kann, wenn einem etwas besondere Freude macht. Oder mit dem ich auch Traurigkeit teilen könnte.« Heidi lächelt mich an und schweigt.

Freddy Quinn

Er ist größer als ich mir vorgestellt hatte. Mindestens einsfünfundsiebzig! Er trägt einen klassischen grauen Blazer, weißes Hemd, Krawatte, schwarze Stiefeletten zu schwarzen Hosen. Seine Stimme ist rauh und dunkel.

»Ich bin ein totaler Publikumsmensch, der Dienst am Publikum ist immer meine Aufgabe gewesen!«

Es klingt von oben herab. Sein breiter Mund mit den schmalen Lippen verzieht sich ironisch.

Er ist nicht nur erfolgreich als Sänger, denkt man nur an: »Auf der Reeperbahn nachts um halb eins.« Auch als Schauspieler, Artist und Fernsehunterhalter macht er seinem treuen Publikum Freude.

Freddy, ein Mann, der sich Eitelkeit zugesteht, aber auch ständige Selbstkritik übt. Er hat das Image des Einzelgängers im Dschungel des Showbusiness. Ist er so stark, wie ihn die Presse präsentiert? Nach meiner Talkshow mit ihm ist er mit Sicherheit für mich der Einzelkämpfer, der sich für Gerechtigkeit und das Publikum engagiert, der aus jedem Kampf gegen Theaterbürokratie und verknöcherte Unterhaltungsabteilungen stärker und sicherer hervorgegangen ist.

Die Engagements über Jahrzehnte wundern den Künstler manchmal selbst.

»Aber ich schaffte die Klippe vom Teenageridol zum reifen Darsteller. Meine Fans sind wieder Vater, Mutter, Kind!«
Seine dunkelbraunen Augen liegen tief im gebräunten Gesicht. Alles scheint selbstsicher an diesem Mordskerl, der am 27. September 1931 in Wien geboren wurde. Über den verhaßten Stiefvater sagt er heute mit Abstand:
»Mit der Hundepeitsche hat er mich gezüchtigt. Ein Mann, der keine Matura hatte, war für ihn kein Mensch.«
Freddy Quinn, alias Manfred Petz, ist schon früh von zu Hause ausgerissen. Mein Einwurf: »Erfolg ist also nicht unbedingt mit Intelligenz gleichzusetzen?«
Freddy reagiert empfindlich: »Das heißt also mit anderen Worten, daß ich Erfolg habe, weil ich nicht intelligent bin?«
Ich übergehe die Gegenfrage »Du wirst von der Presse als schwierig bezeichnet?« lenke ich ab.
Er antwortet kritisch und ehrlich: »Wenn man in Deutschland nicht mit den Wölfen heult, und nicht bedingungslos macht, was einem angeboten wird, ist man automatisch schwierig. Ein Beispiel: Wenn einer zu mir kommt und sagt, du, schenk mir 10.000 Mark, und ich sage, wofür brauchst du 10.000 Mark, dann bin ich schwierig. Abgesehen davon, daß ich es gar nicht könnte!«
»Bist du so stark wie deine Rollen sind? Wie schaffst du es in der sogenannten Haifischbranche ehrlich und kritisch zu bleiben?«
»Natürlich ist Ehrlichkeit in dieser Branche am wenigsten gefragt. Meine Ehrlichkeit hat mir viele Schwierigkeiten eingebracht. Viele saßen im Publikum als ich den Jonny Krüger in dem Musical »Große Freiheit Nr. 7« monatelang in Hamburg spielte und hätten mich gerne »einbrechen« sehen. Und diese Vorurteile gegen mich haben auch zu Komplexen in meiner Seele geführt.
Aber inzwischen habe ich das auch, wie vieles andere, verkraftet. Leider bin ich, was meinen Beruf betrifft, am wenigsten mit mir selbst zufrieden, weil ich immer ein Perfektionist war.«
Die überzeugendsten Vertreter im Unterhaltungsgeschäft sind

für Freddy Quinn die Artisten. Er selbst ist 1973 auf dem Hinterrad mit Joe Seitz ohne Netz über ein 17 Meter hohes Seil im Musical »Feuerwerk« gefahren. Und er ist gerne Direktor bei der Fernsehsendung »Cirkus, Cirkus«.

»Freddy, welche Komplexe hast du noch?«

Seine Augen leuchten spöttisch auf. Seine Antwort zeigt Humor:

»Wenn es einen Preis gäbe für den besten Fußballer der Welt, dann würde ich den Pierre Littbarski geben, denn ich habe festgestellt, der hat noch schlimmere O-Beine als ich. Bei mir fährt nur ein VW durch, aber beim Littbarski ein ganzer D-Zug. Außerdem bin ich nicht sehr groß, aber dafür breit und gedrungen. Früher war ich noch breiter, man konnte mich eigentlich quer durch die Tür tragen. Holde, mit dir als Partnerin, ich als jugendlicher Liebhaber, hätten wir im bayerischen Komödienstadel spielen können. Mit deinen langen Beinen wäre ich in Hollywood gelandet. Heute als beginnender Charakterdarsteller ist das äußerliche Erscheinungsbild belanglos. Das Entscheidende für mich ist der Kontakt zum Publikum. Ich brauche ihn, er ist mein Lebenselixier.«

»Wer ist für dich in der deutschen Unterhaltung der herausragende Entertainer?«

»Vom Können, Wissen und der Erfahrung her natürlich der Kuhlenkampf und der Thomas Gottschalk! Die beiden sind sehr gut.«

Ich frage weiter: »Gibt es eine zweite Sendung neben »Cirkus, Cirkus«?«

»Ich wünsche mir eine Unterhaltungssendung, in der ich die Rolle übernehmen darf, die meiner Persönlichkeit am besten entspricht.«

»Du sagst selbst, daß du eitel bist. Stört dich das Älterwerden?«

»Älterwerden ist eine Charakterfrage«, sagt er nachdenklich, »ich ärgere mich manchmal nur, daß ich noch nicht mehr Falten habe, für die vielen Rollen, die ich noch spielen möchte. Aber ich lebe sehr diszipliniert und fühle mich mit meinen 53 Jahren einigermaßen.«

Es taucht die Frage nach seinem Privatleben auf. Freddy Quinn hat nie geheiratet: »Da ich selbst in der Situation war, ein uneheliches Kind zu sein, wollte ich diese Verantwortung nicht übernehmen, weil ich glaube, Ehe und Kinder lassen sich mit meinem Beruf nicht vereinbaren. Die Ehe erfordert das gleiche Engagement wie die Karriere. Vielleicht bin ich auch zu egoistisch! Außerdem mag ich meine Privatsphäre nicht in die Öffentlichkeit zerren.«

»Gab es keine Frau in deinem Leben, die dich so weit hätte bringen können, diese Vorsätze zu vergessen?«

Er mustert mich lange. »Du kommst meinem Frauentyp sehr nahe: Braune Augen, lange Beine, gepflegte Hände, Spange im Haar ...« Wir lachen schallend! Freddy erzählt, ohne daß ich ihn ermuntert habe: »Aber wenn man im Showgeschäft nicht bis 35 einmal verheiratet war oder in einige Affären verwickelt war, muß man homosexuell sein. Ich bin Kosmopolit und sehr tolerant, weil ich das Leben kennengelernt habe, aber ich muß zu meiner Schande gestehen, und das ist ehrlich, ich bin es nicht!«

»Gab es immer verschwiegene Geliebte? Immerhin liebte Julio Iglesias über 2000 Frauen und posaunte seine Liebesabenteuer auch an die Öffentlichkeit.«

Gekonnt reagiert Freddy: »Darum hat er auch seine Stimme verloren und ich kann heute noch singen. Ist das nicht toll?«

»Wird in nächster Zeit ein Buch über Freddy Quinn erscheinen?«

»Vielleicht, aber dann schreibe ich es selbst. Gerade entwarf ich einen Text für meine neue LP, die im Herbst herauskommt, mit folgendem Text:

Ich liebe bedingungslos,
War gegen mich schonungslos,
Habe mir oft die Finger verbrannt,
Und gegen besseres Wissens, war ich oft verbissen,
In falsche Ideen verrannt,
Ich ließ mich verführen,
War leicht zu diktieren,
Weil ich viel zu unerfahren war,

Ich war von Gefühlen verwirrt,
Doch ich ging jeden Schritt unbeirrt,
Nicht eine Stunde tut mir leid,
Auf meinem Weg hierher,
Kein Blick in die Vergangenheit, bei dem ich traurig wär.
Nicht eine Stunde tut mir leid,
Ich weiß, ich tät alles noch mal,
Hätt ich die Wahl ...

Robert Lembke

Sein Beruf ist »Pensionär«, aber er arbeitet rastloser denn je. Er ist nicht gerade hochgewachsen, Brillenträger! Intelligente hohe Stirn, flinke Augen, volle Unterlippe, rundes Gesicht, das gerne verschmitzt lächelt. Er ist nie um eine Antwort verlegen, in seiner Autorität unantastbar.
Einer der amüsantesten und klügsten Fernsehplauderer mit der billigsten Unterhaltungssendung in der Herstellung – und das seit drei Jahrzehnten. Er schrieb Bücher wie »Kurzgefaßte Dackelhunde« und beeindruckt mit seiner einzigartigen Aphorismensammlung. Zu seinen Lieblingssprüchen gehört: »Mitleid bekommt man geschenkt, Neid muß man sich erarbeiten!« Diese Weisheit hat er selbst an sich erlebt.
Wer mag das wohl sein? Fünf Mark für jede falsche Antwort ins Porzellanschweinchen. Richtig! Es ist Robert E. Lembke, Deutschlands Rate-Chef Nr. 1 mit der Sendung »Was bin ich«. Die beliebte ARD-Reihe geht in das 29ste Jahr und weist heute noch Einschaltquoten zwischen 50 und 60 Prozent auf, sehr zum Leidwesen des ZDF. Robert Lembke äußert sich engagiert zu seiner Sendung: »Was bin ich« ist mein Lieblingskind. Die natürliche Neugier des Menschen spielt eine große Rolle. Jeder ist neugierig auf das, was der andere macht.«
Der erfahrene Fernsehmann lobt sein Rateteam: »Es ist toll,

wie sie sich durch geschickte Fragen an die Lösung herantasten. Und das Publikum kann seine Schadenfreude ausleben, wenn meinen Fragestellern die Lösung nicht gelingt.«
Robert Lembke ist ein großer Tierfreund. Vor allem Hunde sind lange seine Begleiter bei der Sendung gewesen. »Struppi« und »Jacky« waren immer dabei. Als Jacky starb, haben ihm viele Zuschauer aus der ganzen Bundesrepublik erschütternde Beileidsbriefe geschrieben.
»Heute schaffe ich mir keinen Hund mehr an. Ich muß damit rechnen, daß mich der Hund überlebt und es gibt nichts Schlimmeres für diese Wesen, als zurückzubleiben, wenn das Herrchen oder Frauchen nicht mehr da ist.«
Ich darf wohl Robert Lembke als wirklichen Freund bezeichnen, der mir schon viele gute Ratschläge für die Durchführung meiner Talk-Shows gegeben hat. Uneigennützig!
Robert Lembke der Analytiker. Auf meine Frage nach seinen Charakterschwächen gesteht er: »Ich bin nachtragend! Wenn mir ein Mensch etwas Böses getan hat oder mich jemand verletzt hat, dann werde ich das nie vergessen.«
Robert Lembke gehört zu den Glücklichen, die Witz und Humor haben, die aber auch klar und deutlich ihre Meinung sagen. Im Gespräch antwortet er immer schonungslos, nicht selten ironisch.
»Warum diese Ironie, die die Menschen verängstigen kann?« frage ich. Der Lebensphilosoph antwortet nachdenklich: »Die Ironie ist eine Form der Selbstverteidigung, wenn ich angegriffen werde.«
Der Pragmatiker, vielseitig begabt, war bis 1976 auch Programmdirektor des Bayrischen Fernsehens. Er erhielt das Bundesverdienstkreuz für seine erfolgreiche Tätigkeit als Geschäftsführer des Deutschen Olympia-Zentrums (DOZ), wo er einen Stab von 4000 Mitarbeitern und einen Etat von 125 Millionen Mark verwaltete. Als Autor schrieb er Bücher über Sport, Schach, Spiele und Tiere. Zum Beispiel »Das zynische Wörterbuch« oder »Bissiges ABC«. Der kritische Beobachter ist die Ruhe in Person. Er hört Fragen konzentriert zu und antwortet schnell und gewitzt.

»Warum machst du dir mit Anfang 70 noch so viel Arbeit?«
»Zehn Stunden Arbeit, die Spaß macht, belastet weniger, als eine Stunde Arbeit, die man haßt. Ich nehme meine Arbeit nicht so wichtig, nach dem Prinzip: Wir reden in den Wind und schreiben auf Schnee.«
»Kann dich eigentlich etwas aus der Ruhe bringen?«
Seine Antwort ist wie immer kurz und bündig: »Wenn die angespitzten Bleistifte nicht in eine Richtung liegen, werde ich ärgerlich. Ich hänge in fremden Wohnungen Bilder gerade. Heimlich, wenn die Dame des Hauses den Raum verlassen hat.«
Robert Lembke beeindruckt mich durch seine organisierte Persönlichkeit. Ob das wohl mit ein Rezept für seine Erfolge ist?
»Thema Frauen, was ist dein Schönheitsideal?«
»Ich bin auf keinen Typ fixiert. Es gibt Mädchen, die mir gefallen und solche, die mir nicht gefallen, und ich weigere mich zu erklären, warum mir eine gefällt oder nicht«, sagt er schelmisch.
»Du hast irgendwo gesagt, daß du ein Mousse au chocolat einer schönen Frau immer vorziehen würdest?«
»Das ist nicht richtig: Zum Beispiel wenn in meiner Wohnung Brigitte Bardot nackig links neben mir läge und man mir eine Mousse au chocolat auf der rechten Seite anböte, dann gehe ich zuerst nach rechts und nachher gucke ich erst nach links, denn die Gefahr, daß die Mousse nicht mehr da ist, ist mir zu groß, als das ich links anfangen würde.«
Robert Lembke, ein Verstandes- und Sinnenmensch, trägt einen grauen Anzug mit einer gleichfarbigen Krawatte und wirkt wie ein geschulter Psychologe, der sich stundenlang die Probleme seiner Mitmenschen aktiv anhören kann. Er hat die Begabung, mit einer Antwort, sein Gegenüber fröhlich zu stimmen.
Nach einem längeren Schweigen frage ich weiter:
»Was hältst du von Fernsehprogrammen?«
»Das Fernsehprogramm ist wie eine Speisekarte. Wenn man alles ißt, wird einem übel und die angebotenen Gerichte sind nicht für alle bestimmt.«

»Woher kommt deine unbeschwerte und positive Ausstrahlung?«
»Ich fühle mich rundweg zufrieden und in mir geschlossen. Ich bekenne mich rückhaltlos zu meiner Offenheit. Ich könnte deshalb niemals Schauspieler sein. Bei einem vorgeschriebenen Text würde ich verdeckt wirken und es würden keine Worte über meine Lippen kommen«, antwortet er nachdenklich.
»Klaut das Fernsehen dem Zirkus die Zuschauer?«
»Das Fernsehen bemüht sich, sein Programm so zu gestalten, daß die Leute gerne in den Zirkus gehen«, ist seine knappe Antwort. Der freundlich lächelnde frühere Programmdirektor versäumt es nie, Vertretern seiner Branche auf die Füße zu treten. Er kreidet den Verantwortlichen zu hohe Ausgaben und Gewinne für die Teilnehmer bei Unterhaltungssendungen an. Mehr als 50 Mark kann kein Gast bei seiner Ratesendung gewinnen. Einen Gast hat er in besonderer Erinnerung:
»Ein Einsiedler, er war nicht mehr aus dem Studio herauszukriegen. Er redete unentwegt: der Nachholbedarf!«
Der Ratemeister Robert Lembke macht Millionen Menschen mit dieser Sendung glücklich. Was bedeutet für ihn Glück?
»Glück bedeutet für mich, wenn ich keine unerfüllbaren Wünsche mehr habe.«
»Und was wünschst du dir für die nächsten Jahre?«
»Ich träume bestimmt nicht von einer Yacht oder Traumvilla, da habe ich keine Wünsche. Ich denke an immaterielle, nicht käufliche Dinge im Leben. Gesundheit und gute Freunde.«

Elke Sommer

Wir sitzen im herrlich verwilderten Garten ihrer kalifornischen Villa in den Hollywood-Bergen am Beverley-Clan-Boulevard. Elke Sommer, 44jährige Pastorentochter aus Erlangen, bezeichnet sich als Selfmade-Frau, die seit ihrem Abitur in den verschiedensten Berufen arbeitete, mit viel Freude, selten mit Unbehagen.

Bei meinem Interview blickte ich in ein herzförmiges Mädchengesicht, das sich scheinbar in den letzten 25 Jahren ihrer Bekanntheit nicht verändert hat. Die grünen, neugierigen Augen sind mit einem Kajalstift stark umrandet. Ihre kurzen, blonden Haare sind gelockt. Sie ist stolz auf ihren Besitz. Von ihrem ersten eigenen Geld hat sie dieses Haus in den USA anbezahlt. Es ist ihr Nest, ihre Burg, ein Schutz gegen die Außenwelt. Während meine Tochter Laura mit ihren fünf Hunden durch den Garten tollt, zeigt sie mir ihr Paradies. Elke Sommer ist eine Hundenärrin. Ihre fünf Promenadenmischungen hat sie selbst aufgelesen und aufgenommen. Sie bewegt sich weiblich in dem engen weißen Trainingsanzug aus »Finest drill«. Der Reißverschluß ist keß bis zum Busenansatz heruntergezogen. Sie kann es sich leisten, keinen Büstenhalter zu tragen. Weiche Formen zeichnen ihre Figur. Mit den hohen weißen

Pumps trippelt sie vor mir über den Rasen. Sie erwartet ihren Mann, den Schriftsteller Joe Hyams erst in einer Stunde zurück.
Eine große Tennisanlage ließ sie unmittelbar neben dem Haus bauen. Elke trainiert täglich mit ihrem Mann oder Freunden; außer sie ist auf Reisen, und das ist immerhin fünf Monate im Jahr. Am Swimmingpool wurde von Elke ein gepflegter Ziergarten angelegt. Ihr Paradies mit dem Garten liegt wie im Märchen versteckt, durch Bäume, Hecken und Büsche geschützt.
Der Salon ist großzügig geschnitten, mit bis zum Fußboden reichenden Fenstern im Innenhof. Vor dem eingebauten Kamin stehen tiefe Sitzmöbel, zur modernen Einrichtung geschickt kombinierte Antiquitäten. Die Wände bilden eine Galerie für Elkes Werke, Ölbilder mit strengen, traurigen oder konzentrierten byzantinischen Gesichtern, oft in Gruppen. Elke ist überzeugt, daß sie schon einmal als Kreuzritter zwischen 1100 und 1300 lebte. Ihre Bilder werden zwischen 4000 bis 6000 DM verkauft.
Über ihre erfolgreiche Malerei sagt sie: »Als Schauspielerin muß ich eine andere Tätigkeit ausüben, als eine Art Ergänzung, die in meinem Schauspielerberuf nicht existieren kann. In der Malerei kann ich mich ausdrücken, konzipiere meine eigenen Ideen, realisiere und blicke dann auf das fertige Werk. Das ist für mich die höchste Erfüllung, weil es das Einzige ist, wo ich keinen Regisseur brauche, der mich rumschubst. Es ist etwas ganz Eigenes, selbst Geschaffenes. Es wirkt auf mich wie ein Medium. Ich bin überzeugt, daß ich schon zweimal vorher lebte. Das letzte Mal, ungefähr vor 100 Jahren, war ich ein Bauer, also auch ein Mann, wie das vorletzte Mal. Ich fühle zum Beispiel meiner Mutter gegenüber ein Verantwortungsgefühl wie ein Mann. Ich gehe gern Pilze sammeln, möchte Tage im Wald verbringen, deshalb auch dieser weitläufige Garten. Ich half in Erlangen den Bauern bei der Ernte, leistete Geburtshilfe bei Kälbern und kannte jeden Hund bei seinem Namen. Ich wußte, wo die Maiglöckchen wuchsen oder meine Blumen blühten. Meine Heimat fehlt mir sehr. Ich bin ein Landmensch durch und durch!

Wir gehen wieder in den Garten, trinken einen herben Weißwein aus umbrischen Porzellanbechern.
»Wie hast du es über 20 Jahre in der Ehe mit Joe Hyams und in Hollywood ausgehalten mit der ständigen Sehnsucht nach den Wäldern der Heimat?«
»Das war nicht einfach für mich. Ich habe schon nach zwei Wochen Ehe gelernt, daß ich über meine Arbeit, meine beruflichen Probleme und Freuden mit Joe nicht reden kann. Mein Mann wünscht mich als Frau, oder auch als Hundemutter oder Gärtnerin, aber nicht als Schauspielerin. Joe hat einmal einen schönen Satz geschrieben, daß jeder Mann, der eine Schauspielerin heiratet, ein totaler Masochist sein muß. In gewissem Sinne hat er schon recht. Es ist sehr schwierig, mit einer Schauspielerin verheiratet zu sein.«
Elkes Lieblingshund »Pasqua« legt seinen Kopf auf ihren Schoß. »Miefer« liegt auf der linken Seite und stubst seine Herrin liebevoll an.
»Muß dein Mann unter dir leiden?« frage ich direkt.
»Ich gleiche meine Fehler mit anderen Dingen wieder aus. Joe ist ernst und ruhig. Ich kann ihn mit meiner fröhlichen Art aufheitern. Ich bin aufgeweckter und sozialer als er. Durch meine Menschenliebe hat er Verständnis anderen Menschen gegenüber gelernt und öffnet sich mehr. Ich bin glücklich mit ihm. Wir haben eine gute Basis gefunden!«
»Wie wäre eine Ehe mit einem Schauspieler gelaufen?«
»Ich hätte nie einen Schauspieler geheiratet. Mit wenigen Ausnahmen mag ich meine männlichen Kollegen nicht. Diese Männer sind mir ein Greuel. Gary Cooper, den ich noch kurz vor seinem Tod kennengelernt habe, war eine Ausnahme: ein Mordskerl und dabei bescheiden. Aber Schauspieler sind egoistisch, eitel und verspielt. Du gibst mir doch recht, Holde, diese Eigenschaften passen nur zu einer Frau.«
»Aber wie funktioniert deine Ehe, wenn du im Jahr monatelang in Deutschland auf Theatertournee bist?«
»Am Anfang meiner Ehe waren schon drei Wochen eine Ewigkeit, ein Wahnsinn! Dann, nach zehn Jahren Ehe, waren ein paar Wochen Getrenntsein ganz schön. Man konnte im Bett le-

sen, einen Apfel knabbern oder so lange Fernsehen schauen wie man wollte.« Nach einer langen Sprechpause erzählt sie weiter: »Heute leide ich nicht mehr unter der Trennung. Mein Mann und ich haben eine schwierige, nicht überwindbare Situation: ich bin Europäerin, eine typische Deutsche, fleißig und aktiv, die in einem kleinen Dorf bei Erlangen aufgewachsen ist. Mein Mann ist Amerikaner, ein intellektueller Schriftsteller und ein Stadtmensch. Unsere Einstellungen und Berufe haben wenig gemein. Ich spiele zum Beispiel gerne Skat. Ja um Gottes Himmels willen, wie bringst du einem Amerikaner Skat bei? »Impossible!« Ramschen, drei Bock, drei Ramsch, unmöglich! Der flippt aus, das geht einfach nicht, und dann gehe ich zu meinen Bauern und spiel einen gescheiten Schafkopf oder Skat, trinke dabei Altbier und hocke bis 4 Uhr nachts. Das ist für Joe unangenehm, weil seine Interessen anders sind. Ich bin für ein einfaches Leben und einfache, natürliche Menschen!«

Ungewöhnliche Worte von der Sommer, von der man immer hörte, daß sie mit dem Journalisten Hyams eine Ideal-Ehe führt. Mir ist klar, warum Elke so sehr vom einfachen Leben mit einfachen Menschen schwärmt. Schon ein Jahr vor diesem Gespräch in Hollywood saß mir im Münchner Hilton Hotel der Bühnenarbeiter Tom Bohla gegenüber. Elke besorgte ihm sogar eine Theaterrolle in dem Stück »Nina« von Bruno Frank, mit dem Elke in Deutschland auf Tournee war. Elke ist Tom seit vielen Jahren verbunden.

»Wie steht dein Mann zu dieser Freundschaft?«

»Ich konnte ihn bis heute beruhigen. Ich liebe auch ihn und will unter keinen Umständen eine Scheidung. Joe und ich gehören nach so vielen gemeinsamen Jahren zusammen. Ich versuche, über all diese Dinge mit ihm zu sprechen, und wenn er sich sperrt, nehme ich meine Gitarre und setze mich in der Nähe unseres Hauses ein paar Straßenzüge weiter unter einen Baum, spiele und singe alte deutsche Volkslieder, bis er mich gefunden hat und dann bereit ist, mit mir zu reden!«

Elke zieht meine Tochter Laura auf ihren Schoß, gibt ihr einen Malpinsel aus Naturhaar und erklärt ihr liebevoll, wie sie den

Pinsel halten muß. Ich komme auf das Thema Kinder: »Hast du nach mehreren Fehlgeburten noch den Wunsch, es immer wieder zu versuchen?« frage ich zurückhaltend. Elke streicht Laura über das Gesicht: »Ich habe viele Wünsche und habe den Wunsch nach eigenen Kindern bis heute nicht aufgegeben. Ich möchte im Garten eine Ecke mit Austernpilzen anlegen, ich möchte Gitarretechniken beherrschen, ich möchte einen Superfilm drehen, viel, viel Theater spielen, denn seit ich auf der Bühne stand, liebe ich diesen Beruf über alles. Ich möchte, daß meine Mutti lange lebt, ich möchte auf einem Bauernhof leben, ich möchte das Rauchen aufgeben, ich möchte mich rundherum happy fühlen und vieles andere mehr. Und ich fühle mich so stark, ich meine auch physisch stark, ich bin groß und stark, ich kann fast mit jedem Mann fingerhackeln, und ich sehe nicht ein wieso ich, die ich so viel in meinem Leben erreiche, nicht selbst ein Kind bekommen kann. Ich habe hier Pech gehabt, aber Joe und ich werden es weiter versuchen, und wenn ich dann wirklich weiß, es geht nicht mehr, dann werden wir ein Kind adoptieren. Ein Kind muß Ziel und Erfüllung für jede Frau sein. Joe und ich werden es schon schaffen.«
Ihre Stimme klingt trotzig. Als Verhandlungspartner für Werbung ist Elke bekannt als harter Geschäftspartner. Man muß dabei wissen, daß sie für ihre Mutter, den Haushalt in Hollywood und andere Ausgaben alleine aufkommt.
Joe Hyams ist eben nach Hause gekommen. Eine hochgewachsene Erscheinung, sein Rücken wie unter einer schweren Last gebeugt. Er hat ein markantes Gesicht mit den tiefen Furchen eines Menschen, der introvertiert ist und grübelt. Er nähert sich mir zögernd und begrüßt mich nach Elkes überschwenglicher Vorstellung dennoch zurückhaltend. Elke wirkt neben ihrem Ehemann verspielt, wie eine Kindfrau. Sie hakt sich bei ihm unter und bittet ihn, mir zwei Videokassetten vorzuführen. Sie hat mehrere Folgen für eine amerikanische Fernsehgesellschaft »Malen lernen mit Elke Sommer« aufgezeichnet.
Wir gehen in Elkes Arbeitszimmer. Spartanische Einrichtung im Vergleich zu den anderen Räumen im Haus. Ein schmales Bett, ein Fernseher, Telefon und Elkes Bilder an den Wänden.

Joe findet die Kassette nicht sofort. Er erinnert Elke an eine Verabredung zum Abendessen. Sie reagiert ungeduldig: »Später! Holde soll sich die Kassetten ansehen. Vielleicht ist dieser Malkursus für das deutsche Fernsehen oder die deutschen Medien interessant.« Ihr Mann nickt verständnisvoll und schiebt die gefundene Kassette in den Rekorder ein. Elke gibt sich zufrieden und lächelt. Sie ist in jedem Moment engagiert. Auf dem TV-Schirm sehe ich eine Malerin, die leidenschaftlich ihre Maltechniken erklärt. Die Sendung gefällt mir. Joe sagt: »Elke arbeitet rund um die Uhr. Morgen muß sie wieder zu Dreharbeiten für vier Wochen wegfliegen.«
Ich habe den Eindruck, dieser Mann versteht seine Frau. Er läßt ihr die Freiheit, sich den ständigen Herausforderungen immer wieder zu stellen. Elke und Joe, Gegensätze, die sich ausgleichen?

Anatoli Karpov

»Beim Schachspiel ist man der einsamste Mensch, man darf keine Gefühle zeigen. Die Devise ist: nicht nervös werden, ganz ruhig bleiben.« Er beherrscht es perfekt. Mit fünf Jahren hat ihm sein Vater die ersten Grundbegriffe beigebracht. Und als »strahlender Stern am Schachhimmel« wurde der Leningrader Ökonomiestudent, mit 23 Jahren jüngster Schachweltmeister aller Zeiten, im April 1975 von der sowjetischen und internationalen Presse gefeiert. Seit 10 Jahren hält Anatoli Karpov den Titel. Er wird von den Moskauer Verbandsfunktionären auf Turniere nach Madrid, Mailand, Haifa, New York, Leningrad, München – rund um die Welt geschickt. In München ruft er mich an. Wir hatten uns vor sieben Jahren bei einem Schachturnier kennengelernt. Trotz straffem Terminkalender hat er Zeit für ein spätes Abendessen im Hilton-Grill. »Aber ich möchte nichts essen, ich bin vorher bei einem offiziellen Bankett«, sagt er in gebrochenem Englisch am Telefon. Er bestellt mit mir jeweils einen hausgebeizten Lachs, Pfifferlinge und Kartoffelknödel und als Dessert eine Mousse au chocolat und genießt es, ohne Störung und offizielles Programm von sich und den letzten Tagen zu erzählen. Nach der Vorspeise bitte ich ihn um ein Interview in meinem Büro für eine Videoaufzeichnung. Obwohl er blaß und erschöpft wirkt, sagt er zu.

Bedingung, daß er meine Fragen vorher lesen kann. Zwei davon streicht er: »Die Vorteile und Nachteile des Kommunismus/ der Demokratie und: Wünsche für einen Umzug in den Westen.

»Jedes Land hat schöne Regionen«, antwortet Karpov leise. »Besonders schön ist die Mitte Rußlands, die deutsche Rhein-Region ist landschaftlich ähnlich. Spanien zählt zu meinen Lieblingsländern, ich mag die herzliche offene Bevölkerung. Madrid, Barcelona, aber auch London und Rom gefallen mir. New York ist interessant, aber ich möchte dort nicht leben.«

Karpov hat den ganzen Tag in einem überhitzten Fernsehstudio gegen 20 Schachgegner gespielt. Seine Augen sind durch die Überanstrengung bei künstlichem Licht und rauchenden Gästen gerötet. Es wäre an mir, mich für meine Bitte um ein Interview zu entschuldigen, aber Karpov bittet um Verzeihung für seine Verfassung. Wie schon bei unserem ersten Kennenlernen hält er sich bescheiden zurück, lächelt freundlich und wartet ab. Seine Schultern sind vorgebeugt, der graue Anzug ein altes Modell und zu weit für die zierliche Figur Karpovs. Die braunen glatten Haare sind etwas fettig. Warme blaue Augen schauen mich an. Auffällig die schönen Hände, seine schlanken Finger.

Gelassen wartet er ab. Meine großzügige Gestik neben diesem ruhigen Menschen fällt mir auf und ärgert mich. Karpov spricht leise mit warmer Stimme. Er überlegt jeden Satz. Warum weiß man so wenig über den Privatmann? Gibt es etwas zu verstecken oder darf er sich nicht dazu äußern? »Natürlich darf ich. Ich habe keinen Maulkorb, bin aber vom Charakter ruhig und ausgeglichen. Das ist wenig interessant für die Presse, da gibt es keine großen Stories wie bei den amerikanischen Schachspielern.«

Und doch verschließt sich sein Gesicht, wirkt abweisend und konzentriert. Bei Journalisten winkt er schroff Fragen nach seinem Privatleben ab. Jetzt schweigt er! Fühlt sich bedrängt. Eine Antwort könnte ihn angreifbar machen. Nur auf dem Schachbrett agiert er aggressiv, darauf kennt er sich aus und siegt. Auffallend ist, daß die UdSSR viele Schachgrößen her-

vorbringt. Training, Planung und perfekte Programme – wie in vielen Sportarten der UdSSR.
Das ist sein Thema: Die Sprache um seine Profession beherrscht er perfekt. Ich frage nach Freunden.
»Nein, ich spiele Schach um zu gewinnen, nicht um Freundschaften zu schließen. Freunde sehe ich selten, Freunde aus meiner Schulzeit, die heute Wissenschaftler und Historiker sind.« Seit frühester Kindheit besteht sein Leben fast ausschließlich aus Schach, 300 Tage im Jahr reist er von Turnier zu Turnier. Wie hält er den ständigen Druck und die Erwartenshaltung der Schachfunktionäre und seiner Fans aus? »Manchmal bin ich es leid und sehr müde.« Und stolz: »Aber ich bin der Beste seit 10 Jahren. Das gab es noch nie. Ich schlafe viel, um fit zu bleiben, spiele Tennis und lese russische Literatur, Geschichte interessiert mich besonders. Und dann die täglichen Turniere, die ständige Auseinandersetzung mit sich selbst. Die unglaubliche Konzentration; und wieder ist ein Jahr vergangen. In den letzten fünf Jahren habe ich einmal Urlaub gemacht – 10 Tage Venedig. Eine herrliche Stadt. Ich hatte Zeit, neue Züge zu entwickeln, die ich in meinem Schachmagazin sofort veröffentlicht habe.«
Karpov, eine Schachmaschine, die keine Liebe, keinen Haß, keine Furcht empfindet, die nicht an Magengeschwüren und seelischen Störungen leidet? Und was ist mit dem Glück und den Gefühlen? Seine Familie, seine Frau Irina und sein 5 ½jähriger Sohn Anatoli? Karpov sucht eine Antwort. Er findet sie nicht. Wir schweigen. Endlich sachlich und kühl formuliert: »Meine Frau Irina und ich haben uns vor einem Jahr scheiden lassen. Sie arbeitet wieder als Chefsekretärin und erzieht mit meinen Schwiegereltern unseren Sohn.« »Alles perfekt organisiert – wie beim Schach: Zug um Zug ohne Gefühle oder Reue?« Traurige Augen schauen mich an, sehen durch mich hindurch. Seine Frau Irina konnte sein bewegtes Leben nicht mitmachen. Sie wollte beim gemeinsamen Sohn bleiben. Sie hat ihn vermißt. War wohl sehr einsam. Es gab Probleme, viele Probleme. Er verschränkt seine Arme als wolle er mir zu verstehen geben: bis hierhin. Das muß genügen. Ich beuge mich

nah zu seinem Gesicht: »Warum hast du das Reisen nicht eingeschränkt? Die große Liebe, drei Jahre Ehe und Schluß?« Er zieht sich zurück und antwortet ausweichend: »Irina«, es klingt sehr weich, wenn er ihren Namen sagt: »kannte meinen Lebensstil!« Und trotzig: »Ich kann doch meinen Beruf nicht ändern.« War der Preis für Ehre, Titel und Star der Sowjets mit Leninorden nicht zu hoch? Oder war die Liebe verlorengegangen? Karpov reagiert nicht. Es ist für ihn Vergangenheit. Er spricht davon, daß beide noch jung genug sind für die Zukunft und für eine neue Beziehung. Für ihn war die Trennung und Scheidung eine traurige Erfahrung, aber er habe daraus gelernt, sich noch genauer zu prüfen. Familie sollte ihm Kraft geben und keine Spannung erzeugen.

»Ich glaube an die Liebe, und ich weiß um meinen harten Beruf, der alles von mir fordert. Die besten Jahre eines Schachspielers liegen zwischen 25 und 45 Jahren. Und ich bin heute 34 und habe genug Zeit, mich später auf eine Familie zu konzentrieren. Irina und ich sind heute gute Freunde. Sie lebt mit unserem Sohn und ihren Eltern in meinem Haus in Moskau.« Sein größtes Glück ist sein Sohn, den er nur Anatoli II. nennt. Seine Stimme ist ganz weich. Selten hat ein Vater so von seinem Kind geschwärmt. »Ich liebe ihn sehr und er mich auch.«

Dieter Thomas Heck

Auf meine Frage: »Was ist Liebe?« legt Dieter Thomas Heck seine Hand besitzergreifend auf die Hand seiner Frau Hilde Ranghild, von ihm liebevoll »Hildchen« genannt, blickt mich erstaunt an und antwortet: »Sieht man das nicht? Glücklich bin ich seit dem 5. September 1971, der Tag unseres Kennenlernens. Mir war in der ersten Sekunde klar, daß sie die Frau meines Lebens wird. Ich bin sehr emotional; es war Liebe auf den ersten Blick.«

Dieter Thomas Heck trägt eine sportliche Kombination, Flanellhose mit kariertem Kashmeresakko. Er streicht sich verstohlen über einen kleinen Bauchansatz (man sieht ihn nicht) und fügt erklärend hinzu: »Ich muß zwei Pfund abnehmen, aber eure Hilton Küche ist so köstlich.« Er lächelt wie ein Lausbub, viele Lachfältchen sind um die Augen; energiegeladen sprudeln seine Antworten, unterstrichen von temperamentvoller Gestik. Er ist Biertrinker und Kettenraucher. Seiner aparten, rehäugigen Frau und Managerin war diese Liebe nicht unmittelbar bewußt: »Ich dachte: in der Showbranche spielen alle ein bißchen verrückt. Ich habe seine sichtliche Zuneigung nicht so ganz ernst genommen.«

»Ich war nie meschugge und werde nie meschugge sein!«, reagiert Dieter spontan.

»Das wußte ich ja nicht«, antwortet Hilde schnell.
»Obgleich ich auch meine Macken habe.«
Auf meine Frage, welche Macken das sind, antwortet er ehrlich: »Darauf gebe ich keine Antwort. Es ist ja schon eine Makke zu behaupten, daß ich auch kleine und große Fehler habe.«
Hilde fügt erklärend hinzu: »Holde, als ich Dieter kennenlernte, war ich 27 Jahre alt. Er war verheiratet. Ich wußte nicht, daß er diese Ehe längst beendet hatte. Ich fühlte mich uralt und dachte mir, das ist ein wirkliches Gottesgeschenk, sich mit einem Menschen so intensiv verbunden zu fühlen. Lieber einmal richtig lieben, als nie im Leben lieben. Ich hätte nie gedacht, daß unsere Verbindung länger als sechs Monate dauern würde. Heute ist es noch schöner als damals.«
»Wir ertappen uns dabei, daß der eine Gedanken des anderen ausspricht«, unterbricht Dieter Thomas Heck liebevoll seine Frau. »Zum Beispiel kaufte ich Hildchen an Weihnachten eine Tissotuhr und sie legte mir auf den Geschenktisch eine Herrentissotuhr.«
Hilde wirkt in ihrem schmalen, streng taillierten, grauschwarz gemusterten Kleid mit weißem Kragen und großer schwarzer Schleife sehr zart und mädchenhaft. Dieter bemerkt meinen Blick auf Hildes Kleid und sagt ironisch: »Das Kleid habe ich ihr mitgebracht, ich kaufe zum Teil ihre Garderobe ein.«
»Und sie gefällt mir!« sagt Hilde.
»Woran liegt es, daß so viele Künstlerehen scheitern?«
»Weil die Frauen oder Männer von Künstlern sich gar nicht oder zu wenig auf den Beruf in der Öffentlichkeit, der sehr viel Kraft fordert, einstellen. Man benötigt seine Konzentration, und der Partner sollte das wissen.«
Hilde schließt sich dieser Ansicht an. Sie ist eine sehr einfühlsame Partnerin: »The show must go on, und jeder sollte von vornherein wissen, daß der Partner eines Künstlers großes Verständnis für dessen Beruf aufbringen muß. Es gibt Dinge, die ich mit Dieter nicht während der Vorbereitung einer Sendung, im Laufe einer Sendung, oder direkt danach besprechen würde. Es darf kein Sand ins Getriebe kommen, sei es eine Mandelentzündung oder ein Blinddarmdurchbruch. Eine perfekte Ehe

führen zum Beispiel Peter Alexander und seine Frau Hilde. Sie schirmt ihn ab und schützt ihn. Vor dieser Frau ziehe ich Tag für Tag meinen Hut.«
Und wie anstrengend ist es für Hilde Heck, ein harmonisches Familienleben zu gestalten, ihren Mann organisatorisch zu betreuen und ihn so oft wie möglich in die Studios zu begleiten?
»Wenn wir nachts bei Tourneen ins Hotel kommen und ich sehe die bildhübschen Begleiterinnen, die sich den ganzen Tag ausruhen konnten, sich für ihren Mann oder Freund schön machten und Dieter würde sagen: Schau mal Schatz, nimm dir daran ein Beispiel, dann würde ich wahrscheinlich durchdrehen. Er hat es bis heute nicht getan, aber der Vergleich kann einmal kommen. Er ist doch kein Heiliger.«
Mit seinem ganzen Temperament wirft Dieter ein: »Ganz sicher nicht! Ich will kein Modepüppchen. Achtung vor der Persönlichkeit eines Menschen ist wichtiger als sein Aussehen.«
Dieter findet Persönlichkeit und Schönheit in seiner Frau. Hilde stört nur eine Seite Dieters· »Er läuft schon morgens um 6.30 Uhr fröhlich singend ins Bad und weckt mich mit der lauten Aufforderung: »Augen auf Schatz, was für ein herrlicher Tag!« Holde, du mußt wissen, ich benötige am Morgen eine längere Anlaufphase.«
Beide betonen, daß sie körperliche, geistige und seelische Treue brauchen. Dieter wird schon unruhig, wenn Hilde sich zu lange mit einem attraktiven Mann unterhält oder einen anguckt.
Seine seelische Tankstelle sind Hilde und seine drei Kinder. Er kann auch ausflippen, wenn er ein paar Tage daheim verbringt oder im Urlaub, dann wird der »Schnellsprecher« ganz still und zum Redemuffel und zieht sich stundenlang in sein Inneres zurück.
Hilde und Dieter rücken beim Fortgang unseres Gesprächs noch enger zusammen.
Nach 15 Jahren und 11 Monaten trat Dieter Thomas Heck die erfolgreiche ZDF-Hitparade ab. Aber keineswegs um kürzer zu treten, sondern neben dem Rätselspiel »Pyramide« neue Ideen zu verwirklichen. Zuallererst setzte er sich für die eigene Pro-

duktion »Tag des deutschen Schlagers« ein. Einmal im Jahr darf der ZDF-Star zur ARD fremdgehen. Die Idee zum nationalen Schlagerfestival entstand in seinem spanischen Lieblingsurlaubsort. Neben den TV Sendungen moderiert er viel und gerne im Funk.
Ich frage ihn: »Du verbindest oft soziales Engagement mit deinen TV-Sendungen. Zum Beispiel hast du dich für einen Kinderspielplatz für sehbehinderte Kinder eingesetzt. Warum?«
»Der Markt ›Unterhaltung‹ kann helfen und muß helfen. Wir erreichen mit dem deutschen Fernsehen Millionen von Zuschauern, die bereit sind, sozial Schwächere zu unterstützen.«
Dieter Thomas Heck spricht mit voller Überzeugung.
»Wie trittst du für deine Form von ›Entertainment‹ ein? Oder hast du auch Angebote abgelehnt, die deiner Auffassung und deinem Idealismus nicht entsprochen haben?«
»Ich könnte nicht etwas verkaufen, wenn ich nicht mit meiner ganzen Überzeugung dahinterstehe. Jede Sendung ist immer wieder wie die erste. Es ist mir ein großes Bedürfnis in meinen Musiksendungen deutsche Texte zu wählen. Warum englische Sprache? Die Amerikaner haben sich doch auch die Mühe gemacht und übersetzten Goethe und Schiller in ihre Sprache. Ich liebe unser Land, unsere Sprache sehr.«
Nach einer Pause fügt er noch hinzu: »Ich lehnte auch schon Angebote ab, die nicht meiner Überzeugung von positivem Entertainment entsprachen. Das Besondere in meinem Beruf ist, daß es wie in anderen Berufen auch, viele Dilettanten gibt und daraus muß man seine Konsequenzen ziehen. Ich bin ein ehrlicher und geradliniger Mensch, der in den Spiegel schauen will, ohne sich zu genieren.«
»Du sagst sofort deinen Kollegen oder Mitarbeitern die Wahrheit oder äußerst ehrliche Kritik?«
»Ja, sehr schnell, und manchmal habe ich auch schon Menschen damit hart getroffen, aber ich entschuldige mich auch für die spontane Form, aber nicht für den Inhalt der Kritik.«
Dieter Thomas Heck, ein ernsthafter Mensch, der gerne lacht, aber Tiefgang hat? Wie ist das in dieser sogenannten Haifischbranche möglich?«

»Es sehen sicherlich viele Heringe dies als Haifischbranche an. Nur wenn du ein Wal bist, dann mußt du dich nicht vor Haifischen fürchten. – Und ich vergesse dabei nie, wer mir beim Aufstieg geholfen hat. Dafür bin ich dankbar. Obwohl einige Menschen vergessen haben, daß ich ihnen die Leiter zum Erfolg hielt.« Dieter ergänzt: »Und ich vergesse nicht, daß in meinem Beruf nichts von alleine geht, daß die Redaktion und viele andere an der Sendung mitarbeiten.«
»Wie wichtig ist für dich das Bad in der Menge?«
»Sehr! Die Menschen sind wie ein Echo, das zurückkommt. Ich empfinde es als ein Riesenkompliment, wenn Menschen mir die Hand drücken oder ein Taxifahrer sagt, wenn ich die Rechnung bezahlen will: Sie und Hans-Joachim Kuhlenkampff fahre ich umsonst, Sie machten mir so viel Freude in meinem Leben.«
»Ist Kuhlenkampff in Verbindung mit deinem Namen auch ein Kompliment?«
Seine Antwort ist spontan: »Er ist für mich der Größte.«
Dieter Thomas Heck produzierte eine Kassettenserie von einer deutschen Eiche (Haborex), die ihr 5000 Jahre altes Leben erzählt bis hin zum Umweltschutz in spielerischer Form. Die Serie kam im Oktober auf den Markt und spricht Erwachsene wie Kinder an.
Aber es gibt auch den politischen Dieter Thomas Heck, der nie einen Hehl daraus machte, welche politische Richtung er unterstützt.
»Ich erwarte bei mündigen Menschen, auch auf der politischen Ebene, mehr Toleranz. Man kann nicht von vornherein den als ›Idioten‹ bezeichnen, der anders denkt. Ich erwarte Diskussionsbereitschaft und finde alle Auswüchse, ob nach rechts oder links außen, gefährlich. Das bedeutet ein schlechtes Verhältnis zur Demokratie und Toleranz. Ich habe Angst davor, daß Chaoten etwas zerstören können, was Menschen sich liebevoll aufbauten. Man muß versuchen, die goldene Mitte zu finden.«
Der Autor, Sänger, Entertainer hat einen besonderen Wunsch: »Ich möchte den Harras in ›Des Teufels General‹ spielen. Eine

Rolle, die zu Dieter Thomas Heck paßt. Er ist wie Harras: Er ist geradlinig, zeigt eine gewisse Sturheit und liebt dennoch Menschen aus vollem Herzen.

Seine Frau Hilde kommentiert: »Ich bewundere Dieter für seinen Einsatz für die wahren Werte und seine Menschenliebe. Und ich finde es faszinierend, wenn er auf der Bühne steht!«

»Das hast du mir ja nie gesagt!« Dieter Thomas Heck gibt sich erstaunt.

»Man sollte dich auch nicht so verwöhnen!« lächelt Hilde ihren Mann an.

Am Ende unseres lebendigen Gespräches interessiert mich noch die eine Frage: Wer von euch beiden trifft die letzte Entscheidung im beruflichen wie auch privaten Leben?«

Wie aus der Pistole geschossen kommt Hildes Antwort: »Wenn Dieter sagt, so wird es jetzt gemacht, dann gibt es keine Diskussion.«

Es ist spät geworden. Hilde erinnert Dieter an die Termine am nächsten Morgen. Nicht bestimmend, sondern einfühlsam und mit leiser mahnender Stimme. Dieter drückt seine gerade angerauchte Zigarette aus, nimmt seine Frau Hilde zärtlich an die Hand und sagt: »Und wir verabschieden uns. Du hast wie immer recht, mein lieber Schatz!«

Ruth-Maria Kubitschek

Der Durchbruch zu breiter Popularität gelang Ruth-Maria Kubitschek erst 1966 mit der Titelrolle »Melissa« in dem dreiteiligen Fernseh-Durbridge-Krimi. Sie galt in Ostdeutschland als eine der besten Schauspielerinnen, und siedelte trotzdem 1958 in die Bundesrepublik über. Im Schloßparktheater in Celle wurde sie von Fritz Kortner für die Fernseh-Inszenierung von »Lysistrata« entdeckt. Und war schnell auch hier ein Star.
Wir treffen uns in ihrer großen Altbauwohnung im Herzen Schwabings. Die beiden Salons mit weit geöffneten Flügeltüren sind geschmackvoll mit ausgesuchten Antiquitäten eingerichtet. Das anschließende Atelier riecht nach Farbe und künstlerischer Inspiration. An den Wänden lehnen Aquarelle verschiedener Formate. 1964 hat sie ihr erstes Bild in Aquarell auf Elba gemalt. Landschaften in der Morgendämmerung, Landschaften in strahlender Mittagssonne, aber auch verhangene Gewitterwolken und im Abendbrot.
»Frau Kubitschek, Sie stehen als Schauspielerin auf der Bühne, spielen Rollen im Fernsehen und Film. Sie sind schön. Sie sind eine begabte Malerin. Gibt es etwas, das Sie nervös macht?«
Hohe Wangenknochen prägen das aparte Gesicht. Die blonden Haare fallen weich auf die Schultern. Sie blickt mich klar und

direkt an. Ihre Antworten wirken ebenso. Wir sitzen auf einer eleganten altenglischen Ledercouch und trinken aus chinesischen Porzellantassen Windsor-Castle Orange Pekoe Tea.
»Mein Sohn Alexander ist lieb, aber nicht so erfolgreich, wie ich es gerne als Mutter hätte. Er ist Musiker. Er arbeitet mit seiner Band in Konstanz in einem Studio und ist mit seinen 28 Jahren sehr engagiert. Wir fanden zu einem freundschaftlichen Verhältnis. Ich wollte eine ausgebaute Dachgeschoßwohnung über seiner Wohnung beziehen, habe aber erkannt, daß ein zu enges Beieinander die Beziehung kaputt gemacht hätte.«
»Sie sind geschieden. Wieviel Entfernung oder Getrenntsein benötigen Sie in einer Beziehung mit einem Mann?«
Frau Kubitschek lächelt und holt weit aus, wie eine Frau, die lange über diese Frage nachdachte: »Meine langjährigen Freunde waren immer komplizierte Charaktere. Ich habe es so gewollt. Die Männer, die vielleicht besser zu mir gepaßt hätten und anpassungsfähig waren, langweilten mich. Aber ohne Männer wäre das Leben für uns Frauen triste. Periodisch war ich zwischen meinen Beziehungen allein. Ich glaube, man wächst auch nur dann als Persönlichkeit und wird sich bewußter über das, was wichtig ist.«
»Können Sie in dieser herrlichen Wohnung Ihr Leben mit einem Mann teilen, also näher zusammenrücken, ohne sich erdrückt zu fühlen?«
»Vom Kopf her würde ich gerne mit einem lieben Menschen in einem großen Haus leben. Vom Herzen und Gefühl aber sage ich: »Nein«. Ich werde das sicher nicht mehr erleben. Müßte ich diese Wohnung für einen Mann aufgeben, würde auch ein Stück von mir sterben.«
»Was ist Ihre Idealvorstellung von einer Zweierbeziehung?«
»Ich glaube, wir Frauen müssen lernen, in einer Zweierbeziehung auch den eigenen Weg zu gehen. Ich habe an mir selbst erfahren, daß man sehr wohl seine eigene Kraft aktivieren kann. Selten konnte ich mich an einen Mann anlehnen. Sie sind zu sehr mit Ihrer Karriere beschäftigt und zeigen nur geringes Interesse für die besonderen Probleme einer Frau.«
Ich erinnere mich an mein Gespräch mit Maria Schell, die Jean

Paul zitierte: »Eine Frau liebt in einem fort, ein Mann hat dazwischen zu tun.«

»Welche Menschen stehen Ihnen am nächsten? Ihre jetzige Liebe oder Freunde oder steht Ihre Karriere ausschließlich im Vordergrund?«

»Meine Freundschaften sind mir wichtiger als Liebe. Freunde bleiben ein Leben lang, Liebe vergeht. Es sei denn, aus einer Freundschaft wird Liebe. Meine engsten Freunde sind zwei schwule Friseure, ein Kostümbildner, eine ältere Freundin, die nichts mit meinem Beruf zu tun hat und meine Ex-Schwiegermutter.«

»Und die Karriere?«

»Das kostet Kraft. Es ist schwer, oben zu bleiben und von Menschen abhängig zu sein, die ich nicht anerkennen kann. Im Beruf sind für mich schöne Zusammenarbeit Sternstunden, aber das ist selten. Mit Helmut Dietl oder Christian Wölffer zum Beispiel! Ich habe keine Wunschrolle. Jede Rolle, die ich gerade spiele, ist die schönste im Moment. Und ich spiele gerne moderne, ehrliche, fröhliche Frauen, die sich durchsetzen wie das ›Spatzl‹ in ›Monaco Franze‹. Wenn ich in einer Serie wie »Dallas« oder ›Denver‹ eine Rolle über 10 Jahre spielte, würde ich mich wie eine Plastikpuppe fühlen. Berühmt zu sein, kostet auch seinen Preis. Das ›Bad in der Menge ist tödlich‹, und mein Leben besteht nicht nur aus Theaterstaub.«

»Was bedeutet Ihnen Besitz?« frage ich vorsichtig.

»Besitz bedeutet finanzielle Unabhängigkeit. Positive Gedanken und geistiger Egoismus sind mir aber wichtiger!«

»Welchen Platz nimmt die Malerei in ihrem Leben ein?«

»Ich habe noch einen langen Lernweg vor mir. Anfangs malte ich in Öl. Heute aquarelliere ich. Die Farben kann ich auch auf meinen Reisen und Tourneen mitnehmen. Das eine befruchtet das andere, aber manchmal gibt mir die Malerei mehr Erfüllung als mein Beruf. Malte ich lange nicht, dann fühle ich mich nicht gut. Meine nächste Ausstellung wird nach vielen Jahren im Frühjahr 1986 in der Weisschen Druckerei in München sein. Aber es tut mir jedesmal weh, mich von meinen Bildern zu trennen.«

»Sie haben sich in den letzten Jahren sehr zurückgezogen. Warum wohl?«
»Ich brauchte die Einsamkeit, um in meinem Innern nicht verletzt zu werden. Aber seit einigen Monaten hat sich meine Einstellung geändert. Ich möchte wieder Menschen begegnen, schöne Gespräche führen und mich von wechselnden Situationen und Menschen inspirieren lassen.«
»Gibt es Angst vor dem Älterwerden?«
»Ich versuche, vom Kopf her mit dem Älterwerden zu leben. Ich lebe gesund, rauche und trinke nicht. 1982 kaufte ich ein Gesundheitsbett.« Ich bitte um eine weitere Antwort.
»Ich glaube, ich erfüllte meine Zielvorstellungen von Karriere. Leider zahlte ich dafür mit Phasen tiefer Einsamkeit. Eitel bin ich nicht. In meiner Freizeit laufe ich ungeschminkt und einfach gekleidet zum Einkaufen. Wenn es der Anlaß erfordert, ziehe ich mich selbstverständlich auch gerne elegant an.«
Am 14. Oktober hat Frau Kubitschek Premiere in dem Theaterstück »Eine fast vollkommene Frau«. Deshalb frage ich die Schauspielerin, inwieweit sie sich der Vollkommenheit der Frau näherte? Ihre Antwort klingt sehr überzeugend: »Ich finde mich gut, fast vollkommen. Ich bin eine richtige Frau, nicht zickig und immer fair, auch mit Frauen, mit denen ich gerne zusammenarbeite.« – Wir trinken unseren Tee zu Ende und unterhalten uns weiter. »Gibt es eine stille Sehnsucht der selbstbewußten Ruth-Maria Kubitschek?«
»Sehnsucht habe ich danach, morgens in einem Haus oder einer Wohnung aufzuwachen und auf einen herrlichen Blumengarten zu sehen und zum Berühren nahe einen See mit seinen ständigen Verwandlungen. Wasser beruhigt und inspiriert mich. Mein Lieblingsplatz ist am Bodensee mit dem Blick von Salenstein auf die Insel Reichenau.«
Wir verabschieden uns. Sie schenkt mir ein Aquarell: »Tannen im Morgenrot!« Ich freue mich über dieses sehr persönliche Geschenk dieser klugen und warmherzigen Schauspielerin. An der Haustüre sagt sie unvermittelt zu mir: »Das Leben ist wie in der ›Zauberflöte‹: Man geht durchs Feuer und Wasser und am Ende ist man im Licht.«

Hans-Jürgen Bäumler

Die Schlittschuhe hängte er endgültig an den Nagel. Hans-Jürgen Bäumler wurde mit Marika Kilius zwischen 1959 und 1965 sechsmal Europameister und zweimal Weltmeister im Eiskunstlauf der Paare.
Der attraktive dunkelhaarige 43jährige mit den sanften braunen Augen wird ernst und sagt: »Meinen beiden Söhnen Bastian (8) und Christoph (11) erspare ich es, Spitzensportler zu werden. Sie sollen eine fröhliche, unbeschwerte Kindheit erleben, sich mit ihren Freunden treffen, Tennis und Fußball nur zum Vergnügen spielen.«
»Warum dies?«
»Eiskunstläufer wird kein Kind aus eigener Entscheidung. Es war zu 99,9 Prozent ein Wunschtraum meiner Mutter. Welches 6jährige Kind geht jeden Morgen gerne drei Stunden vor Schulbeginn zum Training«, antwortet Hans-Jürgen Bäumler entschieden. »Ich kannte nur Schule, Eisbahn, Schule, Eisbahn. Ich habe darunter gelitten, nie eine Freundin einen vollen Abend lang treffen zu können.«
»Wie sieht deine Mutter, die dir deine Kunstlaufausbildung unter schwierigen Umständen ermöglichte, ihren Sohn heute?«
»Unser Verhältnis ist gespannt. Aber nicht weil ich meine

Mutti nicht mag, sondern weil ich nicht mehr der bin, den sie geschaffen hat. Ich habe jetzt eine eigene Familie. Wir sehen uns nur noch zwei- bis dreimal im Jahr. Ich bin mit meiner Frau Marina einer Konfrontation mit meiner Mutter aus dem Weg gegangen, indem wir nicht in ihre Nähe gezogen sind. Wer weiß, was aus unserer Ehe geworden wäre.«

»Deine Mutter sieht ihren Sohn ausschließlich als Eisprinzen?«

»Ich hatte nichts von einem Eisprinzen an mir, noch habe ich mich in meinem Herzen als Prinz gefühlt.« Nach einem besinnlichen Schweigen erzählt er: »Meine Mutter sagt: Wir haben immer die Weltmeisterschaften zusammen gewonnen. Dabei bin ich doch nie mit meiner Mutter gemeinsam aufgetreten. Selbstverständlich bin ich meiner Mutter dankbar. Sie glaubte fest an mich, ohne daran zu denken, was sich ereignet hätte, wenn ich bei der entscheidenden Meisterschaft hingefallen wäre.

Meine Anstrengungen von früher Kindheit an wären versaut gewesen und ich hätte keinen Beruf.«

»Aber deinen prominenten Namen hast du doch der Eislaufkarriere zu verdanken?«

»Sicher war es schön, was ich alles erlebt habe, die vielen Reisen, beim Sieg die Nationalhymne. Aber nach dem Stand meiner heutigen Erfahrungen würde ich das Eislaufen nicht mehr auf mich nehmen.«

Wir lehnen uns in die Sessel zurück und ich stelle unvermittelt Hans-Jürgen Bäumler die Frage: »Hast du die ständigen Gegner Protopopov als Feinde im Duell um den Sieg empfunden?«

»Nein, Marika hat Ludmilla heimlich immer Haarspray mitgebracht, wovon Michaelis nichts wissen durfte und sie uns Beluga-Kaviar. Aber trotz dieser Aufmerksamkeit hatten wir keinen Kontakt. Wir redeten nie miteinander. Der Star aller Stars, Oleg, kam schon immer singend ins Stadion, um zu demonstrieren, wie wenig Angst er empfindet. Das stimmte Marika und mich wütend. Es war ein Alptraum.«

»Es heißt, Marika Kilius und du seien nicht mehr die besten Freunde ...?«

Hans-Jürgen Bäumler richtet sich angriffslustig auf und antwortet sofort: »Das ist falsch! Wir haben 25 Jahre sehr viel Geld verdient mit einer Tätigkeit, die uns beiden leichtgefallen ist. Nur im letzten Jahr waren ihre Ideen so verrückt, und das habe ich ihr auch zu verstehen gegeben. Sie wollte plötzlich ein Weltstar mit Sex auf dem Eis sein. Mit Boys und mit durchsichtigen Kleidern. Wenn man aufhört, muß man ganz aufhören. Nicht ein bißchen heute und ein bißchen morgen! Deshalb möchte ich mir heute gemeinsame Fotos mit Marika ersparen, um den Menschen nicht den Eindruck zu vermitteln, daß es ein drittes Comeback gibt!«

»Was bedeutet für dich Glück?«

»Ich stand immer auf der Sonnenseite, aber durch meine Heirat mit Marina scheint jetzt für mich sogar nachts die Sonne. Obwohl das kitschig klingt, bin ich rundherum zufrieden. Den größten Glücksgriff tat ich mit meiner Frau. Sie wünschte, mich in einer Zeit zu heiraten, als es mir mit der eigenen Eisrevue finanziell schlecht ging. Wenn ich vorher gewußt hätte, wie schön die Ehe ist, dann wären wir nicht erst nach Jahren ein Ehepaar geworden.« Hans-Jürgen Bäumler wird noch nachdenklicher: »Sie sorgt dafür, daß ich an mir arbeite als Sänger, Tänzer, Entertainer und Schauspieler. Und Marina ist sparsam! Sie besucht mich am Wochenende, während ich in München in dem Lustspiel ›Prost Mahlzeit!‹ in der ›Kleinen Komödie Max II‹ als Postbote in bayrischer Mundart spiele.«

»Im Schaufenster eines englischen Modegeschäftes in der Maximilianstraße sah sie einen traumhaften blauen Stoffmantel. Ich wollte ihn sofort mitnehmen, aber sie überlegte noch. Beim dritten Besuch entschloß sie sich endlich, den Mantel zu kaufen. Zu spät! Jetzt bestelle ich heimlich das gleiche Modell, und ich bin mir sicher, sie freut sich riesig.« »Deine Frau ist Lehrerin und zog es vor, den Beamtenstatus beizubehalten, warum?«

»Marina ist vernünftig! Ich habe sie gebeten, den Beruf ganz aufzugeben, und nur für die Kinder dazusein. Es gibt genug arbeitslose Lehrer, die dringend einen Job brauchen. Vor 14 Tagen hat Marina sich entschieden, nur noch Mittelpunkt der Familie zu sein. Darüber bin ich sehr glücklich.«

»Du hast gute Einschaltquoten mit deinem ZDF-Ratespiel ›Der Apfel fällt nicht weit vom Stamm‹ im Vorabendprogramm, das auch im nächsten Jahr gesendet wird.«

Er lächelt und sagt mit Stolz: »Das habe ich Hans Rosenthal zu verdanken, und über den Erfolg freue ich mich.«

»Wie sieht es mit einer eigenen Show im Abendprogramm aus?«

»Im Abendprogramm ist man auf dem Opferaltar der Kritiker. Was nützt mir eine große Serie wie die Astro-Show und sie ist ein Flopp? Die Schauspielerei betrachte ich als solideres Standbein als Fernsehen. Versteht der Künstler seinen Beruf, so wird ihm in jedem Jahr eine attraktive Rolle angeboten. Beim Fernsehen sieht das schon anders aus. Nehmen wir die erfolgreichste Serie, die in Deutschland gedreht wurde ›Salto Mortale‹, in 16 Länder verkauft und 9 Sprachen synchronisiert. Alle sagten: Du hast es geschafft. Falsch! Außer Gustav Knuth erhielten wir anderen Mitwirkenden sechs Jahre kein Angebot mehr vom Fernsehen.«

»Welche Showelemente müßte dein eigenes Abendprogramm enthalten?«

»Ich lernte steppen, singen, Sketche spielen und mit Menschen umzugehen. In einer eigenen Serie im Abendprogramm möchte ich nicht nur der Ausrufer sein, der den Conferencier spielt, sondern ich möchte mitwirken und unterhalten. Dazu wünsche ich mir einen Regisseur, der mich bis an meine eigenen Grenzen fordert. Mir schwebt die Show von Dean Martin vor, der in einer Wohnzimmerdekoration spielt und die Zuschauer glauben, sie säßen mit ihm im Wohnzimmer. Und dann passiert pausenlos etwas, worüber jeder herzlich lachen kann. Oder Michael Schanze, ein begnadeter Klavierspieler und begabter Tänzer, der endlich auch zeigen durfte, daß er Klavier spielen und tanzen kann. Unter keinen Umständen möchte ich in karnevalistischen Sitzungen mitwirken, gefüllt mit Witzen und gefordert, ständig zu lachen. Das wäre für mich eine schreckliche Vorstellung.«

Hans-Jürgen Bäumler sieht smart, clever und sympathisch aus. Worunter leidet er, welche eigenen Schwächen quälen ihn? »Es wäre ein Riesenvorteil, wenn ich nicht so gerne essen würde. Immer in Streßzeiten oder wenn irgend etwas nicht so ganz läuft, gehe ich in ein Restaurant, nur die besten natürlich, und bestelle bis sich die Tische biegen. Nach kurzer Zeit habe ich 5 Kilo drauf und muß zwei Monate hungern, um wieder durchatmen zu können. Marina will hingegen ständig zunehmen und schafft es nicht.«

»Bist du als Erfolgsmensch unersättlich?«

»Also Holde, wenn ich heute drei Millionen im Lotto gewinnen würde, was heute möglich ist, spielte ich nur noch zwei Monate im Jahr Theater und gäbe dir meine Telefonnummer auf den Seychellen. 10.000 Mark Zinsen im Monat würden reichen! Es interessiert mich nicht, der reichste Mann auf dem Friedhof zu werden. Ich möchte mit meiner Familie jetzt und immer ein gutes Leben führen können. Ich mußte gerade eine Rolle für das Traumschiff absagen, weil mein Engagement in der Kleinen Komödie in München 15 Tage länger läuft als vorgesehen. Schade, aber wer weiß wofür das gut ist. Gelassenheit ist eines meiner Lebensprinzipien.«

Michael Pfleghar

Michael Pfleghar hat das gewisse Etwas: Die starke Ausstrahlung eines Besessenen ohne Verbissenheit!
Es ist später Abend in Grünwald bei München. Nebelschwaden steigen auf; die Filmcrew friert. Ich beobachte den internationalen Showregisseur, dessen größte Erfolge die Nonsens- und Gagserien »Klimbim«, »Zwei himmlische Töchter« und »Die Gimmiks« waren. Seit vielen Monaten arbeitet er an dem Mammutwerk: 100 Jahre Automobil: »Die Zukunft hat Geburtstag«. Die Sendung wird in der ARD, Österreich und der Schweiz am 29. Januar 1986 zum 100.sten Geburtstag des Autos übertragen. An dem großen Tag findet noch eine Feier in der Martin-Schleyer-Halle in Stuttgart statt. Bundespräsident Richard von Weizsäcker wird die Festansprache halten.
Die Originalwerkstatt von Benz, ehemals ein Treibhaus, ist originalgetreu auf dem Freigelände der Bavaria Studios aufgebaut. Ein supermodernes Plastikauto, das in die Vergangenheit 1886 zurückfahren kann ...
Ich verfolge die dritte Wiederholung der Szene. Michael Pfleghars Anweisungen wirken ruhig und gelassen. Trotz intensiver Arbeitsathmosphäre, 13-Stunden-Tag und feuchter Herbstkühle, folgen seine Mitarbeiter aufmerksam seinen Wün-

schen. Pfleghar wirkt erschöpft. Tiefe Ringe zeichnen sich unter seinen dunklen Augen ab.
Die früher elegante Garderobe des attraktiven 52jährigen ist praktischer, warmer Kleidung gewichen. Er trägt einen dickwolligen, knallroten Pullover unter weitem, khakifarbenen Trenchcoat. Der lange Schal ist dreimal um seinen Hals geschlungen, die blauen Joggingschuhe sind schmutzig. Seine Schultern sind leicht nach vorne geneigt. Die Haare sind in den letzten Jahren grauer geworden. Trotz seiner intensiven Arbeit lächelt er mich an und entschuldigt sich für die Verzögerung unseres Interviews. Ich kann ihm nicht böse sein. Sein entwaffnender Charme besteht in wenig Worten. Immer konzentriert er sich ganz auf die jeweilige Szene und verliert dabei völlig das Zeitgefühl. Nach einigen Versuchen zeigt sich Pfleghar zufrieden. Wir stellen uns jetzt etwas abseits an eine aufgebaute Hauswand aus Faßbinders »Berlin Alexanderplatz«.
Er blickt mich direkt an und sagt mit leiser weicher Stimme: »Verzeih Holde, aber wir sind mit den Dreharbeiten in Verzug geraten. Schreibe, was du für richtig hältst. Ich vertraue dir.«
Ich frage: »Du fährst auch einen Daimler-Benz! Gibt es für dich eine Philosophie des Autos?« »Nein, Mercedes ist eben das beste Fahrzeug. In meinen Sturm-und-Drang-Tagen fuhr ich wegen des Schnelligkeitsrausches Ferrari und Porsche.« »Bist du typischer Schwabe? Wenn du Mercedes fährst, denkst du dann vor allem an deine Sicherheit?« Michael Pfleghar zieht die Augenbrauen erstaunt hoch. Seine schnelle Antwort ist: »Ich, als Schwabe, zeige Beharrlichkeit. Ich bleibe an allen Unternehmungen dran, bis sie durchgeführt sind. Ich spreche ungern, bin sehr introvertiert. Nur wenige Menschen bringen mich zum Reden. Und ich habe ein übermäßiges Mißtrauen.« Er lächelt verlegen, beobachtet mich genau und konzentriert sich auf meine Fragen.
»Ist es nicht schwer für dich, Vorgesetzte zu ertragen, die dir Vorschriften diktieren?« Seine Antwort klingt zornig: »Ich suchte immer kompetente Chefs. Ich hasse es, wenn man immer jemandem Rechenschaft geben muß. Und das ist doch in der Fernseh- und Filmbranche der Fall. Unter der früheren Rie-

ge der Fernsehdirektoren gab es Dr. Jedele, unter dessen Fittichen ich lernte. Ich akzeptierte ihn als kompetenten Partner, mit dem ich mich auseinandersetzen konnte. Er ließ mich ohne Bevormundung arbeiten und bremste mich nur, wenn es nötig war, um meine künstlerische Richtung zu korrigieren. Und Hans Gottschalk, früher beim Süddeutschen Rundfunk, heute Chefproduzent der Bavaria, ist ein sogenannter »Künstlervater« für mich. Er ist auch Berater bei diesem Automobil-Projekt.«

»Du hast lange in den Staaten gearbeitet, viele erfolgreiche Serien für das deutsche Fernsehen produziert. Wurden dir vom Fernsehen weitere Aufträge im saloppen Stil wie z. B. ›Klimbim‹ angeboten?« »Diese Art von amüsanten Sendungen wurde mehr oder weniger in den Hintergrund gedrängt. Heute laufen erfolgreich Quizsendungen, Spielserien und große Unterhaltungsserien.«

Der große Mann mit den weichen Gesichtszügen versucht, seine Enttäuschung zu verbergen: »An mich ist keine Anstalt herangetreten. Und ich wüßte nicht, was man an Sendungen wie »Wetten daß ...« und Quizserien besser machen könnte.«

»Liegt es nicht an dir, Ideen und Vorschläge den Fernsehanstalten anzubieten. Welche Form von Unterhaltung schwebt dir vor?«

»Die heitere Unterhaltung kommt nach meiner Überzeugung zu kurz! In letzter Zeit bot ich nichts mehr den TV-Anstalten an.«

Ich unterbreche Michael Pfleghar und frage nach dem Autor, der die Drehbücher mit Vorliebe selbst schreibt.

»Ich habe mich nie festgelegt. Ich produzierte Sportsendungen, Lachgeschichten und musikalische Sendungen. Gerne würde ich lebensnahe Geschichten, einmal traurige oder lustige Stoffe verfilmen. Aber ich muß sie nicht unbedingt selber schreiben. In erster Linie bin ich Regisseur. Ich arbeite lieber mit einem ausgezeichneten Drehbuchautor zusammen.«

»Wie siehst du die US-Medien im Vergleich zu deutschen Produktionen?«

»In den USA wird die Unterhaltung lockerer gesehen. Bei uns

besteht ein starker Unterschied zwischen Unterhaltung und ernsthaften Sendungen. Wie in der Musik: die in U und E aufgeteilt wird.

Die kritischen Zuschauer, die über ›Dallas‹ und ›Denver‹ lästern, nehmen diese Serien doch ernst. Es sind menschliche Themen, die mit leichter Hand serviert werden. Diese Lücke gilt es im deutschen Fernsehen zu schließen.«

»Fühlst du dich durch deine Erfolge bestätigt?« »Nein, ich bin immer getreten worden. Es reicht mir jetzt. Ich bekam Prügel und habe sie schwer verkraftet! Aber ich war in der glücklichen Lage, daß ich international arbeiten konnte. Ich würde lügen, wenn ich sagte, daß ich immer schwer schlucken mußte. Wenn ich heute von jemandem getreten werde, setze ich mich sofort darüber hinweg. Seit ich meinen Sohn Michael jun. habe, begann für mich ein völlig neuer Lebensabschnitt.«

Kommt das Gespräch auf das Thema Familie, dann leuchten Pfleghars Augen auf. »Wenn ich hier rausgeschmissen würde, wäre meine Reaktion: Herrlich! Ich kann endlich nach Hause und mit meinem Sohn im Garten spielen. Und die drei Kinder aus Wenckes erster Ehe würden mir noch zusätzlich großen Spaß machen. Das Wichtigste ist für mich heute meine Familie. Dort gehöre ich hin!«

»In deinen früheren Jahren warst du immer als ein extremer Einzelgänger bekannt. Mit einem ausgeprägten Freiheitsdrang! Wie konntest du die persönliche Reife gewinnen, um heute die Familie an die erste Stelle aller Werte zu setzen?« Ich erinnere mich an den begehrten Junggesellen Pfleghar der letzten Jahre, um den einige Frauen weinten, der aber ausschließlich und aus Überzeugung nur an den beruflichen Erfolgen arbeitete. Der bindungsängstliche Mann, der schweigend seinen Freundinnen zu Beginn der Beziehung bewußt machte:

»Mach dir keine falschen Hoffnungen; eine Frau in meiner Nähe das kommt nicht in Frage.«

»Mit 21 und 23 Jahren schloß ich meine ersten beiden Ehen. Ich wußte nichts über die Bedeutung einer Ehe. Sicher brauchte ich eine gewisse Reife dafür. Als ich 1975 Wencke Myhre kennenlernte, war mir sofort intuitiv bewußt: das ist die Frau,

mit der ich mein ganzes Leben verbringen möchte. Aber, dachte ich, das kann doch nicht sein, mißtrauisch wie ich bin. Ich kann nicht erklären, warum ich mir im ersten Moment so sicher war. Sie besitzt eine Geradlinigkeit und Beständigkeit ohne launische Stimmungen, wie ich sie bei anderen Frauen leider kennenlernen mußte.« »Wieviel Toleranz muß Wencke dir gegenüber aufbringen?« »Wenig! Ich möchte nicht, daß man mein Leben lediglich toleriert. Ich würde sonst etwas falsch machen in unserer Ehe. Wir sind uns immer einig. Wir stimmen alles gemeinsam ab. Heute arbeite ich für die Familie, nicht mehr für mich. Ausschließlich! Würde mir heute jemand Geld schenken, damit ich bei meiner Familie bleiben kann, Holde, dann würdest du mich hier nicht mehr nachts arbeiten sehen. Wencke und ich sind nie länger als 8 Tage getrennt. Wenn man in diesem Beruf nicht aufpaßt, trifft man sich nur noch auf dem Flughafen. Ich legte von Anfang an fest, daß wir Kompromisse schließen. Z. B. blieb ich im Sommer zu Hause, Wencke war auf Tournee durch Norwegen. Jetzt arbeite ich an diesem herrlichen Filmprojekt und Wencke ist zu Hause, und im Februar, März, April ist Wencke wieder unterwegs. Für unsere vier Kinder wird geplant und organisiert.«
»Bist du eifersüchtig?« »Ja!« ist die deutliche Antwort. »Weil ich Wencke unendlich liebe! Obwohl ich es für sinnlos halte, eifersüchtig zu sein, aber es ist ein Virus, das ich nicht los werde. Gott sei Dank gibt es für uns beide keinen Grund, unter diesem Gefühl schrecklich zu leiden.« Seine Worte klingen weich und zärtlich, als er über seinen Sohn Michael Junior spricht: »Mein Sohn setzte etwas in mir frei, von dem ich nichts ahnte. Er läßt mich an sich heran und spürt, ob ich traurig bin oder Probleme habe. Es ist dann nicht leicht, ihn vom Gegenteil zu überzeugen. Glücklich ist er erst wieder, wenn ich glücklich bin. Ich wußte nie, daß es so viel Glück gibt.« Michael Pfleghar erzählt unaufgefordert weiter: »Ich erziehe meinen Sohn ganz anders als ich erzogen wurde. Die pädagogische Atmosphäre war in meiner Kindheit und Jugend krankhaft autoritär. Gefühle durften nicht gezeigt werden. Mein Junior soll freier fühlen, denken, leben als ich und sich offen zu seinen Empfindun-

gen bekennen können. Das mußte ich erst in späten Jahren lernen.« »Sprichst du mit deinem Sohn deutsch?« »Ich spreche deutsch, er antwortet norwegisch. Wenn ich ihn manchmal nicht verstehe und ungeduldig werde, erklärt er es in Deutsch.«

»Michael, du hast dich verändert, versteckst deine Gefühle nicht mehr. Über welche persönlichen Schwächen stolperst du noch heute?«

»Daß ich Menschen vertraue, die dieses Vertrauen nicht verdienten. Und von denen ich ausgenutzt werde. Aber ich gebe den Glauben an das Gute im Menschen nicht auf.«

»Du gestaltest jetzt die Sendung: »Die Zukunft hat Geburtstag«. Welche Gedanken gehen dir durch den Kopf, wenn du an das Jahr 2000 denkst?« »Was mag wohl dann aus meinen Kindern geworden sein? Welche Probleme werden sie zu bewältigen haben?«

Michael Pfleghar und ich verabschieden uns in großer Eile. Seine Mitarbeiter verlangen nach ihm. Auf meiner Rückfahrt nach München denke ich an die Wandlung zum engagierten Familienvater und freue mich für ihn.

Monika Hohlmeier

Monika Hohlmeier, die einzige Tochter des Ministerpräsidenten Franz-Josef-Strauß, ist 23 Jahre alt. Nach dem plötzlichen Tod ihrer Mutter am 22.7.1984 repräsentiert sie den Freistaat Bayern an der Seite ihres Vaters.
Der Charme der hochgewachsenen jungen Dame ist gepaart mit bezwingender Natürlichkeit und jugendlicher Ausstrahlung. Ihre großen braunen Augen wirken herzlich. Sie trägt kein Make-up.
»Frau Hohlmeier, seit 1976 werden sie ständig von Sicherheitsbeamten begleitet. Empfinden Sie das nicht als große Belastung?«
»Als ich 17 Jahre alt war, und sich mein Freund nett vor unserer Haustüre verabschiedete, merkten die Beamten sofort, was los war. Noch heute möchte ich ihnen ein Kompliment machen.«
Zu ihrer neuen Rolle als First Lady bemerkt sie: »Es wäre eine Anmaßung, mich als ›First Lady‹ aufzuspielen. Mein einziges Ziel ist es, meinem Vater zu helfen. An seiner Seite bei offiziellen Anlässen zu sein, wenn er mich braucht. Und das Lebenswerk meiner Mutter fortzuführen. Die im September 1984 gegründete Marianne-Strauß-Stiftung beruht auf der Idee meiner

Mutter. Sie wollte unbürokratisch, schnell und wirksam hilfsbedürftige Menschen unterstützen: Im Gegensatz zu anderen Stiftungen schafften wir es, ohne einen Pfennig Verwaltungsaufwand, nur mit ehrenamtlichen Mitgliedern und Spenden auszukommen.«
Monika Hohlmeier spricht Hochdeutsch mit leicht durchklingendem, bayerischem Dialekt. Sie wirkt erfrischend ehrlich und offen während unserer Talk-Show im Hilton.
»Sie treffen nicht nur mit Politikerfrauen, Wirtschaftsführern oder gekrönten Staatsoberhäuptern zusammen, sondern auch mit Sozialarbeitern und den Ärmsten der Armen als stellvertretende Vorsitzende der Marianne-Strauß-Stiftung und Schirmherrin der Marianne-Strauß-Gesellschaft. Hat der eigene Schmerz, das Leid und die Trauer um Ihre Mutter Sie bewußter gemacht, Leid zu verstehen und eine Sprache dafür zu finden?« frage ich vorsichtig. »Der Tod meiner Mutter veränderte mich und trug dazu bei, noch besser Behinderte, Kranke und ältere Menschen zu verstehen. Statt diese Menschen aber zu bemitleiden, versuche ich, ihnen Mut und ein neues Lebensgefühl zu vermitteln. In diesem Bewußtsein wurden wir Kinder aber auch von unserer Mutter erzogen und vorbereitet.«
Monika Hohlmeier legt ihre schmalen Hände übereinander und senkt ihren Blick. Die Erinnerung an ihre so sehr geliebte Mutter ist doch noch sehr nah. Sie wirkt sehr verletzlich in diesem Moment.
»Wer half Ihnen unmittelbar nach dem Unfalltod Ihrer Mutter?«
»Außer meiner Familie sorgte sich Frau von Weizsäcker rührend um mich, und meine beste Freundin seit meiner Schulzeit, die ihre Mutter drei Jahre vor mir verloren hatte.«
Ich wechsle spontan das Thema und frage nach ihrem Vater.
Sie lächelt: »Mein Vater ist der typische Bayer. Nicht wie er manchmal dargestellt wird: mit Lederhosen, Schnauzbart und Gamshut, sondern mit seiner herzlichen barocken Art, die immer unmittelbar wirkt.«
»Haben Sie nicht den bayerischen Dickschädel vergessen?«
»Natürlich, den hat er an mich weitervererbt!« antwortet sie

locker. »Wie prägend war und ist Ihr Vater für Sie als Nesthäkchen der Familie? Wurden Sie besonders verwöhnt?«
»Ich liebe seine Spontaneität, seine Herzlichkeit und was ihm nicht gerne nachgesagt wird: seine große Toleranz. Wir Kinder konnten immer unsere Meinung sagen und selber entscheiden. Sind wir damit allerdings auf die Nase gefallen, dann hat er uns schon geschimpft, aber geholfen. Und mein Vater bleibt grundsätzlich bei der Wahrheit, die er uns direkt ins Gesicht sagt, was hart sein kann. Er befahl uns nie in die Christlich Soziale Union einzutreten. Er besteht auf unserer alleinigen freien Entscheidung.«
»Bekam das Töchterchen Monika auch den Hintern versohlt, wie die Brüder Franz-Georg und Max?«
Monika Hohlmeier lacht frei heraus: »Ein einziges Mal gab er mir einen Klaps aus Schreck, als ich mit vier oder fünf Jahren vor ein Auto gelaufen bin. Allerdings trug ich eine Lederhose. Ihm schmerzte die Hand, mir aber nicht der Hintern.«
»Es gab nie den vielbeschäftigten Vater, der nie zu Hause sein konnte. Wenn ich ihn brauchte, hatte er immer Zeit für mich.«
Ich frage nach den Unterschieden im politischen und persönlichen Leben ihres Vaters.
»Mein Vater ist wohl eine der umstrittensten und verzerrtesten Persönlichkeiten in der Öffentlichkeit. Die Darstellungen in bestimmten Medien ärgern mich, weil man mit bewußter Polemik versucht, ein Feindbild zu schaffen: autoritär, ein Mensch, der alles niederbrüllt, keine Meinung aufkommen läßt. Mein Vater ist mit Leib und Seele Politiker, was ihm in den letzten Monaten auch ein wenig über den Schmerz hinweggeholfen hat. Und sein Mordsdurchsetzungsvermögen ist richtig, aber alles ist genau durchdacht. Sein Denken geht nicht bis zur nächsten Haustür, sondern in die Zukunft, und baut sich auf Logik und Analytik auf.«
Monika Hohlmeier ist zornig in ihrem Engagement für ihren Vater.
Deshalb frage ich sie noch direkter:
»Für unsere Hotelgäste und für mich ergab sich nie die Möglichkeit bei Verhandlungen zwischen Ihrem Vater und Bundes-

kanzler Kohl dabeizusein. Sie waren dabei. Gibt es ein gegenseitiges Unterstützen und Befruchten oder ist alles ganz anders?«

»Logischerweise gibt es Annäherungsversuche zwischen Kohl und meinem Vater. Sie tun sich wohl nicht immer ausschließlich Gutes. Aber das ist normal zwischen zwei Schwesterparteien. Mein Vater erlaubt sich dann schon, offen seine Meinung zu sagen und zu vertreten. Er belegt diese regelmäßig mit genügend Argumenten. Um so mehr ärgert es ihn dann, wenn durch bestimmte andere Personen versucht wird, diese Ergebnisse der Verhandlungen zu verfälschen. In bestimmten Zeitungen wird darüber geschrieben, seine Meinung sei nicht konform mit der des Bundeskanzlers. Aus einer Mücke wird ein Elefant gemacht. Man betrachtet meinen Vater gern als den »Querschläger« aus München, der nie Ruhe gibt, eigentlich furchtbar gern in Bonn wäre, Genscher vom Platz weisen möchte und selber Außenminister wäre. Aber diese Vorstellung ist falsch! Alles was mein Vater möchte, ist konstruktive Politik und Mitarbeit an dieser Regierung. Er hat ja 64% aller Wähler in Bayern im Rücken.«

»Wird Ihr Vater je nach Bonn gehen?«

»Die Frage stellt sich Gott sei Dank momentan nicht. Ich hoffe, daß sie sich auch in nächster Zeit nicht stellen wird.«

»Werden Sie ihn dann vom Gegenteil überzeugen können?«

»Wenn eine politische Notwendigkeit bestehen sollte, dann kann ich schlecht zu ihm sagen: »Du Papi, ich möchte dich lieber zu Hause haben.« Diese Entscheidung muß mein Vater treffen. Aber er wird dann seine Familie zu Rate ziehen. Wir versuchen, ihn auf allen seinen Wegen, die er gehen muß und gehen soll, zu unterstützen. Aber das schönste Amt der Welt, das hat er immer wieder gesagt, ist das Amt des bayerischen Ministerpräsidenten.«

Monika Hohlmeier ist sehr stolz auf ihren geliebten Vater.

Nach einer kurzen Zwischenpause frage ich weiter:

»Die ganze Familie Strauß liebt den bayerischen Menschenschlag. Hätte Ihr Mann Michael auch Norddeutscher sein dürfen?«

Die schnelle Antwort ist: »Nur sehr ungern.«
»Sie mögen die Norddeutschen nicht? Obwohl die Mutter Ihrer Mutter Hamburgerin ist? Wann dürfte Ihrer Meinung nach ein Norddeutscher in Bayern eingemeindet werden?«
»Ich mag die Norddeutschen. Aber sie wissen immer alles besser. München ist halt doch eine begehrte Stadt. Und mit der Eingemeindung eines Preußen hapert es im allgemeinen immer. Den bayerischen Dialekt kann er einfach nicht erlernen.«
Diese Antwort ist mir zu ausweichend, und ich frage Monika Hohlmeier, ob ich meine Fragen nicht Plattdeutsch stellen kann, und sie auf Bayerisch antworten könnte.
Sie sagt: »Wer mag uns wohl da noch verstehen?«
»Wie intensiv fragt Ihr Vater Sie um Rat und bittet Sie um Hilfe?«
»Ich würde sagen: Nie! Aber meine Bindung an ihn ist so stark, daß ich an seiner Stimme merke, was los ist. Ob er sich geärgert hat oder mich braucht. Wir beraten uns ständig und reden miteinander. Im politischen Bereich stellen wir Kinder natürlich die Fragen.«
»Beraten Sie Ihren Vater in der Garderobe? Entscheiden sie z. B. darüber, welche Farben besonders gut zu ihm passen?«
»Mein Vater pachtet nicht gerade die Eitelkeit. Wenn er neue Anzüge braucht, gehen wir zusammen einkaufen, oft lege ich ihm die Garderobe zurecht, die zusammenpaßt. Schwarz steht ihm überhaupt nicht. Dunkelblau mit einem hellblauen Hemd und dunkler Krawatte hingegen unterstreichen seinen Typ. Er fragt auch meine Brüder, welche Anzugstoffe besonders gefragt sind.«
»Wie zeigt Ihnen Ihr Vater, daß er froh ist, Sie an seiner Seite zu haben?«
»Indem er mich in den Arm nimmt und sagt: ›Schön, daß du da bist.‹ Dann bin ich glücklich.«
»Können Sie sich eine neue Frau an der Seite Ihres Vaters vorstellen und daß er eines Tages wieder heiratet?«
»Das ist aus der momentanen Situation für uns alle undenkbar«, antwortet Monika Hohlmeier spontan. »Es ist doch alles noch viel zu nahe, Frau Heuer! Vielleicht in späteren Jahren

einmal, aber momentan denkt man überhaupt nicht daran.« Sie weist diese Vorstellung weit von sich.
»Was wünschen Sie Ihrem Vater für die Zukunft?«
»Daß unsere Familie so zusammenhält, wie bis jetzt.«
»Ihr Vater liebt kleine Kinder besonders. Wäre es nicht eine Riesenfreude für ihn, Großvater zu werden. Sie sind seit drei Jahren verheiratet und praktizierende Katholikin.«
»Ich weiß, daß es für ihn das Höchste wäre, aber er würde nicht zu meinem Mann und mir sagen: ihr müßt! Das überläßt er Michael und mir einzig und allein.«
»Und? Sie heirateten doch vor geraumer Zeit?« Sie lächelt vielsagend: »Die Familie ist für mich oberster Wert, dann folgen die Unterstützung meines Vaters und die Betreuung verschiedener karitativer Aufgaben, Frau Heuer, die Kinderplanung kann ich Ihnen nicht voraussagen. Es ist doch eine sehr wichtige und persönliche Entscheidung. Wie es kommt, so kommt's! Aber ich weiß, daß ich meinem Vater eine große Freude machen würde. Wir werden sehen!«
»Wie sehen Sie die Rolle der Frau in der Gesellschaft?« »Die Frau befindet sich in einem Zwiespalt zwischen Familie oder Karriere. Es ist schwer, Mutter von drei Kindern zu sein und Managerin von einem Industrieunternehmen. Man kann es schon miteinander verbinden, aber beides mit absolutem Engagement auszuüben, geht nicht. Ich besuche fünfmal in der Woche sechs Stunden die Dolmetscherschule »Wirtschaftsfranzösisch« und »Spanisch«. Ich möchte später meinen Mann, der in einer Wirtschaftsprüfungsgesellschaft arbeitet, unterstützen und für ihn dolmetschen.«
»Wie sind diese vielen Aufgaben zu bewältigen: Repräsentieren, vielen Organisationen vorstehen, Sprachen lernen und Familienleben führen? Wann nehmen Sie sich die Zeit mit einer Freundin einkaufen zu gehen?«
»Es wird keine Mode ›Monika Hohlmeier Munich‹« geben. Ich denke nicht daran, mein ganzes privates Geld für Mode und Accessoires auszugeben, wenn Sie an Vergleiche wie Lady Diana denken.«
Dazu muß hinzugefügt werden, daß Monika Hohlmeier für

ihre repräsentativen Aufgaben nicht entschädigt wird. Monika Hohlmeier zeigt ein feines Lächeln: »Das ist sozusagen im Gehalt des Ministerpräsidenten enthalten. Ich erhalte keinen Pfennig für meine verschiedenen Aufgaben. Ich komme für die Kosten selbst auf. Dennoch trage ich nicht dasselbe Trachtenkostüm x-mal bei offiziellen Anlässen. Mode macht mir Spaß. Das Kombinieren und Variieren. Seidenblusen und Jakken kann ich doch austauschen, ohne Geld auszugeben.«
Am heutigen Abend trägt Frau Hohlmeier mit der Mannequinfigur eine türkisfarbene Bluse mit farblich abgestimmten Faltenrock und dunkelblauem Blazer. Kombinierte Mode ist sicher leicht bei ihrer Figur und dem hübschen Gesicht.
Zum Abschluß unseres Gesprächs frage ich sie nach den schönsten Augenblicken in ihrer Freizeit.
»Am gemütlichsten ist es für mich, wenn ich mit meinem Mann den Sonntag verbringe. Und dann koche ich schrecklich gerne. Wir sind beide sehr verschleckt! Wir bevorzugen die österreichische Küche. Dampfnudeln oder Kaiserschmarrn essen wir für unser Leben gern.«
Nach diesem Gespräch genießt Monika Hohlmeier sichtlich die Marzipantorte in den Bayerischen Farben aus der Hilton-Patisserie, die der Generaldirektor Manfred G. Matysik persönlich in Auftrag gegeben hat.

Peter Alexander

Hochgewachsen, in dunkelblauen Hosen, blaßweiß gestreiftem Hemd, mit 59 Jahren ein jugendliches Gesicht, begrüßt mich Peter Alexander an der Tür seiner Hotelsuite. Er entschuldigt sich, daß er unsere Verabredung von der Hotelhalle in seine Suite verlegt hat. Er sieht noch jünger als auf Fotos aus und fragt mit sympathischem Lausbubengesicht, ob ich mit seiner Frau Hilde und ihm frühstücken möchte. Ich lehne dankend ab.

Hilde Alexander kommt auf mich zu. Sie lächelt und mustert mich mit ihren großen grünen Augen. Ihr Händedruck ist fest. Beide sprechen mit charmantem Wiener Dialekt. Volle blonde Haare umrahmen bis zur Schulter ein apartes, ausdrucksvolles Gesicht. Lachfältchen um die Augen! Sie schlägt die langen Beine übereinander und plaudert unbefangen über sich und ihren Mann.

Peter Alexander wirkt abwartend, ein wenig in sich gekehrt. Während des reichhaltigen Frühstücks beantworten beide bereitwillig meine Fragen. Nach wenigen Minuten gewinne ich bereits den Eindruck, daß sich beide wunderbar ergänzen; jeder kann für den anderen die richtige Antwort finden.

»Der letzte Abend wurde sehr spät«, erklärte Hilde Alexander

das späte Frühstück. »ich bin ein ausgesprochener Frühaufsteher und Hilde findet abends einfach kein Ende. Aber da wir zwei selten ausgehen, mache ich das schon mal mit«, lächelt Peter Alexander schelmisch.
»Am Anfang unserer Ehe ist Peter in seiner Freizeit ausschließlich zum Angeln gegangen. Irgendwann wehrte ich mich auf weibliche Art und ging mit einer Freundesclique zu Einladungen und zum Heurigen«, erklärt Hilde Alexander energisch. »Bis er einmal mitging und zwei fesche Burschen in der Clique bemerkte. Das paßte ihm überhaupt nicht. Wir einigten uns: Weniger Angeln und manchmal ausgehen.«
»Meine Frau ist nicht nur tagsüber quicklebendig, sondern auch nachts. Das ist doch sehr erstaunlich. Im Gegensatz zu meiner Frau reise ich nicht gerne, obwohl ich wegen meines Berufes und zum Angeln schon um die ganze Welt gejettet bin.«
»Was fasziniert Sie so beim Angeln«, frage ich. »Die Natur und die Möglichkeit, vollkommen abzuschalten. Ich marschiere bis zu 15 km und konzentriere mich auf den Fischfang. Im Winter schlage ich Löcher in die vereisten Seen. Ich erhielt sogar eine Ehrenfischkarte für Bayern.«
»Und im Frühjahr bringt er mir die allerersten Schneeglöckchen mit. Ich weiß, daß er sie mühevoll suchen muß und nicht gerne pflückt, aber er macht es für mich. Diese Sträußchen bedeuten für mich mehr als Rosen aus einem Blumenladen. Da kann ich vor Rührung weinen, weil ich weiß, daß er lieber die Angel wirft.«
»Wie erklären Sie den Vorwurf in der Presse, daß Sie eine schwierige und harte Gesprächspartnerin in Ihrer Funktion als Managerin Ihres Mannes sind?«
Hilde Alexander antwortet temperamentvoll: »Das liegt an der Eitelkeit der Männer. Es trifft sie schwer, wenn sie mit einer Frau verhandeln müssen, die klare Vorstellungen hat. Diese Kritik ist immer an die selbständigen Frauen adressiert.«
Ihr Mann bestätigt sie und sagt: »Die tüchtigen Frauen sind im Vormarsch und das ist gut so.«
Über 30 Jahre ist Peter Alexander der erfolgreichste Entertainer

im deutschsprachigen Raum. Ein Nachfolger ist nicht in Sicht.
»Ohne meine Frau könnte ich meinen Beruf gar nicht ausüben.«
Peter Alexanders Frau, beide feierten vor 8 Jahren silberne Hochzeit, hält alles Unangenehme von ihrem Mann fern: Gagen, Termine, Verträge, Agenten, Steuer und auch kleinere Reparaturen in ihrer Villa im Tessin.
»Ich bin immer bei ihm und die Einzige, die die Wahrheit sagt, wenn er z. B. noch besser sein kann. Wenn man so viele Jahre so eng miteinander lebt, bekommt man ein Gespür, bei welcher Fernsehnummer und Schallplattenaufnahme Peter noch herzlicher sein kann, gell Bärli?« Hilde Alexander legt ihre Hand auf seine. Zwischen beiden herrscht innige Vertrautheit, ohne aufgesetzt zu wirken. Ihr Mann nickt: »Manchmal schluckte ich schon ein paarmal und mußte tief durchatmen bei ihren hartnäckigen Verbesserungswünschen, aber ich vertraue rückhaltlos meiner Frau und befolge ihren Rat aufs Haar.«
»Eine gute Fee erfüllt Ihnen drei Wünsche im Beruf und privaten Leben. Welche wären das?« Peter der Große denkt nach: »Ich bin glücklich; aber ich würde gerne einmal so etwas wie Danny Kaye arrangieren. Er konnte mit dem Ensemble der Metropolitan Opera in New York drei Stunden Blödsinn machen, und das Publikum ging phantastisch mit. Aber im europäischen Raum ist das wohl unmöglich. Uns trennen Welten vom ernsten Teil der Unterhaltung und der leichten Muse, die noch immer von den Kritikern arrogant über die kalte Schulter betrachtet wird. Dabei ist es viel schwerer, jemanden zum Lachen als zum Weinen zu bringen. Das wird sich leider auch in den nächsten Jahren nicht ändern. Peter Hoffmann versuchte eine Auflockerung, aber das wird ihm nachhaltig vorgeworfen.«
»Sind Sie rundherum zufrieden und was macht Ihre gute Ehe aus?«
»Meine Heimat ist meine Frau. Da wo sie lebt, da möchte ich sein. Ich wünschte mir Schnuudiburr innerhalb von 14 Tagen zu heiraten und zu meinem Erstaunen sagte sie sofort ›ja‹.«
Die temperamentvolle Wienerin unterbricht ihren Mann:

»Obwohl ich mit einem Zahnarzt verlobt war und kurz vor der Heirat stand, wußte ich sofort, Peter ist der Beste.«
»Also richtig romantisch?« »Nein, lustig! Im Mai lernten wir uns kennen, im August verlobten wir uns, und im September heirateten wir.«
Die Eheringe tragen beide heute noch. Zu einer TV-Sendung streifte Peter Alexander den Ring ab und verlegte ihn. Beide dachten an ein böses Omen. Das Treuezeichen fand sich wieder.
Der Portier bringt Medizin für den Künstler. »Homöopathische Mittel zur Vorbeugung«, erklärt mir Peter Alexander. »Ich war noch nie ernsthaft krank.« Beide klopfen dreimal auf den rustikalen Holztisch.
»Mein Mann bestand darauf, daß ich meinen Schauspielberuf aufgebe. Wenn eine Frau in diesem Beruf älter wird, ist es schwer für sie. Häufig muß sie sich die Frage gefallen lassen, ob sie geliftet ist oder nicht. Aber nur Hausfrau und Mutter wollte ich nicht sein. Meine Aufgabe neben meinem Mann macht mich sehr glücklich. Bis vor zwei Jahren arbeitete ich noch am Wochenende. Für mich bedeutet Arbeit Entspannung. Peter überzeugte mich, daß die Wochenenden für die Familie frei bleiben müssen. Einschreibebriefe oder andere Nachrichten werden samstags und sonntags nicht mehr geöffnet. Montag ist früh genug.« Und nachdenklich: »Ich kenne meinen Mann genau. Ich muß ihn nur anschauen und in seine Augen sehen und weiß, was er gerade denkt und fühlt. Er ist überhaupt nicht eitel, präsentiert sich nicht gerne in Restaurants, wie andere Künstler, sondern setzt sich in eine Ecke mit dem Rücken zu den anderen Gästen. Unsere Ehe würde nicht so lange existieren, wenn wir nicht die gleichen Eigenschaften und Interessen hätten.«
»Schon einen Tag ohne Hilde halte ich nicht aus. Ich fahre vor Weihnachten immer für 10 Tage nach Afrika zum Angeln. Wenn mich Hilde zur Reise nicht zwingen und mich »deppert« schimpfen würde, stiege ich jedesmal wieder aus dem Flugzeug aus. Lieber bleibe ich bei ihr. Schon am 1. Tag telefoniere ich mit ihr und erzähle, wie schlecht ich ohne ihre Nähe schlafe.

Mein erster und letzter Gedanke ist Hilde. Ich überlege, wie wir uns verabschiedet haben. Hoffentlich passiert nichts, was waren unsere letzten Worte, da fühle ich mich immer ganz verzweifelt.« Mit träumerischem Blick schaut er seine Angetraute an.

»Sie scheinen eine seltene Ausnahme zu sein: eine geistige, seelische und körperliche Einheit?«

»Am Anfang unserer Ehe war natürlich das Bett wichtig. Später ist unser Zusammensein so innig geworden, daß man weinen könnte«, antwortet die energische Frau jetzt leise.

»Ich überlege mir jeden Tag wie ich Hilde Freude bereiten kann. Obgleich wir 33 Jahre verheiratet sind, treten wir in unserer Ehe immer wieder in neue Stadien ein. Wir sind untrennbar miteinander verbunden. Das ist ein großes Glück, wofür ich dankbar bin.«

Wie oft erleben wir in unserem Umfeld die Ehe als chinesische Folter. Ich hätte nicht gedacht, daß man sich so lieben kann. Wir sind beide kompromißbereit. Ich versuche, meine Trägheit manchmal zu überwinden und mit meiner nie müden Hilde auszugehen. Hilde entscheidet in meinem Beruf grundsätzlich das Richtige.«

»Aber Bärli, du gibst mir doch recht, daß du in allen Dingen mitentscheidest. Du hast doch z. B. diese Gala für eine Wahnsinnsgage einer Pelzfirma abgesagt. Du bist grundsätzlich gegen Gala-Veranstaltungen. Für einen guten Zweck, ob für krebskranke Kinder oder andere Wohltätigkeitsveranstaltungen wirkst du gerne mit.«

»Ihre Lebensmaxime heute und für die Zukunft?« frage ich. Peter Alexander antwortet, ohne lange zu überlegen: »Gemeinsam sind wir am besten! Ohne Arbeit könnte ich nicht leben, obwohl ich auch genauso gut faulenzen kann. Aber kaum bin ich mitten in der Arbeit, ist es für mich etwas sehr Schönes, manchmal wirkt sie wie eine Therapie. Mein Lampenfieber wird allerdings immer schlimmer.«

Und Hilde: »Für mich ist die Familie alles. Wer auf meine Familie losgeht, dem kratze ich die Augen aus.«

»Was lernten und übernahmen ihre Kinder von den Eltern?«

»Susi und Michael sind beide sehr häuslich. Hilde und ich legten besonders Wert darauf, daß sie immer die Wahrheit sagen. Natürlich ist unsere Ehe für beide ein Vorbild. Leider änderte sich in der Generation unserer Kinder vieles, und es wird schwer sein, einen nicht oberflächlichen und materialistisch eingestellten Lebenspartner zu finden. Wir sind stolz auf unsere Kinder. Susanne studiert Kunstgeschichte, Michael Medizin. Susi wäre gerne in das Schauspielfach gegangen, aber da wir unsere Kinder lieben, konnten wir sie überzeugen, einen sicheren Beruf zu wählen.« Peter Alexander wirkt bei diesen Worten sehr ernst.
Nachdenklich sagt seine Frau: »Ich bin mir nicht sicher über diese Entscheidung, aber wenn Susi doch noch zum Schauspielberuf wechseln wollte, hat sie eine sichere Basis nach ihrem Universitätsexamen. Susi und Michael sind impulsiv. Keine Duckmäuser. Sie werden in der heutigen Zeit gut über die Runden kommen.«
»In meinem Beruf gibt es Existenzängste. Von einem Tag auf den anderen könnte alles vorbei sein. Das wollte ich meiner Tochter ersparen. Ich hatte Glück, aber ich habe auch hart dafür gearbeitet«, ergänzt Peter Alexander. Plötzlich räumt er den Frühstückstisch ab, und ohne lange Pause führen wir das Gespräch weiter.
»Sie wirken beide sehr positiv. Was macht Sie traurig?«
»Über glückliche und positiv denkende Menschen amüsiert man sich gerne. Aber sonst müßte doch jeder Mensch verzweifeln. Unvernunft stimmt mich traurig, und bei einem Film wie ›La Strada‹ kann ich weinen«, ist die Antwort von Peter Alexander.
Hilde schließt sich an: »Vom Winde verweht« oder »Ein Herz und eine Krone« mit Audrey Hepburn, da leide ich mit. Und mein Glaube an manche Menschen ist in den letzten Jahren erschüttert worden. Meine Einstellung ist heute so, daß ich ein gesundes Mißtrauen hege. Peter sagt oft: Der ist doch wirklich nett, und ich antworte: Der will nur etwas von uns. Und oft muß er mir erschrocken recht geben.«
»Bei welchen Menschen sprechen Sie sich aus?«

»In erster Linie bei meiner Frau und sie sich bei mir. Unsere drei besten Freunde sind nicht aus unserer Branche. Das hat sich so ergeben.«
»Möchten Sie unseren Lesern etwas mitteilen, worüber Sie schon lange nachdachten?«
»Daß wir uns täglich überlegen, wo unsere Welt hintreibt.
Die Menschen sollten mehr Anteil nehmen, was von Land zu Land geschieht«, antwortet Peter Alexander überzeugt. Seine Frau legt den Arm um ihn und sagt: »Daß Menschen sich wieder näherkommen und umkehren zum Du.«
Fröhlich und unterhaltend werden wir den nimmermüden TV-Unterhalter Peter den Großen wieder am 28. November um 19.30 Uhr in seiner alljährlichen ZDF-Sendung »Wir gratulieren«, erleben.

Hans Rosenthal

Wie verabredet, Punkt 20 Uhr, eilt Deutschlands beliebtester und engagiertester TV-Unterhalter mit Akten unter dem Arm auf meinen Tisch zu. Er trägt Cordjeans, ein rot-blau kariertes Hemd, darüber eine dunkelblaue Strickjacke und handgearbeitete Halbschuhe. Wir begrüßen uns herzlich.

»Holde, du erlaubst, daß ich meine Jacke ausziehe?«, fragt er höflich. Das schmale Gesicht ist konzentriert, die großen braunen Augen voller Wärme. Liebenswürdig erklärt er dem Fotografen, wie er das Objektiv einstellen soll. Mit gewinnendem Lächeln läßt er sich nach einem anstrengenden Probentag für die nächste »Dalli-Dalli«-Sendung im ZDF-Studio Unterföhring fotografieren. Nebenher bestellt Alleskönner Hans Rosenthal Rheinischen Sauberbraten mit gemischtem Salat, dazu ein Bier und bestaunt mein Miniaufnahmegerät, das vor einem halben Jahr neu auf den Markt gekommen ist. In Sachen Technik kennt er sich bestens aus. Er winkt zum Nachbartisch, an dem Mitarbeiter und Spieler seiner Sendung sitzen. Sie warten auf ihn.

Ich spreche ihn auf seine Autobiografie an, die 1980 unter dem Titel »Zwei Leben in Deutschland« (Gustav Lübbe Verlag) erschienen ist. Auf Seite 3 ist ein Foto von ihm abgebildet: Hans

Rosenthal am Schreibtisch, daneben eine Stoppuhr und eine auf die Schreibunterlage gelegte Armbanduhr!
»Was bedeutet für dich Zeit?«, frage ich den vielbeschäftigten Moderator.
»Ich lebe nach der Uhr, nach einem genauen Zeitplan. Das ist bei jedem Termin so, ob Sendung oder Show. Ich teile mir meine Zeit genau ein. Auch in meiner Freizeit lasse ich mich zu festgelegten Zeiten nicht stören. Ohne Uhr wäre ich ein unglücklicher Mensch.« Er zeigt mir seinen Terminkalender. Die eng beschriebenen Seiten in ihrem Wortlaut nicht erkennbar. Wichtige Daten wurden mit Filzschreibern markiert. Die Samstage und Sonntage in leuchtendem Gelb, aber auch vollgespickt mit Terminen.
»Bedeutet das ›Gelb‹ sonnige Tage mit deiner Familie?«
»Natürlich, meine Frau Traudl und meine Kinder Birgit und Gerd, mein Schwiegersohn und beide Enkel sind die Basis in meinem Leben. Ohne sie wäre das alles nicht zu schaffen. Ich bin ein Familientyp. Ich verlor meine eigene Familie sehr früh. Das ist sicher auch ein Grund, weshalb ich so früh geheiratet habe. Und meine Frau Traudl ist meine große Liebe! Wenn sie nicht so viel Verständnis für meinen Beruf aufbringen würde, ginge es nicht so gut. Und eine Frau, die selbst in der Öffentlichkeit stehen wollte, das wäre schwierig. Meine Frau hat einen Riesenanteil an dem, was ich erreicht habe. Mit zwei Kindern, Haushalt, Mann, der oft unterwegs ist, ist das auch eine hohe Leistung, die ich rückhaltlos anerkenne.«
Wieviele Quizreihen er schon in Funk und Fernsehen präsentierte, kann der Erfinder neuer Rate-Shows selber kaum sagen. Die Geschäftsführerin der Berliner Firma »Entertainment«, Doris Zander, schickte mir die Sendetermine für 1985. Der Platz meiner Kolumne würde dafür nicht ausreichen. Nur einige Stationen der Karriere Hans Rosenthals möchte ich hier erwähnen: Rias-Unterhaltungschef, die Kreation vieler Shows: »Allein gegen alle« im Rundfunk, die TV-Sendung »Gut gefragt ist halb gewonnen«, sein Flagschiff »Dalli-Dalli«, das 1986 15tes Jubiläum feiern wird, kleinere Sendereihen wie »K. O. – O. K«, »Rate mal mit Rosenthal!«, »Wer fragt, ge-

winnt«, »Gefragt, gewußt, gewonnen«. Darüber hinaus nahm er an verschiedenen Einweihungen teil, Städtequiz, TV-Galas, sowie die in der Presse so vielgelobte Verabschiedung von Bundespräsident Carstens, am 7.12.85 eine große ZDF-Abendsendung. »Zug um Zug« anläßlich 150 Jahre Deutsche Bundesbahn.

»Jede Sendung benötigt eine hundertprozentige Vorbereitungszeit. Meine Einschaltquoten beweisen, daß die Menschen sich meine Sendungen gerne anschauen und sich daran freuen, und das stimmt mich glücklich.«

Hans Rosenthals Arbeitstag war lang, er wirkt jedoch frisch und lebendig. Der Schöpfer vieler Unterhaltungssendungen ist Träger zahlreicher Auszeichnungen, des »Bundesverdienstkreuzes«, der »Goldenen Kamera«, und eines »Bambis«, die für ihn eine Anerkennung seiner vielfältigen Aktivitäten bedeuten.

Ich erlebte ihn oft nach seinen anstrengenden Sendungen, aber er sprühte immer noch vor Witz. Er ist ein wirklicher Freund sämtlicher Mitarbeiter, die schon jahrelang das Team seiner Fernsehsendungen bilden.

»Einer meiner schönsten Momente war voriges Jahr kurz vor Weihnachten, als der Chef der Bühnencrew zu mir kam und sagte: »Hans, wir alle denken so und wollen dir endlich sagen, daß wir für dich durchs Feuer gehen!« Meine Freude bestand darin, daß meine Mitarbeiter wissen, ich gehöre zu ihnen und auf mich können sie zählen.«

»Seit 1945 arbeitest du in der Unterhaltungsbranche, veränderte sich der Geschmack der Zuschauer, und welche Schwerpunkte siehst du für die nächste Zukunft?«

»Unterhaltung verlangt, daß sich die Zuschauer völlig entspannen können. Wir erziehen nicht die Nation mit erhobenem Zeigefinger, sondern bieten ihr Quiz, Träumereien der Musik, aber auch Neuigkeiten aus aller Welt. Das Frage- und Antwortspiel war schon beim Orakel von Delphi aktuell. Es wird auch wieder nostalgische Sendungen oder Heimatfilme geben. Die klassische Musik bleibt, lediglich die Musikszene, wie die harte Rockwelle, wechselt stark. Talkshows und Diskussionen bleiben, vielleicht unter einem neuen Begriff. Blikken wir nach den USA! In 40 Jahren ergaben sich keine entscheidenden Neuerungen in der TV-Unterhaltung«, antwortet Hans überzeugt. Und dann wirft er spontan ein: »Wären meine Englischkenntnisse besser gewesen, vervollständigten einige Jahre amerikanisches Fernsehen meine Biografie. Jeden Tag eine Sendung, nicht von harten Kritikern verfolgt, läßt die Leichtigkeit der US-Shows entstehen. Für Newcomer und Talente eine große Chance, die bei uns zum Teil fehlt. Deutsche Entertainer, die nur in einer monatlichen Sendung auftreten, sind wesentlich gefährdeter.«

»Du zählst zu den wenigen, die begabten jungen Menschen eine Chance geben, warum?«, frage ich.

»Diese Idee der Förderung entstand durch meine Laufbahn als Abteilungsleiter für Unterhaltung, Regisseur und Aufnahmeleiter. Ich pflegte Kontakte mit Autoren und zog Sprecher heran. Wir brauchen dringend Nachwuchs. Die Suche nach neuen begabten Autoren ist unser dringendstes Problem! Eine Schule für Showtalente, Regisseure und Autoren wäre wichtig. Und freie Sendezeiten, damit gute Leute eine Chance erhalten.«

Hans ist von der Notwendigkeit der Talentförderung überzeugt. Er hielt selber schon erfolgreiche Seminare ab. Bereitwillig übernahm er Nachwuchs-Testsendungen für das ZDF. Denken wir nur an Hans-Jürgen Bäumler, der in der Sendung »Der Apfel fällt nicht weit vom Stamm« einiges von Hans Rosenthal lernen konnte. Durch seine rückhaltlose Förderung bekam er seine erste beeindruckende TV-Chance. Noch viele andere Ideen liegen in der Planungsschublade des schnellen und gewitzten Berliners: »Wäre ich nicht in die Unterhaltung gegangen, hätte ich eine politische Laufbahn gewählt. Nicht als Kommentator, sondern als aktiver Politiker, der Verantwortung trägt und vieles bewegen kann. Ich wünsche mir Frieden, mehr als jeder andere. Und ich verneine die Ansicht, daß es auch Frieden ohne Waffen gibt. Ich litt schrecklich unter der Diktatur, und mit dem Frieden möchte ich meine Freiheit bewahren. Dennoch nutzte ich meine Sendungen nie parteipolitisch, aber für demokratische Systeme setze ich mich ein.«

»Eine Sendung möchte ich gerne realisieren: ›Die Schlager der Kriegsjahre‹. Schlager, die bei Kriegsanfang verboten waren oder nach Kriegsende nicht mehr gespielt werden durften! Die Geschichte der Lieder und deren politischer Hintergrund wären sehr aufschlußreich, z. B. ›Ich weiß, es wird einmal ein Wunder geschehen‹ oder ›Das kann doch einen Seemann nicht erschüttern‹ oder ›Es geht alles vorüber‹. Diese Sendung müßte bald sein, denn die Kriegsgeneration wird nicht jünger. Außerdem würde ich gerne mit Autoren arbeiten, die Sketche und Shows schreiben und monatlich eine Sendung betreuen. Ich bin mir sicher, in einem Jahr fünf bis sechs talentierte Autoren ausbilden zu können.«
Seit vielen Jahren arbeite ich mit Horst Pillau und Curth Flatow zusammen, mit denen ich auch eng befreundet bin. Unsere Ideen reichten für die nächsten 20 Jahre.«
»Hans, gibt es in deinem Terminkalender nicht vier Wochen Urlaub? Du arbeitest sogar an den Vorbereitungen für deine Sendungen in deinem Ferienhaus auf der Nordseeinsel Föhr?«
Ich sehne mich nach Ruhe, aber durch meine verlorenen Jahre in der Dreilaubenkolonie, wo mich zwei deutsche Frauen vor Judenhäschern versteckt hielten, treibt es mich in die Aktivität. Ich gehöre nicht zu den Menschen, die nach 65 Jahren aufhören wollen, solange ich innere Kraft verspüre! Wenn ich spüre, daß ich nicht mehr kann, dann beende ich meine Aufgabe vor der Kamera und wechsle hinter die Kamera. Ich werde Regie führen und die Produktionen meiner Firma noch intensiver betreuen, obwohl ich mich auf meine Geschäftsführerin Doris Zander verlassen kann. Ich achte schon heute darauf, mich nicht zu verschleißen. Zur Zeit habe ich eine Sendereihe im Nachmittagsprogramm, Vorabendprogramm und Abendprogramm!«
»Du führst eine Ehe mit dem ZDF, wie versteht ihr euch?«
»Mit dem ZDF arbeitet es sich besonders kreativ. Wenn ich mit einem Redakteur beim ZDF spreche, und er sagt: ›So machen wir's, dann wird es auch so gemacht. Wenn man bei der ARD eine Sendereihe durchboxen will, muß man erst Koproduzenten suchen. Das ist ein Nachteil. In dieser Hinsicht ist das zentrale Management des ZDF besser.‹«

»Welche Charaktereigenschaften an dir selbst stören dich und würdest du gerne ändern?«
Hans denkt nicht lange nach und antwortet mit hochgezogenen Augenbrauen: »Meine Korrektheit bis zur Pingeligkeit und der Ärger über Kleinigkeiten. Ich nehme mir alles viel zu sehr zu Herzen.«
»Bewirkt diese Menschlichkeit nicht deinen großen Erfolg als Quizmeister?« frage ich zurück.
»Ein Quiz- oder Talkmaster sollte ein gewisses Alter erreicht haben, über Erfahrung verfügen und Menschen mögen.«
»Wann schriebst du den letzten Liebesbrief an deine Frau Traudl?«
Hans lacht frei heraus und erzählt zwei kleine Episoden:
»Ich verbrachte eine Woche allein in unserem Haus auf Föhr. Meine Schwiegermutter wurde operiert und meine Frau blieb deshalb zu Hause. Bevor ich abreiste, schickte ich eine Ansichtkarte: ›Liebe Frau Rosenthal, ich möchte Ihnen mitteilen ...‹ Meine Frau freute sich riesig. Oder bei der Verleihung der ›Goldenen Kamera‹ ereignete sich folgende Begebenheit: Traudel klagte, daß sie den ganzen Tag noch nichts gegessen hätte. Sie saß in der erste Reihe und ich hinter der Bühne als Preisträger. Ich besorgte Buletten und Würstchen und bat jemanden, ihr den kleinen Imbiß zu bringen. Man muß keine Liebesbriefe schreiben. Kleine Aufmerksamkeiten sind wichtig.«
»Gibt es Ängste, die du überwinden mußt?«
»Ich möchte alles gerne selber im Griff haben. Deshalb leide ich z.B. an der Furcht vor schlimmen Krankheiten.«
»Du bist mit 60 Jahren ein Energiebündel! Zu Beginn unseres Gespräches kamst du aber auf deine stille Sehnsucht nach Ruhe zu sprechen, und das erstaunte mich sehr. Welche Gedanken beschäftigten dich in den wenigen Phasen der Ruhe?«
»Ich möchte gerne weniger produzieren. Mir wurde vor kurzem folgender Satz gesagt, der für mich Lebensmaxime wurde: »Hans, du mußt dir vorstellen, daß jeder Mensch einen Sandkasten besitzt. Wenn er ausgeschöpft ist, dann ist es zu Ende. Warum schippst du den Sand immer mit Schaufeln hinter

dich? Warum nimmst du nicht immer ein wenig davon, damit der Sand nicht so rasch aufgebraucht wird? Genieße den heutigen Tag und schippe nicht ständig.
Ich habe immer gedacht: Mensch, du hast noch soundsoviele Jahre, aber durch diesen Satz kam mir der Gedanke: Quatsch, du hast nicht so viel, genieße den heutigen Abend. Ich genieße jetzt mein Leben mehr.«

Ephraim Kishon

Er ist Produzent, Regisseur und Journalist. Er zählt zu den bedeutendsten satirischen Schriftstellern der Welt. Sein Name: Kishon! Sein Vorname: Ephraim! Wieder geboren bei seiner Einwanderung nach Israel im Jahr 1949. Aus Franz Hoffmann wurde ein Bestsellerautor. Er schreibt seit 25 Jahren von rechts nach links in hebräischer Sprache. In seinem neuesten Werk, dem 21. Originalband »Beinahe die Wahrheit« (Langen-Müller Verlag), zeigt er die Hintergründe bei der Entstehung seiner Lacherfolge auf. Er berichtet vom quälenden, mühevollen Ringen am leeren Blatt Papier, und das neben »der besten Ehefrau von allen« Sarah, und seinen beiden Kindern. Engagiert erzählt er von seiner Lärmempfindlichkeit, die so weit geht, daß er den Kindern energisch verbietet, in seiner Gegenwart Kaugummi zu kauen. In meiner Talkshow im Hilton offenbarte sich Kishon über Kishon, wie ihn wenige Menschen kennen.
Der vielbeschäftigte, mit vielen Auszeichnungen geehrte Schriftsteller, hat ein feines, für einen 61jährigen Denker fast faltenfreies Gesicht. Wache verschmitzte Augen betrachten mich durch eine halbgetönte Brille. Sein schmaler Mund zeigt manchmal ein etwas ironisches Lächeln. Er antwortet leise auf meine Frage, ob Erfolg auch zur Zufriedenheit beiträgt: »Das ist eine heuchlerische Frage! Was erwarten Sie, Holde? Jeder

Künstler, nein jeder Mensch wünscht sich Erfolg. Ich sehe meine vielen Bücher in den Regalen und freue mich, daß ich für immer etwas Beständiges zurücklasse. Das klingt unlogisch, aber es bereitet mir viel Genugtuung, für meine Kinder und Enkelkinder etwas zu gestalten und zu wissen, daß sie in einer Straße leben werden, die unseren Namen trägt.«

»Ist es nicht ein ursprüngliches Bedürfnis, etwas für die Gegenwart zu schaffen, wie zum Beispiel eigene Kinder?«

Kishon lächelt, beugt sich vor und antwortet: »Natürlich auch meine Kinder, die ich zeugte, mh, mh – wenn ich so sagen darf, ganz persönlich habe ich das getan.« Gelächter im Publikum!

»Deshalb nehmen die Bücher in meinem Leben nur die zweite Stelle ein. Wissen Sie Holde, auch von einem großen Schriftsteller bleibt für die Ewigkeit manchmal nur ein Satz zurück. Aber dieser Satz zählt.«

»Schriftsteller behaupten gerne von sich, daß sie einen inneren Auftrag erfüllen und berufen sind. Fühlen Sie genauso?«

»Beruf oder Mission? Man redet sich ein, daß man eine Mission erfüllt. Aber wer sagt, daß er für die Mission schreibt, ist wieder ein Heuchler. Ob Schriftsteller, Politiker, Schauspieler, alle Menschen glauben, sie schaffen etwas Wichtiges, aber wir wollen Erfolg haben, Geld verdienen und berühmt sein. Sage einer, er schreibe nur auf Grund einer inneren Stimme, dann lügt er.«

»Sie sind sehr offen und ehrlich in ihrem Wunsch nach Ruhm, Geld und Erfolg. Wünschen Sie, einmal einen bitterernsten Satirenroman oder Herzgeschichten zu schreiben, die nicht Ihrem Erfolgsstil entsprechen? Ich denke dabei an Goethes ›Faust‹, den er erst im hohen Alter beendete?«

»Dieses Problem existiert für jeden, der mit Humor arbeitet. Ein Komödiant möchte gerne einmal Hamlet spielen. Aber die Tragödie ist, auch wenn dieser den Hamlet überzeugend darstellt, will sein Publikum es nicht hinnehmen. Sie sind enttäuscht. Ich bin kompromißbereit: ich schreibe lustige Satiren. Mein Verleger Herbert Fleissner erlaubt mir nach einem erfolgreichen Buch ein zweites zur Hälfte im gewohnten Stil zu schreiben, damit die Leser nicht aufhören zu lesen, und die zweite Hälfte in ernster Fassung. Diese Absprache funktioniert ganz gut. Nehmen wir das kleine Genie Woody Allen. Produziert er einen ernsthaften Film, wird es ein Flop. Seine Fans möchten lachen. Ähnlich bei mir.«

»Der deutsche Humor ist Ephraim Kishon, Ephraim Kishon ist der deutsche Humor. Den Deutschen fehlt diese spezifische Form von Humor. Ist es für Sie ein Geschenk, daß Ihnen das Talent in die Wiege gelegt wurde?«

»Ich stellte fest, daß die Deutschen einen gewissen Minderwertigkeitskomplex ausleben und wenig Humor besitzen. Das ist völlig unbegründet. Der deutsche Leser ist nicht schlechter als der französische und amerikanische; der ist nicht besser. Ich muß es wissen, war ich doch 12 Jahre mit einer Wienerin verheiratet. Ich bin zwar in Ungarn geboren und ein Produkt der Königlichen-Kaiserlichen Monarchie. Aber es ist einfach falsch zu sagen, ein Volk, das die Nazi-Periode miterlebte, besäße keinen Humor. Die Deutschen sind dafür besonders empfänglich.«

»Sie sind 1949 nach Israel eingewandert, Sie erlernten innerhalb von drei Jahren meisterhaft die hebräische Sprache, schreiben Ihre Satiren in Hebräisch. Sind Sie geprägt von der hebräischen Geisteswelt oder der europäischen als geborener Ungar?«

»Ich bin Jude, der in Ungarn geboren ist. Ich fühlte mich wunderbar in Ungarn. Meine Mischung ist sehr eigenartig: meine Kultur ist eine ungarisch-österreichisch-deutsche. Obwohl ich noch vor 15 Jahren kein Wort Deutsch verstand. Ich bin der einzige, der die deutsche Sprache von seinen eigenen Büchern studierte. Doch meine Humorkultur ist eine deutsche. Ich schreibe zwar, gegen internationale Gewohnheit, von rechts nach links. Das Wichtigste für einen Schriftsteller ist nicht worüber er schreibt, sondern für wen. Und ich freue mich, daß meine in hebräisch geschriebenen Geschichten für Israel weltweit ein so großes Interesse und Echo finden.«

»Wenn Sie für Israel schreiben, warum übernehmen Sie nicht das israelische Kultusministerium?«

»Golda Meir bot mir die Position eines Informationsministers an. Sie war eine außerordentliche Persönlichkeit, nicht nur weil ich mit ihr befreundet war.« Mit einem Schmunzeln sagt Ephraim Kishon: »Wir pflegten eine bezaubernde Freundschaft.« Und nach einer Pause: »Den Minister Ephraim Kishon hätte es geben können, auch von der Qualifikation her, aber die täglichen Angriffe der Presse und der Massenmedien wären unerträglich gewesen und hätten mein Leben ruiniert.«

»Ist Ephraim Kishon mit Ephraim Kishon literarisch zufrieden? Ihre Lieblingsthemen sind Steuerhinterziehung, Habgier, Ehe, Partnerschaft, Chaos und vieles andere. Wie weit identifizieren Sie diese mit sich selbst?«

»Ein Schriftsteller muß wahrhaftig über alle Maßen humorvoll schreiben. Lügen sind schon im ersten Kapitel erkennbar. Und das Schmunzeln oder Lachen ist mit einem Thermometer vergleichbar. Lacht mein Publikum, ist die Wahrheit da.«

»Sie sprachen in einem Interview darüber, daß Sie Lügner lieben können und Menschen, die die Wahrheit sagen, verachten.«

»Lügner und Betrüger sind intellektuell aktiver. Sie besitzen mehr Phantasie als Menschen, die bei der Wahrheit bleiben. Kein Mensch wird behaupten, noch nie eine Lüge über seine Lippen gebracht zu haben. Jetzt erkläre ich Ihnen eine überraschende Tatsache, Holde: Je besser ein Schriftsteller lügt, um so begabter ist er. Und ich bin ein guter Schriftsteller.«

»Sie beziehen Ihre Ehefrau und Familie ...«

»Die beste Ehefrau von allen«, unterbricht mich der Autor.

»... und Nachbarn gerne mit in Ihre Veröffentlichungen mit ein. Wäre es nicht fair, diese Menschen an Ihren Tantiemen teilhaben zu lassen?«

Seine Antwort ist spontan: »Nein, es gibt kein Copyright auf Gedanken. Ich kann nicht so schreiben, wie Sie schreiben und umgekehrt. Mit diesem Argument habe ich schon viele Prozesse gewonnen.«

»Tragen Sie einen Notizblock bei sich, um Ihre Ideen aus dem Alltag nicht zu vergessen?«

»Hier in meinem Ohr trage ich einen Zettel und in meinen Händen einen gespitzten Bleistift.« Er öffnet seine leeren Hände und setzt zu einem Monolog über seine Vergeßlichkeit an: »Ich bin schon 61 und ziemlich ältlich. Es ist vorgekommen, daß ich in ein Zimmer gehe und mich frage, wieso ich mich in diesem Raum befinde. Aber wieso soll ich Ihnen diese Eindrükke schildern. Ich bin natürlich jung und stark und so weiter. Ich schreibe doch alles auf und verstecke die Zettel. Dann vergesse ich, wo ich die Ideen aufgeschrieben habe und wo ich die Zettel versteckt habe. Ich rate jedem Menschen nur das eine: wenn sie vermeiden können, alt zu werden, bitte unternehmen sie alle Anstrengungen dafür. Das Altwerden ist kein gutes Geschäft!«

»Wie arbeiten Sie?«

»Nicht logisch. Das ist der Untersschied zwischen Thomas Mann und mir. Von morgens 6 Uhr bis 16 Uhr schrieb er ohne Unterbrechung. Um 16 Uhr klingelte der Wecker und er unterbrach das Schreiben mitten im Wort. Ich bin dagegen unberechenbar. Es kommt vor, daß ich vor dem weißen Blatt Papier, ›meinem Feind‹, mit elektrisch gespitzten Bleistiften daneben, einen halben Tag sitze, und keinen Gedanken fasse. Ich schalte den Fernseher an und in der Mitte eines Westerns fließen plötzlich die Gedanken. Ich stelle das Telefon ab, schalte den Fernseher aus und schreie meiner Frau zu: ›Nicht stören, es kommt über mich!‹ Und ich arbeite in drei Minuten das aus, wofür ich sonst eine ganze Woche brauche. Ich weiß nicht, warum das so ist. Schriftsteller sind eben neurotische Figuren:«

»Verstehe ich Sie richtig? Schriftsteller bewegen sich an der Grenzen zwischen Genie und Irrsinn? Können Sie dabei sagen ein Vernunftsmensch zu sein, der sich diszipliniert?«

»Seien Sie versichert, ich bin sehr eingebildet, aber kein Genie. Ich verfüge über eine hohe Intelligenz, drehe Filme, inszeniere Theaterstücke und verstehe viel von Schachcomputern. Genies besitzen übermenschliche Fähigkeiten. Göttliche Inspiration fehlt mir. Meine Begabung ist eigentlich, harte Arbeit zu leisten. Sie beschäftigt mich tage- und wochenlang. Korrigieren, korrigieren, korrigieren! Sie ist so weit entfernt vom Genie, wie der Himmel von der Erde, oder der Westen vom Osten.« Nach einer langen Denkpause antwortet Ephraim Kishon auf meine nächste Frage: »Ich bin ein außerordentlich vernünftiger Mensch. Meine größte Sorge ist, daß ich zu logisch bin. Ich wäre gerne ein Poet. Aber ich bin nunmal Humorist.«

»Sie studierten Kunstwissenschaften und Literaturgeschichte. In der darstellenden Kunst und Literatur endet vieles mit einem Happy End. In Ihren Büchern nicht. Die Ansätze der Romantik werden zerstört und ad absurdum geführt; hin zur Realität, warum?«

»Das Leben schreibt wenige Happy-Ends. Wir Menschen sind schwache Wesen, die das Leben ihrer Nachbarn und ihr eigenes ruinieren. Das glückliche Ende des typischen alten amerikanischen Filmes beleidigt den Intellekt des Zuschauers. Ich verkaufe nicht Opium für die Masse! Mein Leser lacht über die Realität. Es gibt keine abstrakten Humoristen, nur reale. Die Logik ist ein unvermeidlicher Bestandteil des Humors. Ich kenne weder surrealistischen noch dadaistischen Humor. Der Humorist denkt wie ein Schachcomputer: Immer 20 Schritte voraus! Er arbeitet nach einem strategischen Plan. Darum sind alle Humoristen todmüde.«

»Ist Ihnen als Schriftsteller kein Thema heilig?«

»Gar nichts. Nachdem ich ein Interview mit dem lieben Gott veröffentlichte, wurde ich vom Oberrabbiner exkommuniziert. Auf der anderen Seite erhielt ich Auszeichnungen. Es gibt kein Thema, über das ich nicht witzig schreiben kann, außer über Holocaust. Aber ob Oberrabbiner, Papst, Regierungschefs – mit größtem Vergnügen schlachte ich sie mit gespitztem Bleistift.«

»In Ihren Satiren beschreiben Sie sich selbst als einen Menschen, der sich schwer durchsetzen kann. Der sich die Liebe, d. h. den Erfolg, hart erarbeiten muß. Was bedeutet für Sie Liebe?«

»Meine Frau sitzt im Publikum ...«

»Einfacher gesagt: Ihre Tugenden kennen und lieben wir. Äußern Sie sich bitte zu Ihren Untugenden.«

»Soll ich meine Frau rufen? Da gibt es einige. Meine schlechteste Eigenschaft ist, daß ich ein professioneller Neurotiker bin. Dafür bin ich aber nicht verantwortlich. In einer erfreulichen

Situation kann ich plötzlich sehr deprimiert sein, oder ohne Grund lustig. Das ist die Rache für die grausame Ausbeutung, die ich seit 40 Jahren mit meinem Geist betreibe.«

»Ihre Frau Sara betonte ebenfalls, daß es mit Ihnen schwierig sei zu leben!«

»Sara, hast du das gesagt?« spricht Ephraim Kishon seine Frau in der ersten Reihe im Publikum an. Sie nickt und er antwortet: »Es ist sicher nicht leicht, mit einem Künstler zu leben. Schöpferische Menschen sind fast immer unglücklich. Tschaikowski, Mozart, Beethoven, Kafka, sie haben die Welt reicher gemacht, aber sie starben an gebrochenen Herzen. Und im Privatleben sind wir schwerfällig. Meine Frau ist im Recht, obwohl ich noch keine Frau war. Wäre ich eine Frau, würde ich trotzdem Schriftsteller mögen. Ich verstehe bis heute nicht die Ungerechtigkeit, daß schöpferische Menschen so unglücklich sind.«

»In Ihren Büchern ist die Ehe nur für Frauen geeignet. Die Institution verleitet zur Untreue und Lüge, und Kinder sind eher der süße Mörtel dafür. Welche anderen Möglichkeiten sehen Sie in der Beziehung zwischen Mann und Frau?«

»Daß ich selbst seit 25 Jahren eine gute Ehe führe, ist nicht mein Verdienst, sondern der meiner Frau. Daß sie es so lange aushalten konnte, finde ich großartig. Und doch gibt es meine objektive Meinung darüber, wie über alle anderen ›heiligen Kühe‹: Die zwei größten Fiaskos der Menschheit sind die Ehe und die Einkommensteuer. Ich weiß nicht, in welchen Bereichen mehr betrogen wird. Beides ist eine mißratene Schöpfung. Warum lacht jetzt z. B. niemand im Publikum? Weil niemand wagt zu lachen. Die ganze Welt betrügt.«

»Die Ehe stellt unmögliche Forderungen an Mann und Frau, gegen die menschliche Natur. Und doch ist meine Ehe glücklich. Ich liebe Sara sehr. Sie ist die Allerbeste. Es gibt auf der ganzen Welt keine andere Frau. Nur sie! Und das ist manchmal wichtiger als ... sie wissen schon. Das ist meine einzige Antwort über die Ehe: meine Meinung und doch glücklich mit meiner kleinen Frau zu sein.«

»Sie wünschen sich Frieden für Israel. Welchen anderen

Traum träumen Sie, den zu erfüllen Sie sich außerstande fühlen?«

»Ewige Jugend! Aber das ist biotechnisch nicht erfüllbar. Offen gesagt, ich habe vom Leben mehr erhalten als mir gebührt. Ich träumte, ein hebräischer Schriftsteller zu sein und in der ganzen Welt berühmt zu werden. Aber ich träumte nie, all diese Wünsche zu erreichen. Dank meines Fleißes wurde ich ein Erfolgsautor. Ich empfinde meinen Erfolg heute wie einen Lottogewinn. Und denke dabei: Um Gottes Willen. Warum gerade ich? Jemand da oben deckt mich. Der liebe Gott mag Humoristen. Das Leben verwöhnt mich. Sie sagen jetzt sicher, so etwas darf niemand ungestraft behaupten. Das Leben gibt mir eine Ohrfeige dafür, denn so sind die Spielregeln. Aber sollte ich sterben – ich habe nicht die Absicht –, dann war mein Leben außerordentlich schön und reich. Nicht viele Menschen erfahren ihr Leben auf diese Weise. Und ich weiß eigentlich nicht, warum gerade ich.«

»Wie sehen Sie die nächste Zukunft? Die Zukunft der Menschheit?« »In meinem Alter ist man nicht so sehr an Atomexplosionen interessiert. Man denkt an die eigene Gesundheit und an den Garten Eden.«

Maximilian Schell

München Grünwald! Der vornehme Ortsteil wirkt still wie ein Voralpendorf. Alles ist tief verschneit! Die Dunkelheit setzt bereits ein. Meine vierjährige Tochter Laura und ich schlittern mit dem selbstgebackenen Topfkuchen über den Bürgersteig und bleiben vor einem herrschaftlichen Patrizierhaus stehen. Wir klingeln am hohen, mit Schnörkel verzierten Gartentor. Wegen der Eisesglätte erreichen wir mit Mühe die Freitreppe. In der geöffneten massiven Eingangstür steht Maximilian Schell, einer der faszinierendsten Persönlichkeiten des internationalen Theaters und Films. Er trägt, wie so oft, eine schwarze Hose, schwarzes Jerseyhemd, langen schwarzen Kashmirschal um den Hals geschlungen, eine schwarze Lederjacke und bequeme Fellhausschuhe. Die großräumigen, durch Flügeltüren verbundenen Zimmer sind geschmackvoll mit Antiquitäten und einer gemütlichen beigen Sitzgarnitur eingerichtet. Mein Blick fällt auf einen Bechsteinflügel im Nachbarzimmer.

Der herrlich gelegte Parkettboden glänzt matt. Die Stille wird vom atmosphärischen Knacken im flackernden Kamin unterbrochen. Warmes, indirektes Licht verwandelt die hohen Räume in ein Märchenschloß. Durch die nicht verhangenen Fenster dringt das letzte Tageslicht.

Zwei Frauenskulpturen auf dem Kaminsims. Tageszeitungen, Kunstmagazine und offene Briefe liegen neben dem Sessel von Maximilian Schell. Die »unordentliche« Ordentlichkeit mit den vielen Büchern, die lose aufeinandergestapelt sind, wird sanft bestrahlt von einer Jugendstillampe. Ich vermisse Fotografien. Statt dessen eine Sammlung von Impressionisten an den Wänden! Maximilian Schell unterhält sich entzückend im Erwachsenenton mit meiner Tochter, geht mit ihr in die geräumige Küche und sucht aufmerksam die gewünschte Teesorte aus. Er bedauert gegenüber meiner kleinen Tochter, daß er keinen Früchtetee findet. Weist auf seine zuverlässige Haushälterin hin, die zweimal die Woche das Wohndomizil in Ordnung hält und vorkocht. Es ist 17 Uhr. Maximilian Schell bietet uns Rotkohl und Karottengemüse an. Wir entscheiden uns für den »Earl-Grey-Tee«, von der »Seele«, seiner Haushälterin, gebackene Plätzchen und den Topfkuchen mit Zuckerglasur.

»Maximilian Schell, Sie sind Drehbuchautor, Schauspieler, Regisseur und Produzent! Wie sieht das Drehbuch Ihres Lebens aus: Behandelt es Komödien, Tragödien, Melodramen, Science fiction stories oder Märchen?« Der Künstler lehnt sich weit in seinen Sessel mit übereinandergeschlagenen Beinen zurück, den linken Arm um Laura gelegt und antwortet nachdenklich: »Ich kann nicht mein ganzes Leben filmen, vielleicht einen halben Tag daraus. So etwas wie mein Marlene-Dietrich-Film, eine Autobiografie oder Episode, Momente beschreiben. Ich muß losgelöst und frei bei einem Gespräch sein. Meine Kindheit war ereignisreich, voll mit Geschehnissen, angefangen in Wien mit meinen Eltern – Mutter Schauspielerin, Vater Schriftsteller –, die uns Kinder künstlerisch inspirierten. Dann die Alm, in den Schweizer Bergen, einswerden mit der Landschaft, Übersiedlung nach Zürich ...« Maximilian Schell verschränkt die schmalen Hände im Nacken. Er scheint einen unsichtbaren Punkt zu betrachten. Er erzählt mit weicher, tiefer Stimme, als spielten sich die glücklichen Szenen seiner Kindheit vor seinem inneren Auge nochmals ab: »Wir waren nicht sehr begütert, mein Vater bereicherte uns Kinder mit seiner nie endenwollenden Fantasie. Er reiste weniger als meine Mutter, blieb in unserer Nähe.«

Ich erinnere mich an das Gedicht von Schell in seinem gerade erschienenen Buch »Fragmente zu Jedermann« (Basilius Verlag, Zürich). Mit Gedanken, Zeichnungen und Fotos zu der Rolle »Jedermann«, die Maximilian Schell fünf Jahre in Salzburg spielte. Die Zeilen über seine Distanz als Kind zur Mutter und seine Sehnsucht nach ihr heute, ohne den Mut der Formulierung, spiegeln den verletzlichen Schell aus einer überaus künstlerischen erfolgreichen Familie. Der Text:

»Ich vermisse Zärtlichkeit. In der Erinnerung tat mir jede Zärtlichkeit weh. Sie kam überfallartig – besitzergreifend – ihre Liebkosungen waren Fesseln. Heute hat sich das geändert. Sie ist immer da, wenn man sie braucht. Ich vermisse ihre Zärtlichkeit. Und weise sie doch zurück, wenn sie kommen. Ein Kopfeinziehen – oder ein Sich-Entziehen – Oft rührt sie mich, – aber ich kann es ihr nicht sagen.«

Ich frage den Junggesellen Maximilian Schell nach seinen Beziehungen zu den Frauen: »Verspürten Sie schon in jungen Jahren dieses Hingezogensein zum Weiblichen, läßt sich das mit der ständigen Abwesenheit Ihrer Mutter erklären?«

»Ich war als 5jähriger in Zürich das erste Mal in eine jüdische Baroneß verliebt, dann folgte eine Jugendliebe als 15jähriger in Zürich.«

Das eindrucksvolle Gesicht mit den kantigen Zügen und den seelenvollen Augen verschließt sich. Feine Linien kennzeichnen sein Gesicht. Das attraktive Gesicht des jungen Schell ist heute weicher, nachdenklicher geworden. Nur die Gesichtsumrisse eckiger!

Ich weiche seinem konzentrierten Blick nicht aus. Bin angezogen von diesem interessanten Charakterkopf. Die Mimik und Gestik wechseln ständig. Ich denke an seine Schwester Maria, die eine ähnlich starke Ausstrahlung und eine ähnlich melodische Stimme besitzt.

»Ich denke gerne an Menschen zurück, die mir nahe standen«, ist seine ausweichende Antwort auf die Frage nach seinen Be-

ziehungen zu Frauen. »Denken diese Menschen auch gerne an Sie zurück?« frage ich. »Fragen Sie sie«, antwortet er kurzatmig. Wieder eine neue Szene!
Hier zeigt sich nicht der Schauspieler, sondern eindeutig und allein der *Mensch* Maximilian Schell. Er täuscht nicht. Er ist ehrlich, aber schweigt, wo Offenheit als Antwortet erwartet wird.
»Gibt es eine enge Beziehung zu einer Frau?«
»Ich bin viel unterwegs.«
Ich verstehe: Einsamkeit umgibt ihn manchmal, aber es ist wohl für ihn gut so. Nach einer Sprechpause sagt er ohne Aufforderung: »Ich kann einen Menschen besonders nah spüren, wenn er nicht neben mir ist.«
»Man hat seine Eigenheiten, sein Eigenleben, seine Bilder, sein Klavier, den Zeichenblock.« Schells »Jedermann«-Buch wurde von ihm selbst mit abstrakten Zeichnungen illustriert. Nach vielen Jahren zeichnet er wieder, darstellende Kunst gehörte zu seinen Studienfächern. Mit dünnen Bleistiftstrichen zeichnete er Schattenmenschen, in Netzen gefangen, kurz verharrend, auf der Flucht.
Die geistige Auseinandersetzung mit seinen verschiedenen Berufen steht für ihn an erster Stelle. Den »Oscar« für den »Anwalt von Nürnberg«, das Bundesverdienstkreuz erster Klasse für hervorragende Leistungen als Schauspieler, Regisseur und Bühnenautor und viele andere Erfahrungen versteht er eigentlich nicht. »Der Moment der Ehrung verunsichert, macht glücklich, bringt quälende Pressetermine. Danach gehe ich wieder zur Tagesordnung über.«
Ich komme zurück auf den Menschen und Mann Maximilian Schell: »Wie stark sind Sie im DU?« »Ich bin ein spontaner Mensch, finde einen schnellen Zugang zu meiner Mitwelt.« Und wieder stelle ich das Ausweichen in seine Berufsrollen fest: »Wenn ich als Regisseur Schauspieler auswähle, ist dieses feine Gefühl für Menschen mitentscheidend für eine richtige Besetzung.«
»Wie glücklich waren Ihre Frauenfreundschaften? Erhielten Sie zurück, was Sie gegeben haben?«

Er wirkt sehr ernst. »Ich bin mir nicht so sicher. Zu Unrecht wird mir nachgesagt, daß ich wenig bereit bin für ein enges Miteinander. Ich fühle mich offen für den anderen, auch wenn andere mich etwas verschlossen empfinden.«
»Mit wem teilen Sie traurige Stimmungen und Zweifel?«
»Ich habe kein Recht Menschen mit zeitweiligen Phasen einer seelischen Verstimmung zu belasten. Ich bleibe für mich allein. Erreiche ich einen seelischen Tiefpunkt, höre ich in mich hinein und übe mich in Geduld. Nicht immer, aber oft erhalte ich eine Antwort.«
»Sie scheinen eine Abwehr gegen die Ehe zu haben oder sollte ich fragen: 56 Jahre und weiser als verheiratete Männer?«
»Eine Ehe scheint mir schwer. Ich bin mit einem lieben Menschen zusammen ohne Trauschein. Ich bin nicht klüger, bewundere Menschen, die sich zur Ehe entschließen.«
»Haben Sie einen Ehe-Antrag jemals ausgesprochen?«
»Ja!« – Lange Denkpause! – »Es gab die Gedanken daran und zwei Heiratsanträge. Daraufhin die Flucht. Es ist ein großer Schritt, daß plötzlich der Staat eingreift. Es überschreitet meinen Begriff von Freiheit. Das ist nicht fehlendes Verantwortungsgefühl. Im Gegenteil, für Menschen, die ich mag, übernahm ich gerne immer die Verantwortung.«
Während meines Besuches schaut seine Schwester Immy vorbei, Schauspielerin wie ihr Bruder. Ihre klaren blauen Augen blicken mich direkt an. Die vollen blonden Haare rahmen ein attraktives Gesicht ein. Lachfältchen um die Augen, eine herzliche klare Stimme. Mitgebrachte Schallplatten für ihren Bruder werden aufgelegt. Mit meiner Tochter entwickelt Immy sofort eine Plauderei wie zwischen Freunden. Laura ist in der Regel anfangs scheu fremden Menschen gegenüber, nicht bei den beiden Schellgeschwistern. Ich spüre ein tiefes Einvernehmen zwischen Bruder und Schwester. Fürsorglich fragt Immy, ob sie uns etwas zum Essen zubereiten kann. Sie zaubert in 10 Minuten herrlich gewürzte Leber mit dem vorbereiteten Gemüse dazu. »Ich bin auf Diät«, sagt sie. Ich wundere mich. Die engen Hosen mit dem saloppen Pullover zeichnen eine schlanke Gestalt mit weichen femininen Rundungen. Laura

spricht mit vollem Mund. Auf meinen Hinweis, daß sich das nicht gehöre, lacht Maximilian und unterhält sich mit der Kleinen, bevor er den Bissen runterschluckt. Immy erzählt Laura die köstliche Geschichte einer Eisenbahn, die der Schell-Vater seinen Kindern beibrachte. Plötzlich geht Immy ins Fernsehzimmer. Es läuft ein Film ihres Bruders. Sie will das Interview nicht stören. Ich bewundere an Immy das hohe Einfühlungsvermögen, das Neugier ausschließt.
»Muß eine ideale Gefährtin für Maximilian Schell konstruiert werden?« Der Künstler lächelt. Wirft seine ausgerauchte Zigarette in den Kamin. Ich gebe Laura ein Stück Papier, denn ihr gefällt der dunkle, in sich ruhig wirkende Mann. Sie schmeißt Zeitungsschnitzel in die Flammen. »Für mich ist wesentlich, daß die Frau einen ähnlichen Beruf wie ich ausübt. Die Interessen sollten übereinstimmen.«
»Sollte es eine Schauspielerin sein?«
»Besser nicht! Eine Schauspielerin besitzt notwendigerweise einen gewissen Exhibitionismus. Sie muß im Rampenlicht leben. Eine zukünftige Partnerin müßte vor allen Dingen meinen Beruf verstehen und versuchen, bei Problemen auf mich einzugehen. Ich lasse Menschen und Dinge auf mich zukommen. Alles fließt.«
Er betrachtet lange meine Tochter, die neben ihm auf der Sessellehne hockt und ständig die Frage wiederholt, warum er keinen Bart trägt. Sie bevorzugt Männer mit Bart. Ihr bester Freund Klaus, 43 Jahre älter als sie, trägt einen »Max-Josef-Schnauzer«. Maximilian will in sein Gesicht einen Bart aufmalen. Ich wehre ab und warte.
Maximilian Schell sagt: »Ich habe mich sehr gewandelt in Bezug auf Kinder. Dafür würde ich gerne die ganze Verantwortung übernehmen. Ohne Heirat! Mein Unabhängigkeitsdrang und ausgeprägtes Freiheitsgefühl ließen mich früher diesen Wunsch nicht verwirklichen. Meiner Überzeugung nach ist es leichter, Kinder um sich zu haben als eine Frau.«
Und nach einer nachdenklichen Pause:
»Wenn die geistige, seelische, körperliche Harmonie mit einer Frau nicht möglich ist, würde ich lieber die Verantwortung für

ein Kind allein auf mich nehmen. Und es neben mir aufwachsen sehen. Teilhaben an den Wünschen, Gedanken und Fantasien. Ungerecht empfinde ich die Lücke im Gesetz, das ein Mann über das Leben eines Kindes nicht bestimmen kann. Bis zum dritten Monat sollte von beiden Elternteilen, verheiratet oder nicht, entschieden werden können, ob das Kind zur Welt kommen soll oder nicht. Beide Elternteile müßten unterschreiben. Sollte es einer nicht wollen, müßte der andere Teil die Verantwortung übernehmen, der es wirklich will. Meistens bleibt die Entscheidung nur der Frau überlassen und die kann, wenn sie will, eine Schwangerschaft auch verschweigen. Das Wichtigste ist und bleibt natürlich das Kind. Deshalb die Schwierigkeiten der Rechtsprechung.«

Und lächelnd: »Wahrscheinlich müßte mich eine Frau einfach an die Hand nehmen und zum Standesamt schleppen!«

Der Künstler Maximilian Schell kann sich über Film- und Theaterangebote nicht beklagen: »Die Schauspielerei hat für mich nicht mehr den gleichen Stellenwert wie früher.

Ich bereite zwei neue Bücher vor. Eines mit Collagen, wie im Jedermann-Buch.«

Seine Collagen sind heute komplexer, zeigen einen geistigen Überbau und verraten einen gewissen ausgeprägten Sinn für Geschichte. »Diese Arbeiten erfüllen mich, weil das Handwerkliche dazukommt. Ich denke gerne an die Zeit in der künstlerisch gewerblichen Druckerei: Die lauten Druckmaschinen, die Platten, die geätzt wurden. Ich saß mit dem Werkmeister an einem kleinen Tisch, genoß den Geruch der Druckerschwärze, dachte an die großen Maler, die vor mir dort saßen: z. B. Giaccometti.«

Nach einem Schluck Weißwein erzählt er von dem dritten Buch, an dem er eben arbeitet. Es behandelt seine Erfahrungen in Rußland während der Drehzeit, als er »Peter den Großen« spielte. Es soll die Begegnung der beiden Ost- und Westsysteme zeigen, die aufeinanderprallen.

»Empfanden Sie während der Spielzeit in großen Rollen den Verlust Ihrer Identität?«

»Das ereignet sich bei jedem Schauspieler. Er stellt sich die

Frage: Wer bin ich eigentlich? Bin ich verliebt, frage ich mich auch gelegentlich nach meiner Position.«

»Sie bedauern die Theatersituation Deutschlands, wiederholte Male haben Sie eine Zentralisierung der deutschen Theater gefordert. Welche Lösung schlagen Sie vor?«

»Nur eine politische. Ein vereintes West- und Ostdeutschland mit Theaterzentrum Berlin. Die direkte Koordination von Schauspielern, Autoren, Regisseuren und Publikum und die gemeinsame Diskussion ist vorrangig und nur in dieser Form fruchtbar.«

»Allen Lesern ist bekannt, wie eng die Schellgeschwister miteinander verbunden sind.« Ich frage nach den Ursachen ihrer Verbundenheit. Immy Schell erklärt: »Wir Geschwister haben ein unerschütterliches Vertrauen zueinander. Wir telefonieren täglich miteinander. Keiner von uns würde ohne Angebote verzweifeln. Wir arbeiten und teilen alles gemeinsam. Z. B. nach dem Tod meines Mannes Walter Kohut«, sagt Immy, »nahm mich Max an die Hand und ließ mich zwei Jahre nicht mehr los.«

»Max, glauben Sie an eine Vorbestimmung Ihres Schicksals?«

»Ja, sicher! Und ich lasse mich gerne von mir selbst überraschen. Das Leben ist fließend, was bleibt sind die ständigen Forderungen nach Wandlung.«

Hans Joachim Kuhlenkampff

Seit mehr als 30 Jahren blieb Hans Joachim Kuhlenkampff seinem Fernseh- und Theaterpublikum treu. Beliebtheit und Erfolg begleiten ihn. Viele Auszeichnungen wie der Adolf-Grimme-Preis, Bambi, Telestar 85 übernahm er mit seiner bekannten Selbstironie und diesem unverwechselbaren doppelbödigem Humor.

Ich sitze in der ersten Reihe in der Friedrich-Ebert-Halle in Ludwigshafen zur Lifesendung »Einer wird gewinnen«. Es ist unruhig im Publikum. Die Eurovisionsmusik erklingt. Hans Joachim Kuhlenkampff tritt aus der Riesenkulisse, geht mit festem Schritt und ausgebreiteten Armen auf die Zuschauer zu und begrüßt sie mit seinen typischen Gesten. Seine faszinierende Persönlichkeit nimmt die Riesenhalle, vorher kalt und abweisend, ein. Die vielen Kameras vom Hessischen Rundfunk stören nicht mehr. Er lacht, erzählt von den Samstagergebnissen des Fußballs und seines Lieblingsvereins Werder-Bremen. 15 Meter von mir entfernt. Ich empfinde tief seine Freude an der Sendung, sein Einfühlungsvermögen den Kandidaten gegenüber und den »Schalk«, der nicht erlernbar ist. Während die Kamera die Frageszenen einfängt und Kuli nicht im Bilde ist, spricht er kollegial mit seiner Assistentin. Manch-

mal zieht er an den Ärmelansätzen seines dunkelblauen Anzugs, unbeabsichtigte Reflexe, ohne Nervosität. Er ruht in sich. Ich freue mich auf unser Interview nach seinem Auftritt. Er verkörpert vorbildlich den europäischen Gedanken seiner Sendung: Gebildet, herzlich und mit dem nötigen Abstand zu sich selbst, ohne sich zu verlieren. Das ist Stärke!
3 Stunden später! Als wäre die Sendung ein Champagnerfrühstück gewesen, erscheint Kuli locker in Jeans und legerem dunkelblauen Pullover aus seiner Garderobe. Seine Augen sind noch blauer, sein Gesicht jugendlicher als auf der Mattscheibe. Mit festem Händedruck begrüßt er mich, der geborene Bremer. Es ist der hanseatische Charme, die Direktheit, die mich beeindruckt. Ich denke: Warum begegnen einem so selten solche Männer von Schrot und Korn? Wir trinken kurz ein Bier in der Kantine. Langjährige Mitarbeiter sitzen dabei. Seit 35 Jahren arbeitete Hans-Otto Grünefeldt mit Hans Joachim Kuhlenkampff. Sie sind nicht nur ein eingeschweißtes Team, sondern Freunde geworden. Ich spreche ihn auf seinen sportlichen Freizeitdreß an und frage ihn, ob er seine Sendung gerne in dieser Aufmachung präsentieren würde, ähnlich wie auch Thomas Gottschalk. Kuli lacht! Trinkt einen tiefen Zug aus seinem Glas und antwortet: »Thommy ist sehr begabt. Aber die Ohrringe und Goldturnschuhe geben ein falsches Bild. Sein Publikum sind nicht allein die ganz Jungen. Und der Jüngste ist er selber auch nicht mehr. Darauf muß er sich auch einstellen. Aber er macht seinen Weg.« Der Quizmeister lächelt verschmitzt. Ich denke: Thommy ist 32 Jahre alt. Also zählen wir 30jährigen auch schon zu den Älteren!
Kuli fragt mich, ob ich mit ihm und seinen Mitarbeitern essen möchte. Nach dem bescheidenen Abendessen setzen wir uns in eine ruhige Ecke in der Hotelhalle.
»Sie sind ein Fußballfan?«
»Nicht unbedingt. Es ist der liebste Sport der Bundesbürger. Ich informiere mich, glaube aber dem Fußballmanagement genauso wenig wie den Resultaten im Sechstagerennen oder Tennis. Im Sport wird sehr viel manipuliert. Aus diesem Grund bin ich nicht mehr so neugierig drauf.«

»Was halten Sie von der TV-Unterhaltung heute? Welche Veränderungen fanden statt und wird es noch geben?«
»Nehmen wir z. B. Frank Elstner. Er zieht seine Interviews wie vor 2000 Jahren durch. Sehr geschickt! Heute spielte Richard Clayderman in meiner Sendung, vor 300 Jahren spielte Beethoven. Ich sehe keinen großen Unterschied, außer der Garderobe und den sendetechnischen Möglichkeiten. Aber der Mensch ändert sich im allgemeinen nicht.«
»Lieben Sie das Leben?«
»Ich liebe das Leben. Ich liebe auch Menschen, aber Menschen tun mir primär auch leid.«
»Empfinden Sie das Leben als so schwierig?«
»Ja, und ich habe Respekt vor alten Menschen. Ich würde mir wünschen, daß jeder Mensch alte Menschen respektiert. Die Mißachtung des Alters erlebe ich bei einem 80jährigen Freund. Gut, ich half ihm! Jeder sollte so denken und handeln.«
»Sind Menschen unwichtiger als Tiere?«
Kuli antwortet ernst: »Viele regen sich auf, wenn eine Katze gequält wird. Und ich bin auch ein Gegner von Tierversuchen, z. B. für die Kosmetik. Viele sind überflüssig. Nur viel grausamer ist jedoch, wie die Menschen sich mit Flammenwerfern, Granaten und Gewehren umbringen. –«
»Was sollte getan werden?«
»Wir sollten uns dafür einsetzen, daß nicht mehr so viele Menschen gefoltert werden. Kein Friedensnobelpreisträger könnte moderner ausdrücken, was Kant über den Krieg schrieb, in meinen Worten wiedergegeben: Es wird so weit kommen, daß die ganze Menschheit sich zu Grunde richtet. Es gibt nur eine Möglichkeit, zu überleben. Krieg und Rüstung müßten verboten werden. Die Menschheit löscht sich sonst eines Tages selbst aus.«
»Sind wir auf dem Wege dahin?«
»Ja, das glaube ich. Betrachten wir die Menschheitsgeschichte! Die Aufrüstung mit Waffen ist nicht aufzuhalten.«
»Wie haben Sie Ihr Leben eingerichtet?«
»Wir dürfen der nachkommenden Generation nicht den Mut nehmen, die Initiative und Vitalität. Ich selber habe mein Le-

ben gehabt. Ich bin aus dem Schneider. Ob ich nun mit 65 oder mit 75 sterbe, das ist völlig piepe. Mein Hauptanteil ist gelebt. Bis auf den Krieg ging es mir gut. Und ich genieße es. Fahre jedes Auto, das ich will, und erfüllte mir den Traum meines Lebens seit meiner Kindheit: Eine eigene Yacht. Ich bedanke mich für mein Leben. Aber der Sinn ist nicht, daß es mir gut geht. Niemand darf vergessen, daß es auch anders sein kann.«

»Aber Glücksgefühl muß nicht abhängig sein von wirtschaftlichem Erfolg?«

»Nein, aber beides muß verstanden werden. Ich bin ungeheuer dankbar von morgens bis abends. Mit allem Grund. Ich begann mit Minus Null und freue mich über das, was ich erreicht habe. Rege mich nicht darüber auf, daß ich etwas nicht erreicht habe.«

»Was braucht Hans Joachim Kuhlenkampff in seinem persönlichen Bereich?«

»Viel, viel Ruhe. Keine Journalisten, außer auserwählte! Ich kann sie an einer Hand abzählen. Das Beste ist, befreundet zu sein mit Menschen, die nichts von einem wollen und umgekehrt. Wirkliche Freunde, auch wenn man sich nur ein Mal im Jahr sieht. Meine Frau, die ich mir ausgesucht habe, und meine Kinder. Ich bin eben doch ein Norddeutscher. Mit München kam ich nicht zurecht, fühlte mich in der Umgebung von Salzburg am wohlsten.«

»Sind Sie Stimmungen unterworfen?«

»Ja, und ich benötige sehr viel Vernunft, um meinen Stimmungen beizukommen, bzw. sie im Zaum zu halten. Ich glaube, daß ich mich im richtigen Moment beherrschen kann. Aber es gibt Momente, wo ich mich nicht beherrschen will. Alles ist abhängig von der Situation. Und die innere Unabhängigkeit, die ich immer besaß, spielt eine wesentliche Rolle.«

»Sie behielten immer Ihre eigene Identität, ließen sich nie den Schneid abkaufen, wie schaffen Sie das?«

»Ich verfüge über zwei Vorteile: Gesundheit ist für mich das höchste Gut. Dann ist meine gewisse Begabung für Showbusiness nicht abzuleugnen. Sind die 5 Sinne beieinander und der

Mensch bildet sich ein, er hätte gewisse Fähigkeiten und eine Begabung, dann kriecht kein Mensch zu Kreuze.«

»Traten nie Selbst-Zweifel auf?«

»Zweifel, ob das geht, was ich will und was ich mache, habe ich natürlich. Aber mögliche Unsicherheiten sind nicht ausgeprägt, weil ich nie in meinem Beruf oder Hobby etwas versuchte, was ich nicht beherrsche, Regie führen oder Bücher schreiben. Mein Leben ist nicht aufregender als das eines Werkleiters bei Opel. Ich gebe gerne Auskunft über meinen Beruf, aber mein Leben verlief ganz normal. Schicksalsschläge, ein Kind oder einen Freund zu verlieren, ist nicht sensationell. Das ist normal, leider! Eine unglückliche Liebe oder vorübergehende berufliche Probleme bleiben keinem erspart. Ich würde vielleicht eine Autobiografie schreiben, wenn ich ein Leben wie Sir Laurence Olivier oder Goethe, Fellini oder Casanova gelebt hätte!«

»Was bedeutet für Sie Mißerfolg im Leben und im Beruf?«

»Wenn ich an etwas glaube, mich reinknie und darüber zufrieden bin und ich komme nicht an, das ist ein äußerlicher Mißerfolg. Umgekehrt geniere ich mich fast über einen Auftritt in einer Sendung, und das wird aber ein Riesenhit.«

»Lieber Herr Kuhlenkampff, Sie sind sehr spontan, natürlich und intelligent. Stolpern Sie manchmal über sich selbst?«

»Ich stolpere mein ganzes Leben über mich. Oh Gott, was ich schon alles nicht getan hätte oder was ich alles gerne tun würde. Warum setze ich mich nicht jeden Morgen eine Stunde in die Badewanne und lerne eine Fremdsprache, wie mein Schwiegervater, statt eine Zeitung in der Wanne zu lesen. Warum nicht? Weil man ein Faultier ist. Das hat mit Bildung nichts zu tun. Wenn der Mensch aber selbst weiterforscht, ist Bildung fabelhaft. Das Leben wird angenehmer und verständlicher. Ein alter Mensch, der viele geistigen Interessen besitzt, lebt leichter und glücklicher.«

»Kann man mit dem Willen im Leben alles erreichen?«

»Der Wille ja, nur viele Menschen verwechseln Wollen mit Möchten. Ich wäre als Kind gerne ein ausgezeichneter Schüler gewesen. Man hat weniger Ärger und bessere Zensuren. Ich wünschte es mir, aber gewollt habe ich es nie. ›Ich will‹ ist eine Gabe, die mir geschenkt wurde. Es ist die Fähigkeit, vieles zu erreichen, und es wird unwichtig, ob ich 20 Stunden täglich dafür arbeiten muß. Das wirkliche Wollen kann ich nicht wollen. Das ist eine Gabe, wie sie auch nicht Sympathie wollen können!«

»Ihre große Beliebtheit und Bekanntheit durch ›Einer wird gewinnen‹, ›Ein Mann macht klar Schiff‹ und ›Nachtgedanken‹, haben Sie das gewollt? Sie sind der beste Showmaster in Deutschland!«

»Wenn ich etwas bin, dann höchstens ein ›Master of Ceremonies‹, wie die Amerikaner es nennen. Aber ein Showmaster sicher nicht: ich singe nicht, tanze nicht und spiele kein Instrument. Ich bin zufrieden mit dem, was ich erreicht habe. Ich habe immer Tucholsky gelesen. Heinrich Heine und Stifter lese ich auch gerne. Sie entsprechen meinem Sprachgefühl.«

»Fanden Sie Antworten und Weisheiten für sich selbst?«

»Mehr von den Philosophen, in der Religion, vielleicht auch in einem persönlichen Gespräch.«

»Wie verletzbar ist Hans Joachim Kuhlenkampff?«

»In einer Sendung so gut wie gar nicht. Privat sehr verletzlich. Aber kennen Sie Menschen, die unverletzbar sind?«

»Scheinbar oberflächliche Menschen!«

»Die sind doch dauernd beim falschen Lippenstift oder der falschen Haarfarbe verletzt!«

»Verletzt Sie der Neid der Kollegen?«

»Neid, das ist auch ein natürliches menschliches Gefühl. Manche Leute leiden ja entsetzlich darunter. Es ist die Schwäche des Schwächeren dem Erfolgreichen gegenüber. Nur der Stärkere gönnt anderen den Erfolg. Nehmen wir den Erfolgsautor Konsalik, den ich noch nicht gelesen habe. Ich neide doch niemandem einen Riesenerfolg. Freue mich für Hans Jürgen Wussov aus der ›Schwarzwaldklinik‹ für seinen jetzigen Bekanntheitsgrad. Er ist ein hervorragender Schauspieler und wünschte sich die Popularität sehr.«

»Wie genau planen Sie?«

»Gar nicht!«

»Aber Ziele haben Sie schon?«

»Nicht mehr.«
»Sind Ihre Lebenserfahrungen Gold wert?«
»Es ist herrlich, unbekümmert alt zu werden. Ich bin nicht weiser. Unternahm viele Blödheiten. Rege mich noch sehr auf. Aufregen in Anführungszeichen. Man läßt sich etwas einreden und denkt: laßt mich doch in Ruhe. Aber es ist schön, richtig in Fahrt zu kommen über irgend etwas, das im Grunde gar nicht wichtig ist.«
»Denken Sie an den Ruhestand?«
»Es ist niemals jemand freiwillig abgetreten, ich kenne keinen. Und ich frage mich, wie lange muß man das machen? Bis man immer schwächer wird? Ewig bleibe ich nicht. Mit 90 werde ich nicht besser sein als heute.«
»Sie werden aber besser, Herr Kuhlenkampff!«
»Es kommt der Zeitpunkt, da sage ich: Jetzt hör auf. Also, wenn ich heute verschwinde, dann berührt mich das im Grunde gar nicht.«
»Wie bitte?«
»Na ja, sagen wir 14 Tage.«
»Psychotherapeuten behaupten, ein Mensch, der nicht träumt, trägt schwere Schäden davon. Wovon träumen Sie?«
»Ich weiß es nicht. Wenn ich zu viel gegessen und getrunken habe, träume ich echte Träume. Aber ausgeruht, beim Segeln, bilde ich mir ein, nicht zu träumen. Die Kinder brauchen Märchen, der Mensch Illusionen.«
»Ihre Frau schreibt Märchen. In welche Märchenfigur zauberte sie schon ihren Mann?«
»Sie schreibt wenig für Männer. Sie beschäftigen vorwiegend Frauenthemen. Ich inszenierte schon ein Theaterstück von ihr. Eine Rolle für mich zu schreiben, wäre ein schönes Geschenk. Aber das kann sie nicht. Im Frühjahr bringt sie einen neuen Roman heraus. Ich habe ihn gelesen. Sehr gut. Eine Erzählung über eine alte Frau, die alleine in einem Haus lebt, mit ihren alten Möbeln die letzten Lebensjahre verbringt. Dazu ihre Gedanken, Empfindungen und Begegnungen. Eine reine Frauengeschichte.«
»Was denken Sie über die Ehe nach 37 Ehejahren?«

So wie Hans Joachim Kuhlenkampff von seiner Frau spricht, klingt sehr viel Hochachtung durch: »Ich habe eine sehr kluge und zärtliche Frau. Sie sagte folgenden Satz, der mich berührte: ›Ich habe nicht geheiratet, damit ich glücklich werde, sondern damit ich dich glücklich mache.‹ Und das ist heute ein wenig aus der Mode gekommen. Nicht aus Bosheit, sondern es ist ein bißchen so das Haben-Wollen, und Nicht-Geben-Wollen. Ein Gefühl, eine Liebe, ein tiefes Empfinden füreinander, das ist vergleichbar mit einem Teller, auf dem viele Köstlichkeiten liegen. Wenn jeder immer nur nimmt, dann ist dieser Teller bald leer. Jeden Tag sollte etwas wieder nachgelegt werden, damit keine Leere eintritt. Sonst zehrt sich jede Verbindung auf. Und viele machen es sich heute viel zu leicht. Wenn ich jedes Mal bei einem Streit meine Frau verlassen hätte, dann wären wir 25 Mal auseinander gegangen. So hohe Scheidungszahlen wie heute, gab es noch nie. Warum? Die jungen Leute heiraten zu früh. Männer sind weicher und weinerlicher, während Frauen physisch leistungsfähiger sind. Mich würde es nicht eine Sekunde lang stören, in einem Flugzeug zu sitzen mit einem weiblichen Kaptain.«

»Ihre Frau gab für die Familie den Schauspielberuf auf?«

»Meine Frau ist sehr familienorientiert und sagt: Es gibt nicht beides, Karriere und Kinder. Und ich gab ihr Recht. Es wird immer noch zu gering eingeschätzt, Kinder großzuziehen, eine Familie glücklich zu machen und nur Opfer zu bringen. Diese Leistung ist größer als wertvolle Bilder zu malen!«

»Wie sehen Sie die Zukunft in Zweierbeziehungen?«

»Rückläufig, die Emanzipation wird überschätzt. Mann und Frau müssen kompromißbereit sein, sonst soll jeder für sich allein leben.«

»Glauben Sie an eine Schicksalsmäßigkeit des Menschen?«

»Das ist schwierig und betrifft meine Intimsphäre: Ich sage nur, daß ich an eine Schicksalsbestimmtheit glaube.«

»Verstehen Sie Frauen?«

»Kein Mann versteht Frauen. Man versteht sich selbst auch nicht immer. Man kommt sich näher, aber das ist eigentlich nicht das Entscheidende. Was bleibt, ist eine Spur von Resignation. Sicher ist nur: Der Mensch muß alt werden, sonst fällt ihm das Sterben schwer.«

»Denken Sie manchmal über den Tod nach?«

»Jeder Mensch denkt über den Tod nach. Ich habe nur Angst vor einem elenden Tod. Das ist ja das Seltsame in unserem Jahrhundert, daß das Sterben immer elender wird. Früher flogen die Menschen als Englein davon, oder gingen als Teufel in die Hölle, heute wird das Leben künstlich mit Maschinen verlängert. Das Nicht-Sterben-Dürfen ist fürchterlich.«

»Als hervorragender Schauspieler könnten Sie doch auch sicher ein glänzender Intendant sein. Man bietet Ihnen morgen ein Theater in Ihrer geliebten Vaterstadt Bremen ohne finanzielle Probleme mit Unterstützung des Kultusministeriums an. Sagen Sie Ja?«

»Ich glaube nicht, ich könnte ja nichts mehr schaffen.«

»Aber Sie schaffen unentwegt, Sie sind genial!«

»Ja, aber ein Theater populär zu machen, daß es sich profiliert, dazu brauchen Sie mit Gottes Hilfe zehn Jahre. Dann wäre ich 75 und würde darüber sterben.«

Udo Jürgens

Hochgewachsen, beeindruckend schlank, sportlicher Haarschnitt, jugendliche Gesichtszüge, gedankenschwere Stirnfalten zum Teil verdeckt durch Haarsträhnen. Das linke Auge scheint etwas kleiner als das rechte zu sein. Es blickt skeptisch. Das rechte wirkt verträumt. Udo Jürgens ist 51. Ein erwachsener Mann mit Offenheit und Neugierde für die Wandlungen des Lebens, die die meisten Erwachsenen eingebüßt haben. Seine neue Langspielplatte »Treibjagd«, erschienen bei Ariola, beweist seine ausgezeichnete Fähigkeit, sich 25 Jahre als Unterhaltungskünstler zu behaupten, ohne je angepaßt zu sein.

Udo trägt ein modisches Jacket aus Krawattenseide – eine eigene Idee –, die seinen ausgeprägten Schönheitssinn widerspiegelt.

»Udo, in deinem Album ›Treibjagd‹ schreibst du den Satz, daß der Mensch gejagt wird und selber gleichzeitig Jäger ist. Wer sind deine Jäger und wen verfolgst du?«

»Ob die Mächtigsten der Welt wie Gorbatschow oder Reagan, alle sind Jäger aber genauso Gejagte. Von ihren Kongressen, Verpflichtungen, dem Öffentlichen Druck. Vielleicht sind sie sogar mehr die Gejagten als die Jäger. Ich habe einen symbolischen Begriff gesucht. Reizworte sind wichtig. Das Wechselbad zwischen Unterhaltung und ernsthaftem Anspruch öffnet Menschen für herausfordernde, komplexe Themen und läßt sie aufnahmefähiger werden. Das ist mein Anliegen: satirische Texte neben unerhaltendem Lalala. Ich wurde zu einem Vorreiter der Liedermacher, wie Reinhard May einmal treffend sagte. Es ist trostlos, wenn gute, ernsthafte Texte, die z. B. in Wien entstehen, in Weinerlichkeit und Wehleidigkeit ausarten.«

Nach einer Pause setzt das Gespräch ohne Aufforderung fort.

»Von meiner Abstammung her bin ich ein richtiger Straßenköter, mit slawischem, deutschem, österreichischem, eben mitteleuropäischem Gedankengut. Und diese Zusammensetzung hat einer künstlerischen Potenz niemals geschadet.«

»Udo, welchen entscheidenden Wandlungen war dein Leben bis heute unterworfen?«

»Als ich mein Buch ›Smoking and Blue Jeans, Jahre eines Traumtänzers‹ (Lübbe), schrieb, wurde ich einer ständigen Begegnung mit mir selbst unterworfen. Mit der Zeit früher und der davor! Ich führte jahrelang ein Tagebuch, gesprochen auf Tonband, und dachte nie an eine Veröffentlichung. Dann mußte ich 3000 Schreibmaschinenseiten auf 400 kürzen. Und die Wiederbegegnung mit den Ereignissen des eigenen Lebens zeigte mir, wie stark sich der Mensch verändert. Es war für mich eine lehrreiche und aufregende Erfahrung.« »Welche wichtigen Elemente entschieden deinen weiteren Lebensweg?«

»Wandlungen werden durch einzelne Erlebnisse nicht so stark beeinflußt. Es ist ein immerwährender Prozeß. Wachen wir morgens auf, sind wir ein wenig anders als am Abend zuvor, beim Einschlafen. Die Erfahrungen in unseren Beziehungen, im privaten Leben, mit unseren Kindern, den Lebenspartnern, jedes Glück, jede Enttäuschung verändern uns. Ich fühle mich als fließender Strom mit ständiger Veränderung seines Verlaufs. Ich möchte nicht mehr den Punkt erreichen zu glauben: ich bin stabil. Das Schönste ist die Bereitschaft, sich zu bekennen und sich ständig zu verändern. Wählte der Sohn oder die Tochter die entsprechende Partei des Vaters, gäbe es keine De-

mokratie mehr. Ich breche die Lanze für jeden Menschen, der an sich zweifelt, an unserer Umwelt, der bereit ist, heute die und morgen eine andere Partei zu wählen. Nur durch die Wechsel kommt eine Demokratie zum Tragen.«
»Wie politisch ist Udo Jürgens?«
»Wir dürfen nicht unsere Augen verschließen vor Dingen, die um uns geschehen und uns unmittelbar betreffen. Da ich Österreicher bin, bekomme ich Magenkrämpfe, wenn ich die Österreichische Volkspartei wähle, und mir steht der Angstschweiß auf der Stirn, wenn ich die Sozialistische Partei Österreichs auf dem Wahlzettel ankreuze. Oder denken wir an die hervorragende Wirtschaftspolitik der CDU, aber auch an die menschliche Vernunft der SPD. Ich habe große Probleme, meine parteipolitische Linie festzulegen. Es gibt keine, die mir wirklich seelische Heimat bietet. Künstler und Sänger haben eine eigene Art. Wir sind für alles und gegen alles.«
Ich frage unvermittelt: »Oft ist Amerika ein Land der zukünftigen Trends in Europa. Bekannte Künstler wie Frank Sinatra oder Dean Martin mischen aktiv bei Wahlkämpfen mit. Sind sozusagen meinungsbildend. Wie aktiv ist Udo Jürgens?«
»Wir sollten Amerika nicht unbedingt als Vorbild für demokratisches Denken sehen. Wir dürfen dabei nicht vergessen, daß politische Meinung auch zu kaufen ist. Stellen wir uns vor, Boris Becker bietet seinen Namen an die meistbietende Partei. Dann ist mit gekauftem Geld Demokratie in schlimmster Form auf der Strecke geblieben. Ich erkläre mich niemals bereit, für Äußerungen Geld entgegen zu nehmen. Es wurde mir schon welches angeboten.«
»Deine Texte und Kompositionen entwickeln mit ihrer Zeitkritik eine Eigendynamik. Sollen sie die Gesellschaft herausfordern?«
»Es ist ein tolles Gefühl wenn man sich plötzlich im Radio hört. Einladungen aus Japan, Afrika und Europa erhält und seinen Liedern praktisch hinterher fährt. Die Menschen in diesen Ländern übersetzen deine Texte mit einem Dictionary und du wirst in Diskussionen gedrängt auf die man nicht vorbereitet ist. Millionen hören deine Lieder und verstehen sie. Bei mir be-

wirkte es entscheidende Bewußtseinsänderungen. Ich begann über die Themen und Fragen intensiv nachzudenken und bemühe mich, daß meine Texte stimmen und ich mich mit ihnen identifiziere, ohne bei ihrer Wiedergabe rot zu werden. Die Brücke zwischen Interpreten und Publikum muß ein sicheres Fundament haben.«

»Es war ein harter Weg zum Eurovisionssieg mit ›Merci Cherie‹ 1966 und der folgenden exzellenten Karriere. Ist die Idee der Schlagereurovision nicht leergelaufen?«

»Nein, europäische Interpreten gegeneinander antreten zu lassen, wird immer eine spannende Sache sein. Obwohl ein Lied mehr eine Geschmacksfrage ist, als die deutliche Sekundenrechnung eines Hundertmeterläufers. Niemals bat jemand die entscheidende Jury ›Es müßte ein neuer Modus gefunden werden, das zuschauende Publikum die Entscheidung treffen zu lassen.‹«

»Denkst du an eine Ted-Rechnung?«

»Das sind auch wieder Leute, die vorher ausgewählt werden. Es müßte so sein, daß die Zuschauer ja oder nein drücken können. Wenn das kommt, dann können auch politische Wahlen in dieser Form stattfinden. Das würde mir sehr gefallen.«

»Du sagtest zu Beginn unseres Gespräches, daß dein Leben wie ein Fluß ist mit ständigen Wandlungen. Was ist bei dir beständig?«

Udo Jürgens blickt mich erstaunt an. Sein linkes Auge wirkt noch skeptischer. Er schlägt die langen Beine übereinander. Seine schmalen, sensiblen Hände stützen sich auf die Sessellehnen. Im Publikum im Salon Rumford des Hilton ist es noch stiller als sonst. Ich setze nichts hinzu. Endlich antwortet er.

»Beständig ist bei mir letztlich wenig. Außer meinem Talent! Damit kann man Schindluder treiben, sich an Kneipentischen verleugnen, alles machen. Also mein Talent ist das beständigste, das mir bleibt. Und Menschen, die mich in meinem Leben immer wieder begleiten. Das bleibt.«

»Und die Beständigkeit in den Beziehungen zu den eigenen Kindern? Der beständige Kontakt mit ihnen, die beständige Zuneigung?«

»Das ist keine Beständigkeit, das ist eine Gnade, wenn man das erfährt. Bei mir ist es so, und ich glaube, das wird auch anhalten. Aber jeder muß darauf vorbereitet sein, daß Kinder eigene Wege gehen, und niemand sollte daran verzweifeln. Ich glaube, das ist ein normaler Vorgang, wenn ein Kind flügge wird, dann fliegt es aus dem Nest, wie ein Vogel. Damit müssen wir Eltern leben.«

Seine 18jährige Tochter im Publikum nickt. Sie besucht eine Schauspielschule mit viel Freude. Udos 21jähriger Sohn Jonny ist auf Theatertournee als Partner von Georg Thomalla. Stolz erzählt Udo Jürgens bei meiner Talkshow: »Ich habe nicht alles richtig gemacht und meine Kinder auch nicht. Aber wir bewahrten uns eine unheimlich große Zuneigung zueinander und die Bereitschaft, den anderen sein eigenes Leben leben zu lassen. Es war eine wichtige Erfahrung, als meine Kinder aus dem Haus gingen. Für mich auch kein trauriger Moment. Ich war nicht geknickt, als meine Tochter Jenny mit 17 den Wunsch nach Selbständigkeit äußerte und das Elternhaus verließ. Ich habe alles mit ihr besprochen und gedacht: okay, ich versuche, das Beste darin zu sehen. Habe keine unmittelbare Verantwortung mehr. Kommt sie nachts nicht nach Hause, ist es jetzt nicht mehr mein Problem. Sie muß selber auf sich aufpassen. Unsere Beziehung bleibt so wunderbar wie sie war. Ich möchte da andere Eltern trösten. Es ist normal, daß niemand sagen kann, die eigenen Kinder zählen zu den beständigsten Wesen. Es ist schön, wenn es so ist. Niemand sollte sich darüber beklagen. Die Tatsache, daß man ein Kind gezeugt hat, bindet das Kind nicht an den Vater. Will man die Zuneigung des Kindes erhalten, besonders dann, wenn man das Kind nicht versteht, es viele Fehler begeht, dann muß man dem Kind Liebe entgegenbringen. Wer das nicht kann und nur Vorwürfe, Krach und Terror inszeniert, darf sich nicht wundern, wenn die Kinder eines Tages weg sind.«

»Eine deiner Langspielplatten heißt ›Hautnah‹. Wie hautnah läßt du Menschen an dich heran? Dein Buch ist sehr offen, vielleicht ehrlicher, als du je mit deiner Frau Panja gesprochen hast?«

»Ja, das stimmt! Erst in den letzten Jahren lernte ich, mit Panja offen zu sprechen. Unser Verhältnis ist heute besser, als der tägliche Kleinkrieg früher. Holde, wenn ich über deine erste Frage nachdenke, muß ich erschreckt feststellen, daß ich in den vielen Jahren meines seltsamen und doch schönen Berufes mich weiter zurückgezogen habe und scheuer wurde. Ich gehe dem spontanen Kontakt aus dem Wege und bedaure das ein wenig. Ich neige dazu, mich zu isolieren und mein Heil in mir selbst zu suchen. Ich habe manchmal Angst vor der Öffentlichkeit. Die Geschichten in der Presse über mein Privatleben sind fern aller Realität. Wäre ich so oberflächlich, könnte ich mich selbst nicht ertragen und gut mit mir auskommen.«

»Hattest du dich wegen deines großen Erfolges zurückgezogen?«

»Ja, obgleich ich dies bedaure! Ja, ich brauche auf der anderen Seite Menschen. Keiner findet in der Einsamkeit Glück. Es ist ein Trugschluß, auf das Land zu ziehen und sich abzusondern. Ich bin auf dem Land aufgewachsen, ich liebe es, aber es ist auch traurig, so wie Peter Handke es in seinen Büchern beschreibt. Er ist in einem Nachbardorf von mir aufgewachsen. Ein Mensch ist nur glücklich durch die seeliche Ausgeglichenheit in sich selbst. Und diese findet er in dem Kontakt zu anderen. Ich erlebte früher diese Fluchtphase, als ich in Kitzbühel ein abgelegenes wunderschönes Haus kaufte, in dem ich mir aber sehr verlassen vorkam. Heute bin ich in meiner Wohnung im Zentrum Zürichs sehr glücklich. Ich sehe hinunter auf einen großen Platz, auf dem mehrere Male im Jahr ein Zirkus gastiert. Ich öffne das Fenster und lausche der gedämpften Musik durch das Zirkuszelt. Beobachte eine Großmutter mit ihrem Enkel, wie sie in das nahegelegene Kino gehen. Ich entwickle ein unmittelbares Gefühl für die Nähe der Menschen, für die ich ja auch meine Musik mache, und doch stellt meine Wohnung einen abgeschlossenen Raum dar. Wir Menschen sind von der Natur her Herdenwesen und wir führen kein gutes Leben, wenn wir alleine sind. Wir brauchen uns gegenseitig, den Kontakt und die soziale Anerkennung. Wir leben und sind kreativ für andere Menschen, denen wir begegnen. Das sind die

Momente: In die Augen schauen und ein Lächeln, das uns auf der Straße geschenkt wird. Im Leben spielt die Wiederspiegelung mit Mitmenschen die entscheidende Rolle.«

»Wie wichtig ist für dich das Publikum? Empfindest du dich wie ein Aku, das aufgetankt wird durch die Zustimmung des Publikums?«

»Das Publikum ist vollkommen gerecht zu uns Künstlern. Es läßt uns absinken, wenn wir nicht gut sind. Das Publikum ist nicht treu. Ich muß mich ständig neu um das Publikum bemühen. Es ist nicht treu gegenüber einem politischen Führer oder einem Künstler, der mal ein gutes Lied geschrieben hat. Eine Partnerschaft zeigt sich ähnlich wie eine Volksgruppe. Jeder muß bereit sein zu geben, sich um den anderen zu bemühen. Niemand darf erwarten, bejubelt zu werden oder Gunst geschenkt zu bekommen. Das ist die wirkliche Form von Gerechtigkeit. Es ist nicht Untreue.«

»Was bedeutet für dich Untreue?«

»Es gibt Kadavertreue oder auch Hundegehorsam, das ich nicht als Treue empfinde. Sollte ein Mensch aus Unterdrückung heraus einem anderen die Treue halten, weil er finanziell, geistig oder körperlich abhängig ist, dann ist das Kadavertreue. Treue kommt nur freiwillig. Mein Vater hat meiner Mutter bis ins hohe Alter die Hand geküßt, ist aufgestanden, wenn sie sich an den Tisch setzte. Das nach langer Ehe! Diese Kleinigkeiten entscheiden über Glück und Unglück eines Menschen. Ich werde so lange aufstehen, so lange ich mit Panja zusammen bin.«

»Wie konntest du mit Panja das Zusammenleben organisieren?«

»Panja und ich leben seit 18 Jahren getrennt, wie es so schön heißt. Aber wir fanden einen gemeinsamen Weg, wirklich gute Freunde zu werden ohne Bitterkeit. Das bleibt für alle Zeiten. Daß unsere Ehe durch so viele Probleme nicht mehr funktionierte, ist ein anderes Thema. Ich würde nichts gegen die Interessen von Panja unternehmen, wie auch umgekehrt. Z. B. eine neue Ehe eingehen oder gegen sie Krieg führen, wie leider so viele Exehepaare. Wir haben zwei herrliche Kinder, große Gemeinsamkeiten erlebt, die nie jemand auslöschen kann. Sagt ein Ehepartner über den anderen: der ist gestorben, tötet er nur einen Teil seines eigenen Ichs. Panja und ich fanden durch Offenheit, Ehrlichkeit und eine gewisse Intelligenz eine neue Basis. Rechtsanwälte verdienten durch uns allerdings nicht.«

»Wieviele Menschen entwickeln in einer Ehe den Mut zur rückhaltlosen Offenheit?«

»Wir werden doch für unsere Schwächen geliebt und nicht allein für unsere Stärken.«

»Welche Schwächen liebt deine Freundin Corinna besonders an dir?«

»Ich habe zu viele Schwächen. Corinna war sehr jung als wir uns kennenlernten. Immerhin schon vor 10 Jahren. Sie sagte mir damals: ›Ich weiß, daß du berühmt bist und ein anderes Leben führst, als ich es mir vorstellen kann. Mich fasziniert wie du bist, die Person, wie du lebst. Ich habe einen Wunsch an dich: sollten wir länger zusammen bleiben, daß du dich nicht veränderst. Daß du nicht versuchst, so zu werden, wie es meinen Vorstellungen entspricht.‹ Das war ein reifer Satz für ein junges Mädchen. Es machte einen Rieseneindruck auf mich. ›Ich will dich so wie du bist‹, diese Einstellung lernte ich erst bei Corinna kennen. Uns verbindet viel gemeinsamer Humor, wir verstehen uns fabelhaft. So sehr wir uns auch in den zehn Jahren veränderten, das Gemeinsame ist einfach stärker.«

»Das ist eindrucksvoller als der Satz ›ich liebe dich‹. Du bezeichnest dich selbst als leicht entflammbar, spontan, aber auch als einen Menschen, der Dinge laufen läßt und verdrängen kann?«

»Leider ja!«

»Ist die Form der Verdrängung so total, daß sie die Erinnerung erlöscht?«

»Ich glaubte, vieles sei weg, aber erkannte, daß vieles bedrohlich vor mir stand und nicht verarbeitet war. Das was mich vor Jahren verletzte. Ich bin ein Mensch, der mit einem guten Gespräch eine Sache aus der Welt schaffen kann und neu anfängt.«

»Was kannst du nicht verzeihen?« frage ich spontan.

»Vertrauensbrüche! Aber einen lächerlichen Scheidungsgrund wie Fremdgehen, jederzeit. Das ist doch oft nur ein ›Sidestep‹, der unter Umständen den Täter weitaus mehr schmerzt als den Betrogenen. Der Mensch ist nunmal nicht perfekt und ein großes Gewirr von Gefühlen mit komplizierten Strömungen. Ihn zu erfassen ist schwierig.«

»Stichwort ›Sidestep‹. Du sprichst damit über eigene Schwächen, die du dir selbst mit dieser Aussage gern verzeihst. Manchmal ist sicher geistiges oder seelisches Fremdgehen schwerwiegender als körperliche Untreue. Hättest du dir manches Vergnügen in fremden Betten sparen können?«

»Das hätte ich sehr oft. Ich veränderte mich mit dem Älterwerden. Der Zahn der Zeit macht uns alle brav. Aber ich möchte keine Stunde missen, die mir Menschen von ihrem Leben schenkten.«

»Wie ist heute deine Einstellung zur Ehe?«

»In der Theorie ist die Ehe eine unheimlich schöne Sache. Aber in der Praxis ist das schwieriger. Entscheidend ist, ob man sich als Parnter auch fügt und Rücksicht nimmt. Durch den verdammten Stempel ändert sich oft auch die Einstellung der Beteiligten. Ich kann die Erfahrung einer glücklichen Ehe nicht vorweisen. Dennoch werde ich Panja immer mögen.«

»Würdest du ein zweites Mal heiraten?«

»Das ist durchaus möglich, das kann ich nicht rigoros ablehnen. Es ist nicht unbedingt eine Frage der Liebe, sondern eine gesellschaftliche Entscheidung. Die Gesellschaft erwartet es. Ich kann nicht ständig gegen den Strom schwimmen. Aber dem könnte ich mich beugen. Am Älterwerden genieße ich sehr, daß die Zweisamkeit neue Richtungen erhält. Der sexuelle Druck läßt nach, man wird gelassener und zeigt nicht ständig Balzgehabe wie auf dem Hühnerhof.«

»Bist du dir mit der Zeit der Jahre auch näher gekommen?«

»Ich bin immer noch ein Rätsel für mich, aber damals war ich ein Rätsel ohne Chance, etwas zu begreifen. Heute verstehe ich wenigstens einen Teil von mir.«

»Glaubst du an eine höhere Macht? An Gott?«

»Nicht im religiösen Sinne. Wie können die Katholiker recht

haben, aber auch die Protestanten und ebenfalls der Islam? Irgendeine Glaubensrichtung muß unrecht sein. Das Christentum sagt: Laß dich schlagen und lächle. Der Islam sagt: Schlage zu. Ein Armer hat nichts zu verlieren. Ich bin überzeugt, in diesen Weltreligionen keinen inneren Frieden zu finden. Ich glaube an das ewig Menschliche, den Menschen. In ihm ist das Negative, das Positive, das Grausame und das Göttliche enthalten. Ich kann nur darin und in der Musik und Kunst eine Form der Religion empfinden. Ich wurde als Protestant geboren, trat dann aus Gewissensgründen aus. Denken wir nur an die Entwicklung in Holland oder Südafrika. Das war eine Wende für mich. Ich machte mir diese Entscheidung nicht leicht. Unsere Welt geht an unserer Ethik zugrunde. 80 Millionen Menschen verhungern im Jahr. Spenden sind nur eine Momentanhilfe, aber so ändert sich nichts. Alle Religionsführer sagen: Gehet hin und mehret euch. Die Kirchenfürsten müssen ihre Einstellung ändern. Seit eineinhalb Millionen Jahren gibt es Menschen und die führende Kirche seit 2 Jahrtausenden. Ich würde jederzeit als Botschafter für Kohl versuchen, die Einstellung der weltlichen Kirchenfürsten zu ändern. Die Hälfte meiner Zeit würde ich dafür hingeben ...«

»Betest du?«

»Ich betete als Kind. Corinna betet immer. Als mein Vater starb, betete ich. Aber heute d e n k e ich!«

»Gibt es einen Traum, wo du dich außerstande fühlst, ihn zu verwirklichen?«

»Nein, den gibt es nicht. Ich glaube, daß jeder Wunsch, den man wirklich will, erfüllbar ist. Ich habe viele Ziele vor mir, wo ich fast sicher bin, daß ich sie nicht erreichen werde. Erreicht man eins, steckt man sich ein neues, sonst ist der Weg zu Ende. Ziele können immer nur eine vorübergehende Funktion haben. Ich möchte mehr als Komponist gefordert werden, ich möchte Filmmusiken und Musicals komponieren. Ich stelle mir vieles vor. Ob ich einen Teil davon erreiche oder nicht, das weiß ich nicht.«

»Mit welchen Mitteln erreichst du deine Ziele?«

»Das ist eine Mischung aus Begabung, Talent, Fähigkeiten,

Durchsetzungsvermögen und einem ganz starken Willen. Eine Eigenschaft allein ist nichts. Werden alle diese Mittel eingesetzt, kann jeder Berge versetzen. Und natürlich bedeutet Talent Arbeit. Jeder sollte versuchen, zu seinem Beruf ein inniges Verhältnis zu finden und darauf stolz zu sein. Als Koch wäre ich ein hervorragender Koch, oder als Kellner perfekt mit viel Begeisterung und sicher hohem Trinkgeld. Ein ›Liebesverhältnis‹ zu seinem Beruf ist der erste Schritt zu einem ausgewogenen Verhältnis zu sich selbst.«

»Wie ist deine Einstellung zu Geld? Oder überläßt du alles deinem Manager Freddy Burger?«

»Ich möchte nichts davon wissen, aber ich bin sehr froh, wenn ich es habe. Ich bin glücklich, finanziell relativ unabhängig zu sein. Geld bedeutet ein Stück Freiheit und Sicherheit. Es bleibt einem unter Umständen ein Altersheim erspart. Für ältere Menschen ist finanzielle Versorgung wichtig.«

»Auf die Frage deiner Mutter: Wann wirst du endlich erwachsen? Hast du immer geantwortet: ›Warte bis ich fünfzig bin.‹ Wie lautet deine Antwort seit eineinhalb Jahren?«

»Obgleich ich mich nicht als erwachsen bezeichnen kann, ist meine Mutter mit mir recht zufrieden. Erwachsensein bedeutet für mich auch, überholte Denkschemata und Vorstellungen auszuleben. Ich hoffe, daß ich meine bewegliche Art des Denkens behalte und damit jung bleibe. Ich würde sogar gerne noch ein paar Fehler dazu machen, weil der Mensch nur aus Fehlern lernt. So betrachtet breche ich eine Lanze für menschliche Fehler.«

Stevie Wonder

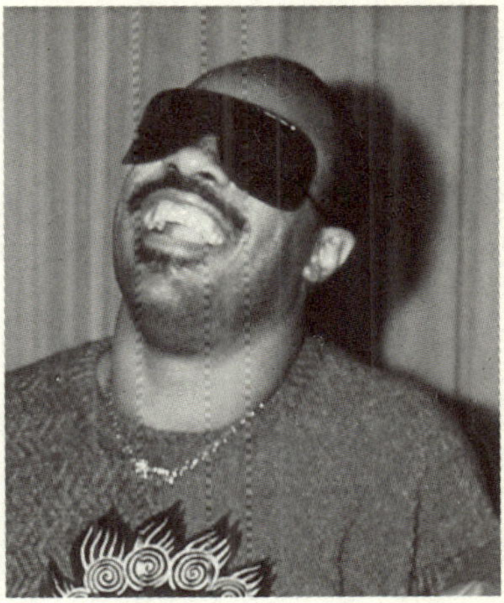

Der schwarze, blinde Stevie Wonder zählt nicht zu den Menschen, die traurig ihr schlimmes Schicksal besingen. Im Gegenteil! Der Amerikaner glaubt an den Sieg des Guten. Als Kind entwickelte er einen extremen Gehörsinn, spielte mit neun Jahren Mundharmonika und mit dreizehn gelang ihm sein erster Hit. Dann schrieb er einen Erfolgssong nach dem anderen wie »Walkin' the floor over you«. Er verschreibt sich keinem bestimmten Musikstil, beherrscht sie alle perfekt: Raggae oder Rock, Soul oder Funk.

Er sitzt im blauen Salon der Hilton-Präsidentensuite. Ein Fernsehteam und mehrere Journalisten warten. Sein Manager sagte mir, daß er nur 30 Minuten Zeit für unser Interview aufbringen kann. Ich begrüße Stevie Wonder mit einem Händedruck, setze mich neben ihn, er behält meine Hand länger in seiner und sagt: »Ihre Ausstrahlung ist gut, ihre Stimme sehr melodisch. Sie sind sensibel und sehr herzlich.« Ich staune und betrachte das Gesicht mit den weichen vollen Lippen. Die krausen Haare sind nach hinten gekämmt und mit Perlensträngen zusammengefaßt. Er hebt den Kopf, lächelt mir mit den strahlendweißen Zähnen zu.

Die getönte Brille gehört zu ihm wie die flippige Aufmachung mit den dunkelbraunen Lederhosen und einem bunten Schal. Statt erwarteter Hilflosigkeit präsentiert sich eine starke Persönlichkeit.

»Ich liebe meinen Beruf über alle Maßen. Diese anstrengende Publicity-Tour durch Europa strengt mich überhaupt nicht an. Ich treffe Menschen wie sie, und nehme ihre Gefühle und ›Vibrationen‹ auf.« Spontan unterstreicht er seine Antworten mit temperamentvoller Gestik.

»Woher erhalten Sie Ihre Kraft, optimistisch und kreativ zu sein?«

»Meine Kraft kommt vom Du, von den Mitmenschen. Es ist wichtig, daß es den Leuten gut geht, denn das strahlt auf mich zurück. An der Stimme spüre ich, in welcher Verfassung mein Gegenüber ist. Ich sehe mein Leben und meine Zukunft positiv. Ich setze auf das Prinzip Hoffnung. Wir müssen unsere Chancen nur positiv nutzen. Ich studierte verschiedene Lebensphilosophien. Besonders beeindruckte mich das Buch des Mohamedaners Kalil Djabran ›Der Prophet‹.«

»Worin sehen Sie Ihr Lebenswerk: als Komponist, Texter, kurz Künstler oder einfach als Mensch?«

»Ich liebe es, Musik zu schreiben und dann zu singen. Ich liebe all die verschiedenen Wege, die mir künstlerisch möglich sind. Das sind Geschenke, die mir vom Schicksal zugewiesen wurden, und ich nutze sie bestmöglich. Gute Musik für die Menschen zu schaffen, herausfordernde Gedanken einzubeziehen oder auch den Menschen positive Gefühle zu vermitteln. Meine Musik soll über die Sorgen und die schönen Dinge des Lebens erzählen. Sie soll den Menschen näher zu sich selbst bringen. Gleichgültig, ob Musik traurig oder fröhlich ist oder provoziert, sie muß unter die Haut gehen; sie muß zum Nachdenken anregen. Die Menschen müssen sich mit meiner Musik identifizieren können.«

Sein Manager serviert Schokoladenkekse. Stevie bietet mir welche an. Süßigkeiten dürfen keinen Tag fehlen, dennoch ist er schlank und wirkt gut durchtrainiert.

»Du bist besonders abhängig von deinem Instinkt, Gehör- und Tastsinn, weil du ja dein Gegenüber nicht siehst. Kann es sein, daß du ein stärkeres Einfühlungsvermögen entwickelst, als die, die sehen?«

»Ich würde hoffen, daß es nicht so ist.«

»Aber beim sehenden Menschen besteht die Gefahr, seine Mitwelt oberflächlich nach dem Äußeren zu beurteilen?«

»Die äußere Erscheinung eines Menschen steht nicht an erster Stelle. Sie ist relativ unwichtig und sollte nicht der Hauptgesichtspunkt für die Beurteilung einer Person sein. Jeder sollte versuchen, viel mehr über das Innere einer Persönlichkeit zu erfahren, sonst grenzt er sich selbst und das Leben des anderen ein. Ich achte genau auf die Stimme und erfahre dadurch die innere Verfassung eines Menschen, der vor mir sitzt. Rhetorische Pausen zwischen den Sätzen sagen mehr als ein flüssiges Gespräch. Ich höre gerne zu.«

»In welcher Form und Art komponierst du? Sind es Bilder, die vor deinem inneren Auge ablaufen? In schwarzweiß oder Farbe?«

»In meiner Vorstellung zeichnen sich herrliche farbige Bilder ab. Sofort setze ich meine Empfindungen in Musik um. Ich fasse die schönsten Gedanken zusammen und erzähle dann in meiner Musik die Story, die vorgefertigt in meinem Kopf ist. Vieles kann der Mensch nicht visuell erfassen, weil die genaue Vorstellung, die er hat, nicht übereinstimmt mit dem, was es wirklich ist. Denn die innere Vorstellungskraft vermittelt viel mehr als das, was man sieht. Und das ist der ureigene Weg eines jeden Künstlers.«

»Bist du dankbar für dein Leben?«

»Ich bin sehr dankbar für meinen Erfolg und glücklich, daß ich mich selbst verwirklichen kann. Ich freue mich, daß die Menschen meine Musik lieben und sie verstehen.«

»Woran glaubst du?«

»Ich glaube an Allah, aber eigentlich erkenne ich jede Religion an. Jede Religion, die das Thema der Welterschöpfung als Basis besitzt. Die Menschen sind eine wunderschöne Schöpfung. Sie waren nicht einfach so da, sondern es ist eine lange Entwicklung vorausgegangen. Es muß einen Anfang der Evolution gegeben haben. Und ich glaube auch an ein vorgegebenes Schicksal und an Astrologie. Ich bin im Mai geboren und ein typischer Vertreter des Zeichens Stier. Wann feierst du deinen Geburtstag? Deine Stimme klingt wie die der Sängerin Anita Pointer, die ich sehr mag und die ist Wassermann!«

»Auch ich bin im Februar geboren«, bemerke ich. »ja, ich bin Wassermann.«

Stevie Wonder lacht, wendet den Kopf zu seinem Manager und bittet ihn, den Journalisten zu sagen, daß unser Gespräch länger dauern wird.

»Du bist geschieden, wie leicht schließt du Freundschaften?«

»Ich bin mit vielen Menschen befreundet und das schon lange. Beziehungen wandelten sich in Freundschaft. Ich bin sicher, diese Freundschaften werden immer bestehen. Mein Manager ist ebenfalls ein guter Freund.«

»Du wirkst auf der Bühne, und jetzt während unseres Gesprächs sehr extrovertiert. Besprichst du jeden Gedanken mit Freunden oder suchst du lieber die Antworten auf Probleme alleine?«

»Ich bin offen für jeden. Ich spreche auch gerne über Gedanken und Probleme mit anderen. Aber es gibt Grenzen. Ich habe auch Gedanken, die ich für mich behalten möche und mit keinem Menschen teilen will.«

»Die Beatles komponierten den berühmten Song ›Everybody needs love‹. Ist Liebe zwischen Menschen das Wichtigste in deinem Leben?«

»Ja, das ist sie.«

»Ist es für dich möglich, jeden Menschen zu lieben, den Nachbarn und sogar den Feind?«

»Ich glaube an das Gute im Menschen. Ich wünsche jedem, daß er sich gut fühlt. Liebe ist das Wesentliche im Leben. Haß ist grausam und richtet sich nur gegen den, der diese Empfindungen zeigt. Jeder Mensch ist gleich wertvoll und wir alle gehen den gleichen Weg.«

»Kannst du alles vergeben, was dir Unrechtes getan wurde?«

»Man kann nicht alles vergessen, besonders nicht die eigenen Fehler, die man begangen hat. Ich muß aus ihnen lernen, um sie ein zweites Mal zu vermeiden. Gott sagte uns, daß wir vergeben müssen, aber Vergeben bedeutet nicht, daß mich nicht wieder ungute Gefühle beherrschen. Ich bemühe mich, zu verzeihen.«

»Du bist geschieden. Was denkst du über die Ehe und über das Wesen der Frau?«

»Frauen sind großartig, Liebe ist schön. Ich bin sehr beeinflußt von meinem Venusplaneten im Stier. Stiere und Waagen lieben immer. Ich möchte immer lieben. Aber alles im Leben muß ausgewogen sein, und die Liebe ist da keine Ausnahme. Von der Ehe halte ich viel. Ich werde demnächst ein zweites Mal heiraten.«

»Wie erziehst du deine drei Kinder Aisha (10), Keita (8) und Mortaz (2)?«

»Liebe ist der einzige Weg, Kindern eine gesunde Basis und das Beste auf ihren Lebensweg mitzugeben. Wir setzen uns gemeinsam auseinander, und ich bemühe mich, meine Erfahrungen an sie weiterzugeben, soweit das möglich ist. Und gemeinsam versuchen wir, Antworten auf ungelöste Fragen zu finden. Die schönsten Momente in meinem Leben waren die Geburten meiner Kinder, die Auszeichnungen mit einem ›Grammy‹ und der ›Oscar‹ für eine Filmkomposition. Ich bin sehr froh, daß ich noch lebe und gesund bin, und das nach meinem Autounfall.«

Stevie Wonders Aussage beschämt mich. Wieviel unnötige Gedanken beschäftigen uns Menschen täglich? Wonders Lebenseinstellung hilft, über Unbequemlichkeiten des alltäglichen Lebens hinwegzusehen und ständige Nörgler zum Schweigen zu bringen. Unvermittelt spricht er weiter mit seiner tiefen, etwas spröden Stimme: »Viele wissen vor Langeweile nichts mit sich anzufangen und begreifen nicht, wie gut es ihnen geht. Warum schätzen sie ihr Glück nicht? Diesen Menschen helfe ich zu begreifen, auf das Wesentliche im Leben zu kommen. Daß wir Menschen die herrliche Freiheit der Entscheidung besitzen, unser Leben so zu gestalten, wie es unseren Begabungen und Wünschen entspricht! Jeder vereint in sich das Gute, und es ist die Aufgabe der Stärkeren zu überzeugen. Jedem wurde im Leben eine gewisse Aufgabe zugewiesen, die er zu gestalten hat. Das sollte die westliche Gesellschaft mehr beachten. Das mag ich so sehr am Japaner. Ob als Bellcaptain, Koch oder Taxifahrer. Jeder nimmt seine Aufgabe ernst und wird von seiner Mitwelt deshalb geschätzt. Ich als Stevie Wonder bin nicht besser. Ich erfülle auch nur meine Aufgabe, die mir zugewiesen wurde.«

»Worin siehst du deine gesellschaftspolitische Aufgabe?«

»Ich fühle mich in einer Demokratie wie Amerika wohl. Ich bin durch demokratisches Denken und Handeln geprägt. Sozial engagiere ich mich für Blindenschulen und unterstütze sie. Ich reise gerne. Mag die Romantik der Deutschen, den Freiheitssinn Frankreichs und den englischen Humor. Ich lehne jede Form von Zwang in der Politik oder Religion ab. Jede! Besonders Fanatiker, die einen John Lennon ermorden, weil er ein Lied schrieb mit dem Titel: ›Ich glaube nicht an Jesus, ich glaube an mich selbst.‹ Und darum töten. Fanatische Menschen sind ohne Verstand, wie ein Haus ohne Licht. Niemand lebt in diesem Haus. Nehmen wir ein Beispiel: Ich erhalte einen Oscar und nehme den Namen von Nelson Mandela an. Ein Rechtsradikaler haßt mich dafür, weil er glaubt, ich unterstütze einen Kommunisten. Dabei ist Mandela kein Kommunist, sondern ein Mensch, der für die Freiheit kämpft und ein solcher kann niemals schlecht sein. Der Fanatismus treibt Menschen in wahnsinnige Situationen: Mormonen, die lassen sich nicht operieren, Protestanten in Südafrika unterscheiden streng zwischen Schwarz und Weiß. Jede Form von Fanatismus und Zwang ist das Widersinnigste im Leben. Ich schrieb für Martin Luther King den Song ›Happy Birthday‹, ich verehre ihn, wie er sich für Gewaltlosigkeit und Gleichheit der menschen einsetzte. Schon jetzt freue ich mich wieder auf den 20. Januar, wenn wir wieder seinen Geburtstag feiern.«

»Welchen Sport betreibst du?«

»Rollschuhfahren. Ich kam allerdings lange nicht dazu. Und ich möchte Schlittschuhlaufen und Skifahren lernen. Viele Blinde laufen Ski; vielleicht lerne ich es.«

»Deine letzte LP heißt ›Paradise‹. Du setzt neue Akzente in der Musik. Wie teilst du die verschiedenen musikalischen Perio-

den Stevie Wonders ein: sagen wir in 10 oder 20 Perioden?«
»Das ist schwierig! Es gibt viele Perioden meiner Musik auf verschiedenen Ebenen. Zur Zeit plane ich neue Formen der Musik. Es wird eine fröhliche Geschichte sein, die in jedem Winkel der Welt stattfinden könnte.«
»Gibt es etwas was sie den Menschen weitergeben möchten, aber bis heute nicht gefragt wurden?«
»Ich möchte vielleicht sagen, daß für jeden Moment, den der Mensch haßt, er erkennen muß, wie wenig Liebe in der Welt herrscht, und jeder seinen Teil dazu beitragen kann, indem er diesem Moment des Hasses, der sich nur gegen ihn selbst richtet, in Liebe verwandelt. Daß er damit Gutes für sich selbst umsetzt und für seine Umwelt.«
Wir stehen auf, er hakt sich bei mir ein und stellt lächelnd fest, daß er mit meiner Körpergröße und Beschreibung recht hatte. Er nimmt mich unerwartet an die Hand, zieht mich an sein Mischpult und spielt mir aus seinem geplanten Musical eine Raggaemelodie vor. Stevie, ein einzigartiger Interpret in Ost und West.

Gari Kasparov

Er ist 22 Jahre jung. Glutvolle Augen blicken mich unter einem schwarzen Krauskopf an. Temperamentvolle Gestik fällt an dem neuen Schachweltmeister Gari Kasparov auf. Er ist Sowjetbürger wie sein Vorgänger Anatoli Karpov, der neben ihm blaß und verhalten wirkt. Ein Schachturnier mit Prominenten und deutschen Schachgroßmeistern im Hilton Hotel für die ARD war eben beendet. Wir sind im Grill-Restaurant verabredet. Die russischen Funktionäre sitzen am Nachbartisch. Ich empfehle Austern, er hat noch keine versucht, überläßt mir aber neugierig die Bestellung. Sie schmecken und er bestellt weitere sechs.

Ich denke an mein Interview vor 5 Monaten mit dem bleichen und überarbeiteten Tolja Karpov. Gari Kasparov, welch ein Gegensatz! Gari wirkt wie ein Twen, der nicht überzogen sein Schachkönnen herausstellt und unangreifbar wirken will. Sportliches Denken prägt ihn. Sportlich und durchtrainiert wirkt der hochgewachsene Mann in der Tat.

Auf meine Frage nach seinen Siegesgefühlen am neunten November 1985 gegen den 9fachen Weltmeister Karpov hebt er abwehrend die Hände: »Zunächst versuchte ich, meine Gefühle zu verstecken, es ist schwierig, sie zu beschreiben. Dann begann ich zu schreien. Die Menschen tanzten auf den Straßen.

Ich konnte es nicht fassen. Alle schüttelten meine Hände, klopften gegen mein Auto, die Jungen und die Alten. Es war alles überschwenglich. Meine Mutter weinte. Sie kennt mich besser als jeder andere Mensch. Ich bin ihr einziges Kind. Mein Vater starb, als ich sieben Jahre alt war.«
»Sie erreichten ein wichtiges Ziel in Ihrem Leben. Haben Sie je daran geglaubt König im Schach zu werden?«
»Ich bin daran gewöhnt, meine Ziele unerbittlich mit meinem Kopf zu erreichen. Ich glaube an meine Fähigkeiten, vielleicht auch an ein gewisses Omen und kosmische Einflüsse.
An das Glück und an eine Vorbestimmung durch das Schicksal, nicht an Gott. Ich bin am 13. April geboren, und jetzt bin ich der dreizehnte Weltmeister. Den Titel erhielt ich ziemlich still. Das ist besser so.«
»Günstiger für Ihren Charakter oder wofür?«
»Für meine nächste Karriere, mein nächstes Leben, meinen Charakter.«
»Karpov muß dieser Rollenwechsel nach 10 erfolgreichen Jahren besonders schwerfallen. Wie weit geht Ihr Verständnis für diesen Mann oder sind die Unterschiede in Ihren Persönlichkeiten nicht zu überbrücken?« »Ja! Karpov sucht nur Menschen in seiner Umgebung, die für ihn nützlich sind. Immer denkt er an Geld. Zehn Jahre war er der König, mit allen Privilegien. Das ist eine lange Zeit. Er ist stark, aber ich fühle mich noch stärker.«
Nach einer Pause fragt er mich: »Wie denken Sie über ihn?« Ich weiche aus und verspreche meine Bams-Kolumne an seine private Adresse zu schicken. Lachend erwidert er: »Kasparov UdSSR als Adresse reicht aus. Baku, Sowjetrepublik Aserbeidschan, müssen Sie nicht hinzuschreiben.« »Sie sind attraktiver als Karpov.« »Das hoffe ich, danke.«
»Welche Philosophie prägt einen guten Schachspieler. Einstein spielte niemals Schach!« »Viele Punkte müssen zusammentreffen: Er muß ein guter Sportler sein. Schach ist breiter gefächert als jede andere Sportart. Und ein starker Charakter gehört dazu.« »Auch ein guter Charakter? – Auch mathematische Brillianz?« »Ein starker Charakter! – Bei mathematischen

Fähigkeiten bin ich mir nicht so sicher. Ich kenne große Schachmeister, die drei und fünf nicht addieren können. Fantasie ist wichtiger für Schach. Der Unterschied liegt in der Logik und Arithmetik. Logik ist wichtiger.« »Welche Mission erfüllen Sie heute für den Sport Schach und die UdSSR?« »Ein Weltchampion muß den Weltchampion bestens repräsentieren. Deshalb bin ich offen in meinen Interviews und zeige attraktive Spiele. Was sollen die Menschen sonst von mir denken. Es geht nicht nur darum, wer der bessere ist, wir Schachmeister repräsentieren diesen Sport und er wird noch populärer durch uns. Ich freue mich, Interesse für diesen Sport zu wecken. Die Menschen wollen den Menschen kennenlernen, nicht nur einen Schachcomputer. Und ich will die Ost-Westbeziehungen verbessern; Schach ist eine verständliche Sprache, die Länder und Menschen verbindet. Natürlich kann ich mehr bewirken als ein normaler Sowjetbürger. Kultur-Austausch im Vergleich zu Sport-Austausch lehrt besser verstehen. Allmählich gewöhne ich mich an die vielen Fotographen und Journalisten. Ich beantworte jede Frage.«

Das bewies Kasparov durch laute Proteste im Februar 85, als der WM-Wettkampf wegen psychischer und physischer Erschöpfung Karpovs abgebrochen wurde.

»Wie emotional reagiert Gari Kasparov?« »Sehr! Voller Emotionen und phantasievollen Träumen. Das birgt natürlich auch Probleme mit sich. Aber ich kann es nicht ändern, nur besser kontrollieren. Und ich bin impulsiv. Das ist ein Teil meines Charakters. Vielleicht hilft diese Eigenschaft auch beim Spielen. Die Form meines Schachspiels widerspiegelt mein Seelenleben.«

»Sie leben mit Ihrer Großmutter und Mutter Clara in einer gemeinsamen Wohnung in Baku!« »Leider sehen wir uns nur sehr selten. Ich muß sehr viel auf Reisen sein, unglücklicherweise. In den letzten 7 Tagen war ich in Amsterdam, Hamburg, Köln, Bonn und München.« Plötzlich klingelt das Tischtelefon.

Kasparov telefoniert mit seiner geliebten Mutter. Seine russischen Formulierungen klingen weich und zärtlich. »Meine

Mutter wartet auf mich. Sie gab mir eine Liste mit Dingen, die sie sich wünscht. Ich kaufte ihr eine Perlenkette in München und einen Ring mit einer kostbaren Zuchtperle. Für mich kaufte ich einen Anzug und Krawatten, passend zu den neuen blauen Hemden. Und Schuhe! »Ich mag nicht einkaufen. Ich erledigte alles im Eiltempo in zwei Stunden.« »Liebt Ihre Mutter Perlen? Sie sollen doch Unglück bringen?« »Na ja, sie mag keinen ausgefallenen Schmuck. Und dieses Mal wünschte sie sich eben Perlen. Ich versuchte, auch ein Damenkostüm in sehr kleiner Größe zu finden. Es war nicht für meine Mutter gedacht. Eines sollte 3000 DM kosten, aber ich war mir wegen der richtigen Größe nicht ganz sicher. In der UdSSR sind Mini-Größen schwierig zu bekommen. Und es hätte ein teurer Fehlkauf werden können. Ich besorgte dann einen Videorecorder für die Hälfte des Preises.« »Das Kostüm war doch für die berühmte Schauspielerin Marina Nejolowa gedacht. Sie scheinen erst sehr kurze Zeit mit ihr befreundet zu sein, um ihre Figur richtig einschätzen zu können.« »Oh nein, ganz im Gegenteil! Wir kennen uns seit zwei Jahren. Genau gestern vor zwei Jahren lernten wir uns kennen: am 26.12.83! Sie ist eine berühmte Schauspielerin. Sie ist viel älter als ich, immerhin 16 Jahre!« »Stört Sie der Altersunterschied.« »Nein, er ist sogar sehr nützlich. Erstens sehe ich auch älter aus. Und zweitens bin ich es gewohnt, mit älteren Menschen Beziehungen zu pflegen. Seit meiner Kindheit empfand ich schon Zuneigung zu älteren Personen.«

»Welchen Stellenwert nimmt die Liebe und Zweisamkeit in ihrem Leben ein?« »Ich lernte durch Marina mit meinen Gefühlen umzugehen und auch darüber zu sprechen. Unsere Liebe gibt mir unendlich viel Kraft und Stärke. Ich respektiere ihren Beruf, fühle mich sehr von der Kunst angezogen und sie respektiert meinen. Zu unseren gemeinsamen Interessen zählt Sport, Musik und viele gemeinsame Freunde. Auch meine Mutter mag Marina sehr.« »Ist Marina die Frau Ihres Lebens? Können Sie sich vorstellen, sie eines Tages zu heiraten?« »Nun, daran denke ich jetzt noch nicht. Mir gefällt meine momentane Freiheit, die wir uns gegenseitig lassen. Den Schritt in eine Ehe

möchte ich noch nicht so bald vollziehen. Vielleicht in vier bis fünf Jahren. Eine Heirat würde meine ganze Situation ändern. Und ich bin verantwortungsbewußt, diese Entscheidung genau zu überlegen.« »Kennt Ihre Lebensgefährtin Ihre Auffassung?« »Wir sprechen sehr offen über dieses Thema und ihre Meinung ist ähnlich. Wir denken heute noch an keine Ehe.«
»In Deutschland wird vermutet, daß Maximilian Schell eine russische Kollegin heimlich in Moskau geheiratet hat! Wissen Sie darüber Näheres?« »Wir sind sehr gut mit ihr befreundet. Ich rufe gleich Marina an.«
Er hebt den Hörer, bestellt das Gespräch und einige Minuten später spricht er leise mit vorgehaltener Hand am Hörer mit seiner Freundin, als würde ich die russischen Flüstereien verstehen. Das Gespräch dauert länger, er blickt träumerisch auf sein Champagnerglas und streicht mit der freien Hand zärtlich über die Tischdecke. »Die beiden haben nicht geheiratet«, beantwortet er meine Frage. »Ich bin von der Ehe überzeugt, möchte später auch Kinder haben«, sagt er dann spontan. »Einmal werde ich mit diesem Leben aufhören, durch die Welt zu reisen und mir keine Zeit für Träume zu nehmen.«
»Sind Sie ein eifersüchtiger Partner? Oder respektieren Sie auch Marinas Freiheitssinn und vielleicht mal Flirts?« »Sie ist frei, aber das birgt auch Schwierigkeiten in sich. Unser Leben ist ungewöhnlich, aber solange wir gegenseitig fühlen, daß wir uns lieben und brauchen, ist unsere Beziehung harmonisch und doch frei.«
»Sind Sie zufrieden mit Ihrem Leben als Mensch und Schachspieler?« »Ja, sehr! Mein Leben ist doch nicht so unerträglich. Zwar gibt es immer wieder neue Aufgaben und Probleme, aber was wäre das Leben ohne Probleme, die jeder für sich zu lösen versucht. Und ich bin dankbar, alles lief bis heute bestens. Mein Leben ist im Moment verrückt und interessant. Ich lerne wunderbare Menschen kennen, gehe mit offenen Augen durch die Welt. Ich wünsche mir, daß noch mehr Europäer sich für Schach engagieren. Irgendwann in der Zukunft möchte ich Geschichte und Philosophie studieren. Ich stehe erst am Anfang meiner Biographie. Ich lebe in einem herrlichen ungewöhnli-

chen Land und möchte noch mehr darüber und andere Nationen erfahren. Ich besitze viel Energie, um vieles noch zu lernen. – Wiederholt werde ich Karpov und anderen beweisen, daß ich im Schach besser bin. Vielleicht bleibt er noch einige Jahre der Zweite und damit mein Gegenspieler.«

Hardy Krüger

Auf meine Frage nach dem Älterwerden und was ihm daran gefällt, antwortet der 57jährige Weltstar und Schriftsteller Hardy Krüger mit weitausholender Gestik und schelmischem Lächeln: »Ich bemerke das Vorrücken meiner Jahre meistens nicht. Es ist angenehm, gewisse Erfahrungen gewonnen zu haben, einige Fehler nicht zu wiederholen. Einige wiederholt man sowieso immer! Durch meinen Beruf, meine Art von Leben, bemerke ich das Alter nicht. Ich sehe mich auf alten Fotos und vergleiche dieses mit meinem gegenwärtigen Aussehen im Spiegel. ›Na gut, noch eine Falte mehr‹.«
»Ich lebe im Schauspielberuf, der etwas vom Wesen eines Kindes hat. Und durch die ständige Spielfreude bin ich immer im Herzen ein Kind geblieben. Das ist eine ganz andere, merkwürdige Art älter zu werden. Die Erfahrung steht dem Spaß an ewigen Streichen gegenüber. Manchmal habe ich sogar Schwierigkeiten bei der Frage nach meinem Alter. Keinesfalls aus Koketterie! Dann rechne ich schnell nach! Ich bedaure zutiefst Menschen, die müde werden und resignieren, nur noch vor dem Fernseher sitzen oder auf den Fußballplatz gehen.« »Die des Kampfes müde sind?« frage ich dazwischen. »Ja, oder die nie kämpften und nur vor sich hin leben. Ich beobachte Menschen und kann ihnen sagen, welches Leben sie führen. Ob sie stän-

dig geistig interessiert sind, mit ihrer Umwelt leben, Bücher lesen und Anteil an der Entwicklung der jüngeren Generation nehmen. Diese Menschen werden nicht alt, außer im Gesicht und an den Nieren, aber nicht im Kopf. Ihre Augen sind hellwach und werden nicht müde.« Hardy Krügers blaue Augen strahlen. Er besitzt eine zupackende und engagierte Art, seine Meinung mit Nachdruck zu untersteichen. Sein Gesicht ist eine Landschaft mit vielen Falten, besonders Lachfalten unter den hellen buschigen Augenbrauen. Sein grauer Vollbart wirkt ungepflegt, aber paßt zu seinem jugendlich »alten« Gesicht. Oft fährt er mit den schlanken Händen durch die vollen graublonden Haare.
Pünktlich halb zwölf erschien er in der Hotelhalle im saloppen beigen Rollkragenpullover, grauen Jacket und ungebügelter Hose. Dicksohlige Sportschuhe an den Füßen. Er zeigte sich zurückhaltend, sachlich, bestellte Kaffee, erkundigte sich höflich nach der Dauer des Interviews und antwortete fundiert auf meine Fragen. Nach den ersten Momenten des Kennenlernens und einer gewissen Zurückhaltung wurde er herzlich und ausführlich. »Sie sind mit Mario Adorf seit Monaten auf Theatertournee, Sie sind ein erfolgreicher Filmstar, und schreiben Bücher. Gelingt es Ihnen immer, beiden Berufen gerecht zu werden?« »Ich wollte seit meinem zwölften Lebensjahr immer schreiben. Wie einer der Nobelpreisträger, die Frank Elstner interviewte, der mit sieben Jahren wußte, welchen beruflichen Weg er einschlagen wollte, wußte ich es mit zwölf. Ich schrieb, schrieb, schrieb. Meine Lehrer waren darüber informiert. Nach dem Krieg war ich 17 Jahre. Meine Arbeiten wurden nicht veröffentlicht. Die deutschen Verleger druckten die großen Dichter, die während der Nazizeit verboten waren: Hemingway, Sartre, Faulkner, Tennessee Williams, Tucholsky. Die großen alten Deutschen wurden wieder aufgelegt. Der junge Krüger, der sowieso noch nicht gut schrieb, wurde nicht beachtet. Ich ging als Statist zum Theater, wurde Schauspieler und machte eine Schreinerlehre.« »Warum wählten Sie nicht den Journalistenberuf?« »Das interessierte mich nicht.« Hardy Krügers Stimme klingt entschieden!

»Ich wollte Geschichten erzählen. Ich spielte am Theater und wirkte gleichzeitig in Filmen mit. Weil die Filmstoffe nicht meinen Vorstellungen entsprachen, wanderte ich 1956 nach England und Frankreich aus und spielte eine Rolle nach der anderen. Der Unterschied zwischen Theater und Film ist der, daß mich auf der Leinwand auch die Eskimos, Bantuneger und Japaner sehen können. Theater sollte jeder Filmschauspieler spielen, um sich wieder aufzufrischen.« »Wurden Sie als Filmschauspieler von den Produzenten in ein Rollenklischee festgelegt?«

»Die Gefahr bestand durchaus. Zwei Welterfolge waren Kriegsfilme. Nach den folgenden Angeboten hätte ich mir eine eigene Unifrom in den Kleiderschrank hängen können. In Deutschland bin ich als ›Hauruck-Held‹ bekannt geworden. Das ist auch der Grund, warum ich dieses Jahr wieder Theater spiele. Ich möchte immer wieder eine neue Tür aufstoßen und mich reizvolleren Aufgaben stellen. Schwierige Charaktere verkörpern, das sind attraktive Aufgaben. Ich bin lange genug mit offenen Augen durchs Leben gelaufen, um Lebensprobleme nachzuempfinden.«

»Sie schreiben auch noch«, frage ich Hardy Krüger. »Schriftstellerische Arbeiten sind Schwerarbeit. Welche Voraussetzungen müssen erfüllt sein, um kreativ auf dem weißen Blatt Papier zu sein?« »Absolute Ruhe! Für das Buch ›Schallmauer‹ vergrub ich mich in eine kleine Wohnung in der Fußgängerzone Münchens, unerkannt mit falschem Bart. Die Erzählung ›Frau eines Griechen‹ schrieb ich in der kalifornischen Wüste im Zelt. Früher schrieb ich alles mit der Hand, nicht lesbar für andere, dann mit Zweifingersystem auf einer Reiseschreibmaschine, und heute schreibe ich mit einem Computer, der auch speichert.«

»Wer darf gegenlesen, oder entscheiden Sie einsam und allein über den Abschluß eines Kapitels?« »Der einzige Mensch, der täglich nachlesen darf, ist meine Frau Anita. Aber sie ist klug genug, in den Arbeitsprozeß nicht voreilig einzugreifen.«

»Wenn ihr etwas nicht gefällt, sagt sie nichts. Sie gibt mir Rükkendeckung. Ich merke an ihrer Fragestellung, wenn sie etwas nicht versteht. Dann überlege ich, warum sie es nicht umsetzen kann. Aber weiter geht das nicht! Einen engagierten Mitleser brauche ich bei der Zeichensetzung. Ich schreibe wie ein Schauspieler spricht und setze die Satzzeichen vom Sprachgefühl her, damit die Betonung für den Leser klar wird. Sehr eigenwillig!«

»Stichwort eigenwillig, Hardy Krüger. Fällt es Ihnen schwer, sich anderen anzupassen?«

»Im Beruf des Schauspielers muß ich mich wie ein Instrument ständig dem Orchester anpassen. In meiner Beziehung zu Anita, dem wichtigsten Menschen in meinem Leben, passe ich mich natürlich auch an, wie sie sich mir. Da gibt es keine Zweifel. Aber dann hört es mit der Anpassung auch schon auf. Ich setze mich nicht neben Produzenten, um eine Rolle zu bekommen. Wenn dieser Weg notwendig wäre, wünschte ich mir keine Rolle. Anpassung an gesellschaftliche Normen liegt mir nicht. Ehrlich gesagt, am liebsten bin ich weit weg von allem. Ich wohnte immer vor den Toren einer Stadt, egal ob ich es mir leisten konnte oder nicht. Ich bin kein Stadtmensch, ich bekomme nach einer gewissen Zeit Beklemmungsgefühle.«

»Vor Jahren spielte ich am Broadway Theater, nach 14 Probetagen wurde ich unruhig, richtig unleidlich. Obwohl im Centralpark auf den Bäumen Staub lag, entspannte mich der Anblick der Natur sofort und ließ mich die Straßenschluchten besser ertragen.«

»Sie brauchen die äußerliche Ruhe, sind Sie auch selbst ein in sich ruhender Mensch?« »In meinem Innern lebe ich viele Rollen.« »Würden Sie einen Tisch mit diesen Rollen besetzen können?« »An diesem Tisch wäre Platz genug, wenn die Kleinen sich unter dem Tisch noch dazusetzen dürfen, die kleinen Teufelchen.« »Welche Charaktermerkmale prägen Sie am meisten: Sind Sie nicht mehr der kämpferische Boy-Scout, der die Welt erobert?« »Möglich, aber auf der anderen Seite gibt es den Grübler, der sich Geschichten zurechtlegt, das Alleinsein ohne Sicherheitsnetz stark empfindet, Unsicherheit des Arbeitsprozesses fühlt und ...«

»Das Ausschlaggebende in meinem Leben ist die Erkenntnis, alles selber machen zu müssen. Ich bekomme nichts geschenkt. Wenn ich etwas brauche, muß ich es selbst besorgen. Ich erhalte keine Geschenke und will sie auch nicht. Ich schenke sie mir selbst, indem ich sie mir erarbeite. Was ich in meinem Leben immer brauchte, sind meine Träume, die ich mir selber erfülle. Manchmal mit dem Kopf durch die Wand, manchmal mit abwarten. Aber ich erfülle sie mir.«

»Stört Sie Ihr Wesenszug, mit Gewalt durch die Wand zu gehen?«

»Ja, hinterher! Weil es oft gar nicht nötig gewesen wäre. Aber manchmal geht es nicht anders als Wände niederzureißen, drumherum reden nutzt wenig. Bis heute erreichte ich alles durch ständigen nie nachlassenden 48stündigen Kampf. Als Künstler bereise ich die ganze Welt, lebe ein Jahr in Moskau, vier Monate in Südafrika, drei in Schottland.«

»Was lieben Sie am Leben?« frage ich direkt. »Draußen zu sein, allein, in einem großen Land oder Wald oder auf dem Meer. In einem Boot ohne Besatzung, daß ich selber fahre. Ohne Menschen! Durch den Schauspielberuf werden Beziehungen zu Menschen zerschlissen. Unser Leben findet nur am Rande des Lebens statt. Anita und ich haben immer einen kleinen gepackten Koffer. Neulich sind wir nach Japan geflogen und zu Fuß oder per Eisenbahn versuchten wir das Land und die Menschen zu begreifen. Ich sollte ein Buch über das andere und traditionelle Japan schreiben. Ich gab den Vertrag zurück. Mir fehlte die Einsicht in die Menschen. Wir fuhren danach mit der Sibirischen Eisenbahn nach Moskau. Darüber schrieb ich dann eine Geschichte, die auch auf dem Markt ist.« »Warum gaben Sie den Vertrag zurück? Wie sehen Sie die Menschen? Wollen Sie ihre Seele, um darüber berichten zu können?« »Ich mag Menschen sehr, auch die, die ich nicht mag. Solche, die mich stören. Ich versuche zu verstehen, warum sie mich stören. Ich gehe auf jeden Menschen offen zu. Ich verschließe mich nicht oder warte ab, bis mir jemand gefällt. Ich öffne mich und bin verwundbar. In den schriftstellerischen Werken ist immer etwas Persönliches enthalten, auch wenn es in einer anderen Fi-

gur gestaltet wird.« »In wie weit konnten Sie vergangene Ereignisse mit schrifstellerischer Arbeit bewältigen?« »Bewältigt habe ich meine Vergangenheit nicht, ich setzte mich mit ihr auseinander. Und fand ein neues Leben, nachdem das andere so kompliziert war. Was mich besonders reizt ist die Tatsache, daß es nicht auf alles eine Antwort gibt. Eine schlimme Situation wäre, wenn es immer eine Lösung gäbe. Vor einiger Zeit zog ich kurzfristig an den Luganer See. Mich besuchte der Priester des Dorfes. Er hatte in meiner Anmeldung auf dem Gemeindeamt gelesen, daß ich bei der Frage nach der Religion nur einen Strich gemacht hatte. Dieser arme Kerl wollte wissen warum. Wir philosophierten über alles mögliche. Er konnte nicht verstehen, warum ich über Gott nicht sprechen wollte. Weder über seinen noch über den der Buddhisten. Ich war damals noch auf der Suche und verspürte keine Lust darüber zu reden. Ich hätte auch mit einem Mohammedaner nicht über seinen Gott oder gar über den Christengott gesprochen. Noch nicht zu diesem Zeitpunkt. Der Priester sagte: Aber sie müssen doch an irgend etwas glauben? Ich bat ihn am nächsten Morgen zum Sportfliegerplatz. Wir kletterten in eine einmotorige Maschine und ich flog ihn hoch. Es war ein herrlicher Wind, Sonne und Schnee über den Alpen. Wir flogen zum Gotthard 'rüber, weiter zum großen Gletscher, ich nahm die halbe Kraft weg, so daß der Propeller nur noch ein wenig nudelte. Er bekam einen Riesenschreck und dachte, wir wären stehengeblieben. Ich segelte mit ihm in das Rhonetal 'runter, es war wunderschön. Die eine Seite des Tales lag ganz im Schatten, durch das wir flogen, dann kamen wir wieder in das Licht. Wir segelten langsam zum See hinunter. Ich gab plötzlich wieder Gas und bin zurückgeflogen. Der Priester war grün im Gesicht. Ich sagte: ›Sehen Sie, daran glaube ich!‹«
»Das war damals. Haben Sie während der Suche nach Gott eine Antwort gefunden?« »Ich bin noch nicht sehr viel weiter. Die Fragen nach dem Cosmos sind kompliziert. Z. B. muß es schicksalhaft sein, daß Stanley Kubric im selben Jahr, am gleichen Tag, zur selben Stunde in New York als Sohn jüdischer Eltern geboren ist, wie ich in Berlin als Sohn nichtjüdischer El-

tern, bzw. evangelischer Eltern auf die Welt kam. Jeder ging einen schwierigen Weg. Dann begegneten sich beide und darin sehe ich einen Eingriff, der kein Zufall sein kann. Aber warum und wieweit da ein Zwang von außen besteht, weiß ich nicht. Aber nach dem mir eine Frau vor vielen Jahren ein Horoskop stellte, ohne mein Wissen und mit beeindruckenden Übereinstimmungen zu meinem Leben, belasten mich astrologische Berechnungen sehr. Ich möchte nicht auf etwas vorbereitet sein, daß nicht eintritt. Ich will mich nicht beeinflussen lassen und meine Zukunft wissen.«

»Sie leben in dritter Ehe mit Anita Park. Besprechen Sie mit Ihrer Frau Ihre innersten Gefühle?« »In meiner jetzigen Ehe Gott sei Dank ja. Es ist wichtig, ganz offen für den Partner zu sein.« »Also schweigen ist Silber, reden ist Gold?« »Ich will keine Ratschläge geben, aber was ich zu sagen habe, verheimliche ich nicht.« »Ihre Frau Anita ist vom Wesen her sehr zurückhaltend. Ist das eine Eigenschaft, die Ihnen angenehm ist: die Frau im Hintergrund?« »Ja! Anita ist von einem guten amerikanischen ›Stock‹. Ihre Ahnen sind Deutsche, Schotten und Engländer. Sie ruht in sich selbst, wie die Menschen im mittleren Westen der Staaten. Sie hört zu, statt etwas zu sagen. Sie bildet sich ihre eigene Meinung, ist aber klug genug im Sinne von Moltke: ich weiß, was ich sage, aber ich muß ja nicht sagen, was ich weiß.« »Sie sind der aktive Teil in Ihrer Ehe, beugt sich Anita rückhaltlos Ihren Wünschen?« »Mein beruflicher Weg war nicht zu ändern, als wir uns trafen. Der Lebensrhythmus war vorgegeben. Es wäre unsinnig gewesen, diesen aufzugeben und mich ihrem anzupassen, darüber wurde nicht diskutiert. Übergangslos paßte sie sich meinen Wanderwegen an. Auf ihre eigene Weise ist sie sehr aktiv. Aber sie spricht darüber nicht in der Öffentlichkeit, und ich soll auch nicht darüber reden.«

»Ihre Tochter aus 1. Ehe, Christiane Krüger, machte Karriere als Schauspielerin. Wie ist Ihr Kontakt zu den beiden Kindern aus der zweiten Ehe mit der Malerin Franchesca Krüger?« »Beide sind in dem Alter, die vergangenen Geschehnisse in einem anderen Licht zu sehen. Lassen sich Eltern scheiden, dann liegt es an der Intelligenz und Großmütigkeit beider, dafür zu sorgen, daß der Bruch für die Kinder nicht zu schwer wird. In meinem Fall mit Franchesca ist es nicht so geschehen, wie ich es mir vorstellte, zwangsläufig eigentlich!« »Ein Ehepartner fühlt sich immer verletzt oder?« »Ja, obwohl immer beide Schuld tragen. Es gibt keinen Unschuldsengel, die Verantwortung liegt bei beiden. Selten, daß nur einer prügelt. Niemand kann festlegen, wer der gute und der böse Teil ist. Und der Teil, bei dem die Kinder nicht aufwachsen, kann nur dabeistehen und abwarten. So ging es mir.«

»Wie entscheidungsfreudig ist Hardy Krüger? Eine Entscheidung ist doch immer ein Einschnitt in ein Leben, daß mit einem Menschen geteilt wurde?« »Grundsätzlich entscheide ich in allen Angelegenheiten ohne Zögern. Anders bei Freundschaften. Da gäbe ich nicht leicht auf. Ich kämpfe bis zum Umfallen. Wird mein Verständnis überstrapaziert, ist das sogenannte Glas übergelaufen, entscheide ich mich von einem Tag auf den anderen. Dann ist nichts mehr reparabel. Dafür gebe ich Jahre vorher Signale. Viele sind über die Plötzlichkeit verwundert. Mein Beruf frißt Zeit auf. Wie gut meine Freunde sind, kann sich nicht feststellen lassen. Die Situation ist nie entstanden, daß der Unbefragte Beweise erbringen mußte. Ich bin mit Bekanntschaften sehr vorsichtig. Ich wünsche mir, daß alle Menschen zufrieden sind. Am liebsten wäre mir, daß alle Menschen glücklich sind, aber das gäbe auch wieder Ärger.«

»Was sind Ihre nächsten beruflichen Pläne?« »Ich werde das erste Mal in meinem Leben für das deutsche Fernsehen arbeiten, und ich drehe eine Serie für den NDR. So wie ich meine Geschichten als Globetrotter schreibe, so erzähle ich sie jetzt mit der Kamera: Rußland, Alaksa, Peru, zeige ich den Zuschauern zu Hause mit meinen Augen.«

»Sie sind Weltreisender, was lieben Sie an Deutschland?«

»Ich bin nie ganz weggegangen, brauche vorläufig noch die Wanderwege der weiten Welt. Deutschland ist landschaftlich wunderschön. Nicht nur die bekannten bayerischen Berge oder die Nordsee. Abseits der Autobahnen finden sich herrliche Landschaften. Besonders liebe ich die deutsche Küche: Labs-

kaus, Hammeleintopf oder bayerischen Schweinebraten. Ich koche oft gemeinsam mit Anita.«
»Erreichte Hardy Krüger in seinem Leben bis heute alles?«
»Für mich selbst glaube ich, daß ich relativ bescheiden bin. Ein Mensch, der nicht das Unmögliche erreichen will. Ich würde z. B. leidenschaftlich gerne mit der Space-Shuttle zum Mond fliegen. Aber ich glaube, daß ich das in meinem Leben nicht mehr schaffen werde. Dafür gibt es nicht genügend von den Dingern. Wenn ich weiß, daß ich etwas nicht erreichen kann, dann hänge ich auch mit meinen Gedanken nicht daran. Ich habe kein Talent für das Malen. Ich bin mit dem zufrieden, was ich kann.« »Aber Sie fordern sich ständig heraus. Versuchen Sie in jeder Lebenslage die Grenze zu überschreiten?« »Ja, wenn das aufhört, weiß ich doch nicht, was noch da ist.«
Nach einer langen Pause frage ich Hardy Krüger noch einmal nach den Frauen. »Kennen Sie Frauen heute besser als vor 10 Jahren?« »Nein, nein!« ist die entschiedene Antwort. »Aber sie gefallen mir heute besser als vor 10 oder 20 Jahren, weil ich doch ein wenig weiser geworden bin. Sie gefallen mir nicht besser im erotischen Sinne, sondern im menschlichen. Und das liegt nicht an den Frauen, sondern an mir. Ich bin verständnisvoller geworden. Und toleranter! Ich könnte mir ein Leben ohne Frauen nicht vorstellen. Ich habe auch keine Probleme mit einer Frau als Regisseur zu arbeiten. Ich bin kein Macho-Mann.«

Hannelore Kohl

Es ist drei Uhr nachts in Oggersheim. Hannelore Kohl winkt mir durch die halb geöffnete Haustür zu.
Der Taxifahrer erzählt unaufgefordert, wie natürlich Frau Kohl ist, die allein in Oggersheim einkauft und mit den Ladenbesitzern plaudert: »Jeder hier in Oggersheim mag Frau Kohl, mal ganz abgesehen von den politischen Aktivitäten ihres Mannes. Hannelore Kohl hat Format.«
Ich glaube, der Mann hat Recht! Mir fällt das bekannte Sprichwort ein: »Hinter einem starken Mann steht immer eine noch stärkere Frau.«

Als wir uns zum Abendessen in einem Hotel treffen, drückt mir Hannelore Kohl zuerst ein Buch in die Hand, mit einem Augenzwinkern: »Dafür brauchen wir Werbung, Frau Heuer.« Vor zwei Monaten hat sie dieses Buch mit originellen Kochrezepten Bonner Journalisten herausgebracht: ›Was Journalisten anrichten‹, mit Zeichnungen von Gernot Rumpf. Es kostet 24,80 Mark. Von jedem Exemplar gehen 10 Mark an das Kuratorium ZNS. Dieses Kuratorium hilft hirngeschädigten Unfallopfern. Hannelore Kohl ist die Präsidentin, wurde für ihre Arbeit mit dem Ehren-Bambi ausgezeichnet.
Naturblonde, leicht gewellte Haare rahmen ein immer noch jugendlich wirkendes Gesicht mit hohen Wangenknochen und

strahlend blauen Augen. Ich finde sie viel attraktiver als auf Fotos. Die Frau des Kanzlers trägt an diesem Abend ein blaßgraues klassisches Kostüm mit einer kurzen Jacke. Dazu hat sie eine blaugraue Seidenbluse an, deren Schalkragen zu einer großen Schleife gebunden ist. Eine Brosche, in eine Art Sonne gefaßt, ist ihr einziger Schmuck.

»Hat sich Ihr Leben entscheidend verändert, seit Ihr Mann in der Nacht vom 6. auf den 7. März 1983, an Ihrem 50. Geburtstag, die Wahl gewonnen und der Kanzler der Deutschen ist?«

»Da mein Mann immer politisch aktiv war, führte ich nie ausschließlich ein Hausfrauendasein. Aber ich beschränkte mich auf das, was ich für wichtig hielt. Zum Beispiel die Erziehung unserer beiden Söhne Walter und Peter. Ich entlastete ihn soweit wie irgend möglich. Er wußte: Zu Hause läuft alles bestens. Ich weiß nicht, wie Ehen funktionieren, wenn beruflich engagierte Männer zu Hause noch viele Probleme lösen müssen. Mir ist es gelungen, Alltäglichkeiten von meinem Mann fernzuhalten.«

»Mußten Sie in Ihrer Ehe viele eigene Wünsche zurückstellen?«

»Nein. Ich wurde aus behüteten Kinderjahren in den Krieg geworfen. Meine Eltern und ich mußten zweimal fliehen. Dann kam der Aufbau aus dem Nichts. Mein Vater starb, ich unterbrach mein Studium, lernte im Schnellverfahren meine gewählten Sprachen Englisch und Französisch, entsprechend Steno, arbeitete als Fremdsprachenkorrespondentin und trug die Verantwortung für meine Mutter und mich. Als ich dann heiratete, genoß ich es zunächst, nicht zu arbeiten. Die drei Jahre bis zum ersten Kind waren wunderschön und erholsam.«

Ich sage, daß ich Frauen bewundere, die zwei oder mehrere Kinder großziehen und ihnen Geborgenheit geben.

»Das ist richtig! Es ist eine mindestens so große Leistung wie so manche berufliche Tätigkeit.«

Hannelore Kohl pendelt zwischen Bonn und Oggersheim, repräsentiert an der Seite ihres Mannes, begleitet ihn auf Reisen und stürzt sich noch in ihre Aufgaben als Präsidentin des Kuratoriums ZNS. Wie bewältigt sie das?

»Dreimal in der Woche beschäftige ich eine Zugehfrau für unser Haus in Oggersheim. Gott sei Dank kann ich überall schnell einschlafen und erhole mich so. Ich rolle mich in einer Ecke zusammen und bin sofort im tiefen Schlaf. Dabei träume ich viel, manchmal erinnere ich mich. Die Träume sind mit Handlung gefüllt.«
Auch mit Ängsten?
»Ich fürchte jede Art von Krieg. Das ist ein Kindheitstrauma! Was in den Jahren zwischen 9 und 12 erlebt wurde, das sitzt. Aber es hat auch den Vorteil, daß ich mich so schnell vor nichts grause. Ich kann Blut sehen und werde dabei nicht ohnmächtig oder bin zur Salzsäule erstarrt. Ich ängstige mich nicht vor Mäusen oder Ratten. Manche Träume kommen immer wieder: Kriegsszenen, Bombeneinschläge, Panzerketten, die auf mich zurollen. Hoffentlich bleibt das alles Vergangenheit! Noch heute habe ich Angst vor Feuer. Das ist auch der Grund, warum wir zu Hause keinen Kamin einbauen ließen.«
Hannelore Kohl spricht dann über den »Faktor Zeit«, die Zeit, die rast, die drängt, von der einem zu wenig bleibt.
»Ich fühle mich manchmal wesentlich älter als ich bin. Meine Lebenserfahrungen sind so groß, daß ich mir gar nicht vorstellen kann, daß sich noch viel Neues bewegt. Jeder Mensch benötigt seine Zeit, um über sich selbst und seine Bestimmung nachzudenken. Er muß sein Leben akzeptieren. Oder in einer Ehe die Erkenntnis gewinnen, daß beide unauflöslich zusammengehören. Daß das, wofür der Ehemann sich einsetzt, eigenen Maßstäben entspricht.«
Verstehe ich richtig: Eine Frau ist auch dafür da, daß der Mann an ihrer Seite sich gut fühlt?
»Ja, das empfiehlt sich als Grundauffassung, auch wenn es manchmal mühsam erscheinen mag.«
Hannelore und Helmut Kohl sind 25 Jahre verheiratet, eine lange Zeit. Sie sagt: »Die christliche Ehe gibt uns eine Sicherheit, ein Sichgeborgenfühlen. Ich glaube, daß der Mensch vom Ursprung seines Wesens auf Zweisamkeit angelegt ist. Wir fühlen uns dort gut, wo wir uns im Innern verstanden wissen. Eine stabile Ehe muß auf Dauer harmonisch sein.«

»Fühlen Sie sich gut aufgehoben bei Ihrem Mann?«
»Ja, und wir empfinden gegenseitig uneingeschränktes Vertrauen. Das war von Anfang an so. Sein Elternhaus wurde meines. Unsere Basis stimmt. Er ist ein starker Charakter und ein geradliniger Mensch. Natürlich gibt es auch Meinungsverschiedenheiten. Ich glaube, wenn der Wind einem so stark ins Gesicht weht, wie es bei uns durch den Beruf meines Mannes der Fall ist, dann funktioniert eine Ehe nur, wenn sie auf beiden Seiten stimmt.«
»Wo oder bei wem halten Sie sich fest in traurigen Momenten?«
»Ich muß sagen, das Prinzip Hoffnung ist ganz wesentlich in meinem Leben. Ich muß erwarten, daß meine Arbeit gelingt, daß meine Kinder, die ich liebe, ihren Weg gehen, trotz der Mutter oder wegen der Mutter. Ich muß die Hoffnung haben, wenn ich heute erkranke, bald zu gesunden und morgen alles nachholen zu können. Das Wort Hoffnung ist eine abstrakte Größe, die heute umschrieben wird mit Willen oder Durchstehvermögen. Es ist der Urinstinkt, das Leben leben zu wollen und nie unterzugehen.«
Nach dem Abendessen sagt Frau Kohl plötzlich: »Ach kommen Sie doch mit zu mir nach Hause. Da können wir uns noch besser unterhalten.«
Sie ist eine sichere Fahrerin, Reifenwechsel wäre für sie kein Problem, erzählt sie. Ihre größte Leistung als Autofahrerin war eine einsame Fahrt von Mittel-England nach Ludwigshafen an einem Tag. Sie fährt gerne allein, hört Musik und entspannt sich dabei.
Die Eingangshalle ist geschmackvoll mit Steinskulpturen eingerichtet. Dann folgt ein geräumiges Wohnzimmer mit einer gemütlichen Sitzecke. Der Blick fällt auf eine Steinterrasse und einen herrlichen Garten. Felix, ein zugelaufener Kater, begrüßt sein Frauchen stürmisch. Frau Kohl schneidet ihm Wurstwürfel zurecht. Mit Sachverstand erklärt sie mir die russischen Ikonen an den Wänden, die ihr Mann seit vielen Jahren sammelt. Wir reden über das Essen. »Ich esse nicht viel, bin sozusagen ein periodischer Esser. Ich koche gerne deftige Gerich-

te nach bewährten Rezepten meiner Mutter, z. B. Eintopf oder Hammelkoteletts mit Thymian.«

Hannelore Kohl wirkt fröhlich, sie lacht wirklich gern: »Ich bin ein sehr spontaner Mensch und für hundert Witze gut. Aber als Person des öffentlichen Lebens muß ich mich manchmal richtig zurückhalten.«

»Sind Sie ein Mensch, der mehr vom Kopf bestimmt wird oder von Gefühlen?«

»Wenn Gefühle anhalten und durch den Kopf umgesetzt werden, dann beginnt das Leben Spaß zu machen. Ausschließlich Gefühle auszuleben ist, wie von Stein zu Stein zu hüpfen, in der Hoffnung auf den nächsten Stein. Das entspricht mir nicht! Die Koordinaten müssen stimmen. Die Planung ist wichtig.«

Das ist sie, die starke Frau, die eigene, vielleicht sogar eigenwillige Persönlichkeit, eine Frau mit kritischem Abstand:

»Ich nehme nichts einfach an, weil es so ist, ich will begreifen, warum es so ist. Von Gefühlen allein kann kein Mensch leben. Ein Architekt oder Maler, der seine Fantasie und Kreativität nicht auf ein Blatt Papier umsetzen kann, verfehlt seinen Beruf.«

»Sind Sie ein entscheidungsfreudiger Mensch, Frau Kohl?«

»Für wichtige Entscheidungen nehme ich mir Zeit. Nicht alles kann nur Freude bereiten. Ich mag es nicht, wenn Menschen Fehler nur bei anderen suchen. Ich neige dazu, grundsätzlich erst Fehler bei mir selbst aufzuspüren. Diese Eigenschaft ist fast schon zu stark bei mir ausgeprägt. Ich entschuldige mich vielleicht ein bißchen zu oft.«

»Wie stehen Sie zu Ihren Söhnen?«

»Zu jungen Menschen habe ich immer ein gutes Verhältnis. In meiner Familie bin ich ein Bindeglied. Wir tragen Sorgen gemeinsam und lösen sie zusammen. Ich bin ein sehr geduldiger Mensch, trotz meiner Quirligkeit.«

»Frau Kohl, an was außer dem Prinzip Hoffnung glauben Sie?«

»Ich glaube an eine höhere Ordnung, die jeder auf seine Weise erfassen muß. Ich denke mir, daß ich, als ich sehr jung meinen Vater verlor, eine neue Vaterfigur unbewußt geheiratet habe. Keinen ›Tango-Jüngling‹,« Hannelore Kohl lacht, »sondern in-

stinktiv einen seriösen Menschen, der durchaus Humor besitzt, aber von seiner Struktur her ernst angelegt ist.«
Hannelore Kohl hat einen Satz gelesen, der sie nicht mehr losläßt: ›Nur unsere Träume stehen unserem Glück entgegen.‹
Sie nickt heftig: »Das stimmt. Das Grün jenseits des Tales ist oft wünschenswerter. Im Prinzip ist das richtig so. Nur müssen wir lernen, das Richtige zu können und zu wollen. Ich nahm mich nie selbst so sehr wichtig. Sonst wäre ich an vielem zerbrochen oder auf die Barrikaden gegangen.«
»Was waren Ihre glücklichsten Momente?«
»Als ich meine Söhne zum erstenmal im Arm hielt, auch als ich mein Abitur bestand, als mein Mann und ich unser erstes eigenes Haus bezogen. Und ich bin immer glücklich, wenn einer gesund nach Hause kommt. Ich bin dankbar, daß unsere Kinder bei jeder Gelegenheit heimkommen. Und dann bin ich stolz, wenn mir etwas für mein Kuratorium gelingt. Wie dieses Buch ›Was Journalisten anrichten‹. Wohlgemerkt: Nicht glücklich! Das unterscheide ich genau. Emotion, das ist Glück. Erfolg ist erarbeitet und macht stolz.«
Wir nippen an einem Sektglas, es ist spät geworden, drei Uhr morgens. Man spürt, daß der neue Tag die Frau des Kanzlers schon gefangen hat. Beim Rausgehen sagt sie mir: »Meine Funktion im Kuratorium und die Arbeit für meinen Mann, das ist immer ein Sprung ins unbekannte Becken. Du weißt nie, mit wieviel Wasser es gefüllt ist. Wir können alles erlernen: Bäcker, Schneider, Verkäufer. Aber du kannst nie die Rolle lernen, die Frau eines Bundeskanzlers zu sein. Ich muß es ganz alleine wissen.«

Mario Adorf

Ich denke an den Filmbösewicht Mario Adorf, an den Komiker mit Charakterkopf, bevor wir uns an der Hiltonbar treffen und lerne einen sensiblen, nachdenklichen, sehr introvertierten Mann kennen. Er trägt einen dunkelblauen Anzug mit graublauer Weste und enggeknoteter Krawatte. »Das kommt selten vor, daß ich diese Anwandlungen habe. Dabei bin ich kein Anzugmuffel, ziehe aber auch gerne einen Smoking oder Frack an. Aber alles zu seiner Zeit!«

Er lächelt mich mit geschlossenen Lippen an. Sein braunäugiger Blick ist direkt, seine Gestik wirkt verhalten. Er ist ein Gourmet, trinkt bevorzugt französischen Rotwein. Seine Antworten sprudeln nicht so selbstgefällig wie bei vielen seiner Kollegen. Er denkt lange nach, bevor er vorsichtig seine Antworten gibt.

»Was bedeutete Ihnen als international anerkanntem Filmschauspieler das Theater?« »Es ist für mich immer eine Mischung aus Vergnügen, Heimkehr und Selbstbestrafung. Selbstbestrafung im Sinne der katholischen Exerzitien, sich in eine Disziplin zu begeben, obwohl kein Muß dahintersteht. Theater ist das Ursprüngliche eines jeden Schauspielers, das Ausbrechen daraus sehr angenehm, und die Rückkehr unbequem und eine Beschränkung. Es gibt Rollen, mit denen sich ein Schauspieler beschenkt oder bestraft. Die Strafe liegt darin, daß man sich an einer schwierigen Rollen übt. Zum Beispiel in der des ›Othello‹, die ich zu den ›Bestrafungsrollen‹ rechne. Mit ihr setzte ich mich 30 Jahre auseinander, glaubte sie dann spielen zu können und es wurde ein nachhaltiger Publikumserfolg. Aber ich war dennoch unzufrieden. Ich merkte, daß ich nicht ganz in der Rolle aufging.« »Wie reagieren Sie auf einen solchen inneren Mißerfolg? Wollen Sie es mit der Othello-Rolle noch einmal versuchen, oder belassen Sie es dabei?«

»Vom Charakter und meiner Persönlichkeit her neige ich dazu diesen Mißerfolg, an den ich nicht gewöhnt bin, zu korrigieren, bevor es zu spät ist.« »Wenn das Ihre Meinung ist, war es bis heute immer möglich, berufliche Fehler wieder zu korrigieren?« »Beruflich nicht immer. Ein Film als Ergebnis ist nicht mehr zu korrigieren. Aber bei einem Film ist die Verantwortlichkeit nicht so eindeutig bestimmt wie in einer Theaterrolle. Gott sei Dank kann ich mir seit vielen Jahren die Rollen aussuchen und bin deshalb auch besonders kritisch die Darstellung in idealer Form zu spielen.«

»Entsprachen Ihre Rollen dem privaten Mario Adorf mit den verschiedenen Lebensphasen?« »Obwohl ich grundsätzlich nicht zu denen gehöre, die sich beklagen, gibt es immer Diskrepanzen. Als junger Schauspieler wußte ich nicht genau, was ich wollte. Ich probierte es als Komiker, Naturbursche und Held. Allerdings dauerte es einige Zeit, die gewünschten Rollen spielen zu dürfen. Ich muß sagen, in den ersten Jahren war ich mit mir selber nicht zufrieden. Erst seit ca. zehn Jahren fing die Schauspielerei richtig an. Vorher war es ein sich selbst Ausprobieren. Die Theater- und Filmphase startete mit den von mir geliebten Rollen wie ›Die Blechtrommel‹ und ›Bomber Paganini‹. Und wie zuletzt ›Via Mala‹! Besonders liebe ich das Komödiantische.«

»Liegt das an Ihrem rheinischen Temperament?« »Nein! Es ist meine Vorliebe für Italien, die italienische ›Comedia dell arte‹.«

»Was zieht Sie nach Italien? Ihr Wohnsitz ist Rom. Sie spielten in vielen italienischen Filmen.« »Es ist schwer, Gemeinplätzen zu entkommen. Da ist die Sonne, da sind die Menschen, der Charakter der Landschaft, die südländische Lebensqualität, die Leichtigkeit ohne den deutschen Ernst. Und die große Schwäche für Korruption, auch im kleinen, durch die ich mir z. B. für ein paar Lire einen Parkplatz sichern kann. Die Möglichkeit auszubrechen auf eine, mehr oder weniger, legale Art. Das zusammengezählt ergibt ein Bewußtsein von höherer Lebensqualität. Es würde mir schwerfallen, mich von Italien zu trennen, um wieder in Deutschland ständig zu leben.«

»Wie entscheidend ist in Ihrem Leben die Unabhängigkeit, die freie Entscheidung ohne Zwang?« »Die Frage ist: wann fängt Zwang an? Ich habe Termine, muß abends um 20 Uhr im Theater sein, auch dann, wenn ich vielleicht keine Lust verspüre. Den Begriff Freiheit empfinde ich mit einer gewissen Skepsis. ›Sich einschränken‹ zählt zum Leben. Wir sind nicht wirklich frei. Und wir brauchen Ordnungsprinzipien. Kein Mensch lebt gut mit dem uneingeschränkten Freiraum. Ich schaffe mir neue Aufgaben und damit neue Zwänge. Mir ginge nur alles auf die Nerven, was meinem italienischen Lebensstil entgegensteht. Ich persönlich gehorche in meinem Leben ganz bestimmten Zwängen. Das liegt mit an meiner Erziehung, aber auch an meiner inneren Disziplin. Ein bekannter Regisseur sagte am ersten Drehtag zu Sophia Loren: Sie sind vollkommen frei, das zu tun, was ich Ihnen sage. Und so wurde der Film gedreht! Deshalb ist Freiheit mehr ein Ventil und ein Ideal, mit dem ich wenig anfangen kann. Damit meine ich nicht die Freiheit der Völker. Nur bezweifle ich, ob der freie Wille so frei und spontan ist, wie wir es uns vorstellen. Gestern traf ich meinen alten Lehrer Peter Lühr von der Falkenbergschule. Ich erinnerte mich an seine erste Frage damals: Wie sind Sie zum Theater gekommen? Ich antwortete, daß ich zufällig ein Mädchen kannte, die in einer Theatergruppe im Studententheater auftrat. Zufällig lernte ich bei diese Gruppe Maximilian Schell kennen. Er lud mich nach Zürich ein. Ich brauchte Geld und ließ mich zufällig zum Komparsen verpflichten. Später fuhr ich bei meiner Wohnungssuche in München zufällig an der Falkenbergschule vorbei, ging hinein und blieb dort. – Mein

Lehrer runzelte damals die Stirn und beschwerte sich über das Wort ›Zufall‹. Er hatte wohl recht. Ich würde heute von Fügung sprechen. Im Sinne von: es fügt sich. Dem unkontrollierbaren wilden Phänomen ›Zufall‹ muß ein Gewolltsein oder Gesuchthaben hinzugefügt werden, und das nenne ich Fügung. Ich mißtraue der freien Entscheidung immer mehr. Ich spüre da einen Faden, an dem ich hänge.« »Wie eine Marionette?« »Ein bißchen. Ist das ein Gott? Ist das Schicksal, d. h. Vorbestimmung? Oder ist es nur mein Verhalten nach einem Muster, wie ich im Innern gemacht bin? Die Zusammensetzung von mir, das Erbgut meiner Vorfahren, oder meine Gene? Aber warum so tiefschürfende Gedankengänge? Im Grunde bin ich vielleicht doch ein Rationalist.« »Die Verwandtschaft zum Südländer ist identisch mit Ratio?«, frage ich. »Der Südländer zeichnet sich durch Spontaneität, Temperament, Charme und Extrovertiertheit aus. Und Sentimentalität. Das ist falsch! Je weiter wir nach Süden kommen, je mehr die Sonne im Leben eine Rolle spielt, desto rationaler sind die Menschen. Je weiter wir in den Norden kommen, desto mehr spielt das Unbewußte, das Nebulöse eine Rolle. Denken wir nur an die Dichter, die fantastischen Spinner. Das gibt es in Italien nicht. Romanische Menschen sind Rationalisten und nicht sentimental. Die romantische Bewegung ist dagegen eine deutsche.«

»Als Rationalist glauben Sie an einen unsichtbaren Faden, an dem ihr Leben hängt?« »Rationale Menschen sind nicht Atheisten. Die Probleme des Glaubens und der Religion werden von einem nüchtern denkenden Menschen auch untersucht.

Nur versucht er den Beweis zu finden. Er will das anerkennen, was er klar sieht. Und dabei sind wir begrenzt. Ich glaube nicht, daß mein bisher geführtes Leben so gelaufen ist, wie ich es mir vorgenommen habe oder es gewollt hätte. Da sind die Grenzen meiner Erkenntnis. Nehmen wir z. B. die Fantasie. Ist sie eine eigenständige Blumenwiese in unserem Inneren, oder ist sie eine Sammlung von Erfahrungen und Beobachtungen, die wir verarbeiten? Das können wir nicht erklären. Vielleicht rührt der Ursprung unserer Fantasie aber auch aus einem anderen Leben. Ein Freund von mir ist Psychiater. Er wollte mich zu gerne

analysieren lassen. Ich sollte neue Zusammenhänge über mich selbst erfahren. Ich lehnte das mit der Begründung ab, daß ich nicht alles über mich erfahren will. Mir fehlt der Wunsch, mich wie eine Uhr auseinandernehmen zu lassen, um zu sehen wie ich funktioniere. Vielleicht bekomme ich meine Seele danach nicht mehr zusammen. Da zeigen sich harte Grenzen. Ich möchte auch nicht wissen, wodurch ich wirke. Z. B. interessiert mich nicht meine Ausstrahlung auf das Publikum. Vielleicht bin ich doch nicht so ein Realist.«
Mario Adorf erzählt weiter: »Ich bin auch zeitweise naiv. Ebenfalls zähle ich zu meiner Grundveranlagung nordische Denkqualitäten: eine grüblerische Problemhaltung und eine Neigung zur Verinnerlichung.« »Damit ist Ihre Bezeichnung des Verstandesmenschen Mario Adorfs nur die Schutzbehauptung eines unverbesserlichen, zurückhaltenden Träumers? Worüber grübelt Mario Adorf zur Zeit?« »Über den Sinn des Lebens! Ich denke an den einsamen Beschäftigungsprozeß mit einer Rolle zu Hause. Ich verstehe moderne Regisseure nicht, die durch ›Überprobieren‹ dem Schauspieler nicht mehr die Möglichkeit geben, das umzusetzen, was er kann und will.«
»Wieviel Lebensraum nimmt der Beruf bei Ihnen ein?«
»Einen großen Teil meiner Zeit. Ich weiß nicht, ob es in diesem Beruf das Wort ›Normal‹ gibt? Aber es ist Unsinn zu behaupten, daß Rollen uns Künstler bis in das Privatleben verfolgen. Nehmen wir einmal an, ich spielte Othello, fände meine Frau in der Garderobe. Sie küßt und umarmt einen anderen. Ich ziehe ein Messer und ersteche den. Die Anklage wäre weder Mord noch Todschlag, sondern eine Tat im Affekt mit mildernden Umständen. Ich wäre im Rausch gewesen und würde nicht verurteilt werden.« »Warum Ihr dramaturgischer Fehler: statt ihrer Frau erstechen Sie den Nebenbuhler?« »Eine von mir bewußt gewählte Unlogik. Eifersucht richtet sich immer in erster Linie auf den Nebenbuhler. Nur der egoistische, eitle, in seinem Vertrauen Betrogene richtet seinen Vernichtungssinn auf den Partner. Othello war ein liebesungewohnter Mann, der im reifen Alter das Phänomen der Liebe erlebte. Diese auf einen Altar stellte, völlig unrealistisch seine Frau wie

eine heilige Jungfrau ansah und durch den Vertrauensbruch nicht mehr leben wollte, seiner Frau aber auch keine Lebenschance mehr zugestand. Es entstand ein Chaos.«

»Erlebte Mario Adorf in seinem Leben je eine alles einnehmende Liebe?« »Eine ganz normale Jugendliebe, eine große Liebe, die sicher in ihrer Exaltiertheit nicht mehr erreicht wird. Ich kann darüber nachtrauern oder auch froh sein. – Ich wurde von niemandem verletzt, nur schmerzte diese Unbedingtheit. Dieses Sich-Öffnen, es war ein innerer Kraftakt. Dadurch wird die Enttäuschung natürlich besonders groß. Ich glaube, ich habe mich nie wieder so geöffnet wie damals. Nein, niemals!« »Vermissen Sie dieses Gefühl manchmal?« »Ja! Der Wunsch ist da. Schade, daß man die Möglichkeiten nicht mehr hat. Und daß es so ist, ist nicht eine Sache des Muts oder der Angst, sich zu verletzen. Das Bewußtsein ändert sich. Und dazu kommt ein Pessimismus,ein nicht mehr daran glauben. Und mit dieser Einstellung ist alles auch berechenbarer. Wir empfinden in unseren bekannten Verhaltensmustern.« »Das ist schade. Schöpfen Sie nicht Ihre Kraft aus Emotionen und Gefühlsmomenten?« »Sehen Sie Frau Heuer, ich wuchs in der Nazizeit auf. Ich glaubte! Deswegen auch die heutigen Zweifel, das sich Zurückhalten. Ich glaube heute einfach nicht gerne. Meine Generation erhielt durch den damaligen Krieg einen Schock. Wir wurden irregeführt. Das will ich nicht mehr.«

»Zu Ihrer Mutter gab es eine besonders starke Bindung. Wieweit wurde dadurch das Bild der Frau in Ihnen geprägt?«

»Meine Mutter nimmt sicher einen großen Raum ein. Aber ich habe Zweifel, daß das eine bewußte Verbindung zur Frau an meiner Seite herstellte. Allerdings suche ich auch keine Erklärung. Ich entwickelte in dieser Beziehung auch keinen Komplex. Ich war sehr frühreif, bin von vielen Frauen geliebt worden, aber diese Beziehungen unterschieden sich völlig von den Gefühlen meiner Mutter gegenüber. Ich liebe z. B. nicht die Mütterlichkeit von Frauen. Das ist eine Sache zwischen Mutter und Kind. Ich liebe verschiedene Wesenszüge an Frauen. Auch da unterliege ich einem gesetzmäßigen Verhaltensmuster.«

»Warum heirateten Sie Ihre langjährige Lebensgefährtin Monique Faye? War es eine Entscheidung zugunsten der Konvention, oder wurde sie mehr vom Verstand getroffen?« »Ich kann es nicht genau definieren. Aber wenn ich ehrlich sein soll, dann muß ich sagen, daß es ein ganz tiefsitzender Wunsch meiner Frau war, dem ich entsprochen habe.« »Also es ist immer die Frau, die das Nest bauen möchte?« »Ja, sicher! Der Mann will sich alle Möglichkeiten offen halten. Entscheidet sich eine Frau, dann ist es eine sichere Entscheidung. Und die Frau möchte dann auch die schriftliche Sicherheit. Nicht aus Berechnung, sondern aus einer tiefen, innerseelischen Haltung heraus.«

»Welche Sicherheit gaben Sie Ihrer Frau mit der Entscheidung zur Ehe?« »Es wurden in den vielen Jahren, nach 17, unseres Zusammenlebens durch die Gesellschaft kleine Wunden geschlagen bei meiner Frau. Keine tiefen Verletzungen, aber kleine Stiche.« »Ist es vielleicht ein kleines Dankeschön an Monique Faye für die vielen glücklichen Jahre mit ihr?« »Ja, das würde ich sagen. Und es ist ein konventioneller Schritt, dessen bin ich mir bewußt. Das ist jetzt vielleicht ein furchtbares Wort, aber sie hat es wirklich verdient. Grundsätzlich wird sich für unser Leben durch die Ehe nichts ändern. Menschen unserer Umgebung sagen, daß es für meine Frau gut war, daß sie heute eine andere Sicherheit ausstrahlt. Aber die Ehe ist keine Garantie für das Glück.«

»Sind Sie ein eifersüchtiger Mann?« »Eigentlich nicht! Eifersucht ist für mich eine negative Eigenschaft. Sie ist eine Schwäche, eine Untugend. Ein grober Fehler. Gerne handelt der Mensch mit der Eifersucht: Ist der Partner davon geplagt, liebt er noch. Das ist der besondere Stellenwert. Obwohl sich die furchtbarsten Geschehnisse entwickeln können. Irgendwann entwöhnte ich mich bewußt davon. Es ist nicht zu vermeiden, manchmal einen Schmerz zu spüren. Aber die Eifersucht zu nähren und zu pflegen, das ist eine Krankheit und lehne ich ab.«

»Eheliche Untreue würde mich nicht so kränken, wie der Treueverlust eines Freundes. Allerdings wäre ein seelischer

Treueverlust außerordentlich schwerwiegend, auch bei wirklichen Freunden.« »Waren Sie Ihrer Frau Monique in dieser Beziehung immer treu?« »Treue ist ein großes Wort, aber es ist ein Traum.«

»Die große erste Liebe zählt zu Ihrer Vergangenheit. Fanden Sie bei Ihrer Frau einen Weg des totalen Vertrauens und sich öffnen Könnens?« »Ich glaube an die kleine Ecke im Herzen, die jeder Mensch für sich besitzt. Ohne sie preiszugeben. Das gestehe ich auch jedem Menschen zu.«

»Wird Mario Adorf irgendwann seine Lebensgeschichte niederschreiben?« »Oft werde ich gedrängt von Menschen, die meine Erlebnisse kennen. Aber ich würde sagen, ein Schauspieler, der schreibt, ist kein Schauspieler mehr. Und die Biografien, die im späteren Alter geschrieben werden, mag ich herzlich wenig. Was mich aber nicht gegen die Gefahr schützt, später einmal selbst zu schreiben.«

»Sie haben eine Tochter, Stella-Maria, aus Ihrer Ehe mit Lis Verhoeven. Wie ist Ihre Beziehung zu ihr?« »Ich möchte auf keinen Fall heucheln, das ist schwer zu sagen ...« »Ich spüre die Empfindlichkeit bei diesem Thema und lasse Mario Adorf Zeit. Er zögert. Antwortet: »Ich empfinde weder Vaterstolz, noch Zuneigung, die bestimmbar wäre. Sie ist nicht anders, als für ein anderes junges Mädchen. Ich fühle nicht väterlich, auf der anderen Seite aber auch nicht als Mann. Vielleicht habe ich auch irgendwo ein schlechtes Gewissen meiner Tochter gegenüber, aber eigentlich nicht einmal das. Ich sehe Stella nicht oft.« Der Künstler wirkt das erstemal unsicher, er sucht nach Worten. »Ich blicke meine Tochter mit Neugier an. Suche nach Ähnlichkeiten mit mir. Und das gefällt mir mehr als das, was nicht auf mich hinweist. Auf der Bühne erlebte ich Stella als Schauspielerin noch nicht. Ich kann also nicht sagen, ob sie begabt ist. Und diese ganze Situation ist begründet mit der Mutter meiner Tochter. Nehmen wir an, ihre Mutter wäre eine große Liebe für mich gewesen, dann würde ich in meiner Tochter sicher auch die Züge der Mutter lieben. Da das aber nicht der Fall war, liebe ich die Erinnerung an ihre Mutter nicht. Überzeugen würden mich Qualitäten, die sie von mir geerbt hat.« »Wann führten Sie das letzte Gespräch ungestört mit Ihrer Tochter?« »Es ist lange her. Ich mußte sie oft vertrösten. Es ist längst überfällig und wird in den nächsten Tagen stattfinden. Sie ist auch heute in einem Alter, um vernünftig diskutieren zu können.« Mario Adorfs Kommentar klingt ein wenig traurig: »Ich weiß, Vernunft ist wieder ein schreckliches Wort. Ich meine, heute kann Stella Vorurteile von früher und ihre Gefühle besser sortieren. Ich bedaure diese Entfernung zwischen uns. Ich bin mir auch bewußt, daß die Schuld weitgehend bei mir liegt. Und ich hoffe und wünsche mir, daß das Verhältnis, je älter wir werden, immer besser wird, und erwachsener. Ich bin erstaunt, daß sie diesen ersten Schritt zu mir versucht. Ich freue mich darüber! Früher war das umgekehrt!«

»Wünschen Sie sich in Ihrer zweiten Ehe Kinder?« »Das ist nicht geplant. Abgesehen von den gesundheitlichen Risiken, glaube ich nicht, daß das in unseren Verantwortungsmöglichkeiten liegt.«

»Sind Sie mit Ihrem Leben zufrieden?« »Ich untersuche, was ich wollte und was ich getan habe. Meine Einsicht ist, daß ich nicht mehr bewegen konnte. Ich entschied mich immer für meine Auffassung vom Leben. Ohne Rücksichtslosigkeiten und Ellbogen ein kleines Stück Leben mehr zu fordern. Wenn ich das Gefühl hätte, es ginge nicht mehr weiter nach oben, das wäre dann meine entscheidende Krise. Ich beschäftigte mich studienhalber mit Philosophie, aber ein Vorbild fand ich nicht. Ich bin kein Träumer, ich bewege mich auf meinem Lebensweg immer vorausblickend in kleinen Schritten: was ist machbar und bringt Zufriedenheit? Ich will damit sagen: mehr war bis heute nicht drin.«

Fritz Rau

Fritz Rau sieht aus wie ein Riese mit den Siebenmeilenstiefeln, die beinahe zu groß für ihn geraten sind, und ihn manchmal hilflos über sich selbst stolpern lassen. Er ist 56 Jahre alt, eine blaue Weste engt seinen Bauch ein. Sein Gesicht zeigt ein verschmitztes Lächeln hinter grauem Vollbart. Auf der ausgeprägten, gebogenen Nase eine Brille! Kleine olivgrüne Augen wandern unruhig hin und her. Dann erscheinen sie abwesend. Träume lassen sich dahinter vermuten. Vielleicht verrät dies eine kurze Flucht in das komplizierte Innenleben dieses Mannes: Hitzköpfigkeit, Sensibilität, Spürnase und Geschäftssinn machten ihn zum bedeutendsten Konzertimpressario in Europa.

Die Firma ›Lippmann + Rau‹ mit dem Veranstaltergespann Horst Lippmann und Fritz Rau startete Karrieren mit ›Investititonstourneen‹ wie die Gruppe ›Emerson Lake & Palmer‹ oder Jazzsänger Al Jarreau. Fritz Rau gab Anstöße zur Entwicklung der Karrieren von Udo Lindenberg, Peter Maffay, Ulla Meinekke oder Howard Carpendale. Sammy Davis jr., Udo Jürgens, Peter Alexander, Liza Minelli, Harry Belafonte, Marlene Dietrich, Yoko Ono verlassen sich auf ihn und schätzen ihn als persönlichen Freund.

Fritz Rau verbindet in seiner Persönlichkeit viele Widersprüche: haarscharfer Intellekt als Künstlervater mit Juraexamen; kompromißloser Verfechter für sein Konzept einer ›demokratischen Massenkultur‹. Er betont ›Haltung‹ bei dem Begriff Unterhaltung. Er ist ein Mann, der sich selbst alles abverlangt bis zur totalen Erschöpfung, wie ein Tyrann seinen ärmsten Sklaven hält. Er lebt dabei eine Empfindsamkeit der Umwelt gegenüber aus, das ihn seinen berüchtigten Geschäftssinn in Momenten höchster Begeisterung für einen nicht so populären Künstler vergessen läßt. Seine Spürnase behielt seit Jahrzehnten recht. Nach jahrelanger Freundschaft erkenne ich Züge eines Robin Hood des 20. Jahrhunderts an ihm. Er verfügt über jede Menge an beeindruckender Persönlichkeit.

Fritz Rau beutet sich aus, baut mit Bedacht die Sicherheitsnetze für seine Künstler, für sich selbst vergißt er diese. Er erlebt dabei Höhepunkte wie in dem Buch ›Fritz Rau – Buchhalter der Träume‹ (Quadrigaverlag), zusammengestellt von Kathrin Brigl und Siegrid Schmidt-Joos: »Das war ein Moment psychischer Beeinflussung des Menschen zum absoluten Wohlbefinden, zum Abheben, und da habe ich kapiert: das ist Show Business.«

Dieser Mann verbreitet Unrast neben Sicherheit. Spontane Gedankengänge spiegeln das ungeheure seelische Vermögen dieses Mannes. Er besitzt mehr Sinnensorgane als normale Menschen.

Wir sitzen uns beim Frühstück im Hilton gegenüber. Er verschränkt die Arme; seine sensiblen Hände sind halb verdeckt. »Welche Zauberkünste beherrscht Fritz Rau als Europas größter Konzertmanager?«, frage ich. »Besessenheit! Das zweite ist eine gewisse schizoide Veranlagung: auf der einen Seite Begeisterungsfähigkeit. Und meine Liebe und Hingabe zur Musik, an das Genie oder Talent, gepaart mit kaufmännischer Veranlagung, die als große Notwendigkeit respektiert werden muß. Ich habe kein erotisches Verhältnis zum Geld, aber absoluten Respekt davor. Für meine Ideale gehe ich über jede Grenze der Lächerlichkeit hinweg. Gerne belächeln mich Menschen, die souveräner scheinen. Ich renne, schwitze, bin ständig auf Achse, ich bin fasziniert von meinem Beruf.« »Messen Künslter ihre Maßstäbe nicht oft an den Gagen?« »Alle, die ein Publikum erreichen, schaffen es aus Freude an der Kunst. Ich behaupte mit meinem berühmten Satz: trau keinem unter 40, daß erst der ein wirklicher Entertainer, Verzauberer, Medizinmann, Zärtlichmacher werden kann, wenn er Jahre des Tingelns, der Clubgastspiele und Minikonzerte hinter sich brachte.

Vor Leuten wie Udo Jürgens, Howard Carpendale, Udo Lindenberg, Elton John, Peter Maffay habe ich deshalb großen Respekt. Nena, die wie ein Komet aufging, ohne durch jahrelange Arbeit gewachsen zu sein, wurde auf das Maß, das ihr entspricht, zurückgeschnitten. Aber sie hat Zukunft. Wenn ein Künstler harte Jahre in seinem Werdegang auf dem Buckel hat, ist die Frage nach hohen Gagen etwas Legitimes.«

»Besteht nicht die Gefahr der Abnutzung für einen Künstler durch jahrelanges Tingeln?« »Natürlich, darum kämpfe ich um die Unterhaltung in allen Bereichen der Öffentlichkeit. Warum wird nur im Operetten-, Opern-, Schauspielbereich und in der klassischen Musik gefördert? Neue Organisationsformen müssen geschaffen werden: z. B. Musikclubs wie das ›domicile‹ in München; Schallplattenfirmen, die trotz des ersten Flops, eine zweite produzieren. Erst die fünfte Platte von Ulla Meinecke wurde ein Erfolg. Die Kulturförderung der öffentlichen Band ist total überaltert. Es ist eine Kopie der feudalistischen Kulturszene. Das heißt, es wird sinnlos und einseitig Geld in eine Richtung ausgeschüttet. Das weite Gebiet der Unterhaltung, aus der ja sehr oft die zeitgenössische Kunst entsteht, von Duke Ellington bis Jimi Hendrix, oder Elton John bis Konstantin Wecker, das wird einfach links liegen gelassen und den harten Gesetzen des Marktes überantwortet. Da sehe ich meine Aufgabe, die ich auch in einer Sammlung von Aufsätzen formuliert habe.«

»Oder betrachten wir die jungen Talente, die äußerst bescheiden leben müssen, während Gleichaltrige, aber nicht Klügere, bereits im Erwerbsleben stecken oder einen akademischen Titel erreichten. Das alles kann dazu führen, daß eine Begabung vor dem entscheidenden Durchbruch aufgibt. Und dann brauchen wir Journalisten, die mit offenen Augen, nicht nur trendgerecht, die Musikszene betrachten, und wir benötigen idealistische Konzertverstanstalter.«

Nach einer weiteren Tasse Kaffee frage ich Horst Lippmann, der bei unserem Gespräch dabei ist: »Welche hervorstechendsten Eigenschaften von Fritz Rau lassen sie beide seit 21 Jahren ein Erfolgsgespann sein?« »Fritz ist besessen, sensibel, ein guter Mann. Und er ist mein bester Freund. Ich kann mich völlig auf ihn verlassen, ohne nachzudenken. Das ist selten in unserer Branche. Vertrauen ist Mangelware geworden.« Fritz freut sich. Er klopft Horst Lippmann kräftig auf die Schulter und strahlt wie ein Kind. Er sagt: »Wenn ich tanze, dann tanze ich richtig, wenn ich arbeite, dann arbeite ich richtig, Holde!« Ich setze fort: »Und wenn du liebst, dann liebst du richtig?« Fritz Rau blickt mich erstaunt an: »Ob ich dieser Frage gerecht werde?« Nach einer nachdenklichen Pause antwortet er besonnen: »Ich erhielt mehr Liebe als ich gegeben habe. Das ist das Defizit in meinem Leben. Ich habe geliebt. Aber immer liebte ich mehr meine Künstler, das Publikum, meine Heimat, die Frankfurter, die Hessen, die Badener.«

»Mir ist in den letzten Jahren bewußt geworden, daß es ein Irrtum ist, jahrzehntelang Freundschaft, Liebe, Privatleben als gegeben hinzunehmen, ohne Zeit dafür zu investieren. Irgendwann bleibt nichts übrig. Heute versuche ich mich, besser zu organisieren, um beides in Übereinstimmung zu bringen. Du wirst es nicht glauben, ich möchte für meine Freunde dasein, wenn Sie mich brauchen. Darum verbringen Horst Lippmann und ich auch dieses Wochenende in München um zu klären: wie können wir alle Aufgaben erfüllen – 1985 waren es über 800 Konzerte – und trotzdem Platz für unsere Freundschaft schaffen. Und plötzlich hat man auch Zeit.« »Hast du früher je von lieben Menschen Hilfeschreie überhört?« »Nein, Notrufe wurden immer beantwortet. Aber Holde, wann wird schon geschrien? Es gibt stumme Appelle, die man überhört. Ich habe geliebt, aber ich erhielt unglaublich viel mehr Zuwendung. Das macht mich glücklich, verpflichtet mich aber für die nächsten 30 Jahre, etwas sorgfältiger damit und mit mir umzugehen. Im Dezember 1985 setze ich meine neuen Maßstäbe in einer vierwöchigen ›Auszeit‹, wohlgemerkt nicht in einem Urlaub. Jedes Jahr werde ich vier Wochen im Sommer und vier Wochen im Winter diese Zeit benutzen, meine Gesundheit zu pflegen, meinen Kindern und vielleicht Enkeln und Freunden intensiv zu begegnen.«

Seine verstorbene Frau Hildegard beeindruckte mich vor einigen Jahren bei einem Kennenlernen. Sie war eine attraktive, dunkelhaarige Schönheit mit ebenmäßigen Gesichtszügen und einem ausgleichenden Charakter. Sie liebte ihren Mann, der tägliche Ideenfeuerwerke entfachte und in keiner Form berechenbar schien. Deshalb meine Frage: »Wurde diese Reflexion mit dir selbst auch ausgelöst durch die zehnmonatige Krankheit deiner Frau Hildegard, die 1983 starb?« »Ja, das Jahr 1983 bedeutete für mich eine körperliche, aber vor allem eine seelische Überanstrengung. Diese zehn quälenden Monate mit Hildegards Krankheit waren eine Begegnung mit meinem eigenen Sterben. Ich erlebte mit Hildegard, der Mutter meiner beiden Kinder Andreas und Saskia, eine der glücklichsten Lebensphasen.« Ich erinnere mich an seinen markanten Satz in seinem Buch: »Zu den besten Perioden meines Lebens zählen die sechs Jahre von 1958 bis 1964, in denen meine Frau und die Kinder das Sicherheitsnetz waren, in das ich mich voller Vertrauen hineinfallen lassen konnte, wenn ich mir mal an der Sonne die Flügel verbrannt hatte.«

Zeitweise wirkt Fritz Rau während unseres Gespräches sehr nachddenklich. Plötzlich sagt er: »Ich glaube, daß ich ein Spätentwickler bin. Ich lebte erst ab fünfzig bewußter, als es allerdings für die Ehe mit Hildegard beinahe zu spät war. Ich hoffe, daß durch diesen neuen Entwicklungsprozeß auch Lebensweisheit hinzukommt. Ich hatte meine Frau betrogen in Form einer Lebenslüge. Ich gaukelte ihr vor, nachdem sie mir das Jurastudium durch ungeheure Opfer ermöglichte, daß ich ein bürgerlicher Rechtsanwalt werden und mein Musikmanagement eine Jugendtorheit und vorübergehende Paralleltätigkeit einnehmen würde. Dabei wußte ich, daß meine Selbstverwirklichung im Konzertgeschäft liegt.« »Hast du jemals mit Hildegard über die Probleme deiner Lebensgestaltung gesprochen?«

»Nein, ich habe nicht mit ihr darüber gesprochen. Sie nahm alles hin. Aber sie blieb gedanklich nicht an meiner Seite.« Horst Lippmann versucht zu erklären, warum diese zwei wunderbaren Menschen, trotz der gegenseitigen tiefen Zuneigung, immer in einem gewissen Spannungsfeld miteinander lebten: »Wäre Hildegard bereit gewesen, aus Liebe zu ihrem Fritz, über ihren eigenen Schatten zu springen und als verständnisvoller Partner an seiner Seite zu stehen, wäre es die glücklichste Ehe gewesen.«

Ich spüre bei Fritz Rau jetzt eine starke innere Verlassenheit und frage: »Den Platz von Hildegard wird sicher nie eine andere Frau einnehmen können, aber könntest du eine ähnliche Zuneigung für eine andere Frau entwickeln?« »Ja, diese Möglichkeit besteht. Ich werde nie eine Verbindung eingehen, wo Hildegard in meinem Denken keine Rolle mehr spielt oder aus meinem Herzen verdrängt werden muß. Sie zählt als unverzichtbarer Bestandteil neben meiner Mutter zu meinem Leben. Sollte ich mich noch einmal binden, dann muß die Frau an meiner Seite akzeptieren, daß zu all dem, wie ich geworden bin, auch Hildegard zählt.«

»Dein Beruf erlaubte dir nicht, jeden Abend deine Kinder zu sehen. Seid ihr dennoch heute gute Freunde?« »Meine Tochter beglückte mich mit dem Satz: ›Du warst kein guter Vater, im Gegenteil. Wir waren traurig und entsetzt, es gab eine Zeit, da haben wir dich gehaßt. Aber du bist deshalb der beste Vater der Welt, weil du mir in meinem ganzen Leben das Gefühl gegeben hast, daß ich jede denkbare Dummheit begehen darf, nie würdest du deine Tür zuschlagen. Es finden keine Kreuzverhöre statt, sondern es wird Kaffee gekocht, Brote werden geschmiert und wir reden!«

»Glaubst du, daß jeder Mensch, die Hypotheken, die er im Leben aufnimmt, irgendwann am Ende seines Lebens abbezahlen muß?« »Ja, jeder Mensch ist in älteren Jahren für sein Gesicht verantwortlich. Niemand darf zu viel auf dem Rücken anderer Menschen abwickeln und sein eigenes Ich in den Vordergrund stellen. Das schlägt immer zurück. Aber ein Macher, wie ich, läuft immer gleich Gefahr, härter zu anderen Menschen zu sein. Ich verlange von niemandem mehr als von mir selbst, und das ist vielleicht manchmal zu viel.«

»Wieviel Verletzbarkeit kannst du dir in diesem harten Geschäft erlauben?« »Ich gebe zu, ich bin erfolgsgierig. Nicht die persönliche Niederlage, sondern Mißerfolg machen mich krank. Ich brauche die Streicheleinheit des Erfolges, aber es gibt keine Erlösung durch den Erfolg. Auch nicht durch einen Partner. Ich erreiche ein Ziel, spucke in die Hände und arbeite weiter. In meinen persönlichen Bereich bin ich sehr verletzbar, es ist fast ein Handicap. Ich werde mich bis zum Jahr 2000 bemühen, diese Empfindsamkeit abzubauen.«

Fritz Rau sagt mit besonderem Nachdruck: »Ich habe keine Angst einsam zu sein, keine Angst vor Schmerzen, ich möchte das Leben mit allen Höhen und Tiefen erleben. Ich meditiere nicht, wenn ich nach einem großen Erfolg in ein einsames Loch falle. Ich beschäftige mich dann gedanklich mit anderen Menschen. Momente, in denen ich am liebsten sterben möchte, und ich gebe zu, diese Neigung habe ich, bekämpfe und überwinde ich durch die Gedanken an meine Kinder und meine Freunde.« In seinen Worten klingt Demut. Ich begreife, warum der Philosoph Sokrates sein Vorbild ist: »Ich weiß, daß ich nichts weiß.« Fritz Rau sagt: »Ich weiß Holde, daß wir noch viel verändern müssen. Ich weiß, daß wir nachdenken müssen.« Nach seinem Lieblingsschriftsteller Ernst Bloch erklärt er: »Das Prinzip Hoffnung ist für mich wichtig. Ich hoffe, daß ich aus meinen Fehlleistungen lernte und lerne. Ich hoffe, daß mich neue Einsichten die nächsten Jahre arbeitsfähig halten. Ich weiß, wie wenig ich erreichte und wie viel ich noch erreichen kann.«

Horst Frank

Horst Frank ist ein außergewöhnlicher Mann. Er ist sehr schlank, die gewellten naturblonden Haare wie vor 20 Jahren. Seine stahlblauen Augen sind offen, in Momenten starker Konzentration zeigen sie einen leichten Silberblick. Seine edle italienische Garderobe wählt er gemeinsam mit seiner Frau und Kollegin Brigitte Kollecker aus. Die Kombinationen sind immer elegant, die Farbzusammenstellungen oft ausgefallen. So wie der Schauspieler selbst. Der geborene Lübecker, Deutschlands erfolgreichster ›Filmmörder‹, bewies in seinem Leben immer Geschmack, verbunden mit extremer Wahrheitsliebe, die manchen in seiner Umgebung schmerzte. Horst Frank selbst trägt aber in sich immer ein gutes Gewissen. Gerne wird dieser Mann mit Worten beschrieben wie: zwiespältig, arrogant oder unberechenbar.

Ich setze dagegen folgende Eigenschaften: manchmal schwankendes Selbstvertrauen, grüblerisches Nachdenken und Zivilcourage. Neben seinen bekannten Kollegen Klaus Kinski und Harald Juhnke scheint er etwas Don Quichotte zu sein, der mit gut getarnter Verletzlichkeit zu einer gewissen Distanz sich selbst gegenüber fand.

Die Beschreibung seiner Spielfreude an Europas Roullette-Tischchen ist unmittelbar verbunden mit einer Lebenseinstellung: »Diese spannungsvolle Athmosphäre bedeutet für mich einen großen Reiz. Ich verspiele nicht Haus und Hof, aber der Einsatz wird völlig verspielt. Baden-Baden ist mein liebster Tummelplatz. Vor ein paar Tagen sage ich meiner Frau: setze bitte auf Zero die ersten vier. Sie gewann 2000 Mark. Ich tat nichts dazu und wenn man so will, war meine Frau anschaffen.« »Was ist besser in dieser Ehe im Vergleich zu deinen ersten drei?« »Sie gelang besser, weil ich reifer geworden bin. Ich sah ein, daß ich mein Leben wirklich genossen habe, rücksichtslos nach links und rechts. Auch in den Ehen ...«, und nach einer Pause: »Ich bin ein wenig ...« »Müde?«, frage ich. »nein, nein, um Gotteswillen, ich nehme mich heute ein wenig zurück. Ich raste mit 120 Stundenkilometern durch das Leben. Brigitte ist 19 Jahre jünger, da sind Meinungsverschiedenheiten nur allzu erklärlich und in erster Linie von *mir* verständnisvoll hinzunehmen. Viele Jahre war ich in dieser Schauspielerehe die Nummer Eins, immerhin bin seit 38 Jahren im Geschäft. Meine Frau war mein Motor und Antrieb und stellte sich zurück. Mit Recht sagt sie heute: jetzt springe ich mal über den Zapfen. Ich muß soviel innere Großzügigkeit entwickeln, ihr das freizustellen.« »Verstehe ich richtig: ihr führt eine tolerante offene Ehe?« »Ja, ich bin tolerant bis in die letzte Konsequenz! Sie geht in die Disco, flirtet, es muß ja nicht ein Liebhaber im Spiel sein. – Es darf sich nicht ereignen, daß sie in unserer Ehe das Gefühl hat, etwas versäumt zu haben.« »Du liebst Brigitte ohne wenn und aber. Kannst du dir vorstellen mit ihr alt zu werden?« »Ja, wenn meine Lebenspartnerin der Meinung ist, nicht mehr mit mir zurecht zu kommen oder etwas zu versäumen, dann soll sie wirklich ausbrechen. Ich würde Brigitte nie die Tür vor der Nase zuschlagen. Sie ist frei! Mein größtes Glück ist vielleicht dann, daß sie eines Tages zurückkommt. Ich gebe die lange Leine.« »Besteht nicht die Gefahr, daß du dich vielleicht enttäuscht in eine andere Frau verliebst und sich für dich Tore für ein neues Leben auftun?« »Liebe Holde, das ist wahnsinnig schwer, sich heute zu verlieben. Es gibt zu viele emanzipierte Frauen. Auch Brigitte ist mir manchmal ein bißchen zu selbständig. Die Frauen werden un-

fraulicher. Ich bin von Karriereweibern umgeben, das ist fürchterlich. Vor dreißig Jahren war das anders. Aber ich kann mich nach wie vor mit aller Konsequenz, die mir zu eigen ist, in eine Frau vergucken.« »Also lockt immer das Weib mit verträumten Augenaufschlag und anbetendem Kniefall?« Horst Frank lacht: »Nein, ich will ja immer das, was am wenigsten vollziehbar ist. Frauen sollen selbständig und selbstbewußt sein, sie müssen. Es ist wunderbar, daß sie zum Teil besseres leisten als wir. Sie werden nur zu herb. Ihre Gesichtszüge, ihre Mundwinkel, ihr ganzes Wesen werden so hart. Sie dürfen eines nie verlieren: ihren weiblichen Charme.«
Der 57jährige Schauspieler nimmt eine Zigarette. Ich gebe ihm Feuer: »Du erlaubst?« Und frage: »Deine Garderobe wählst du gemeinsam mit Brigitte aus. Suchst du das Parfüm deiner Frau auch aus?« »Ich sage ihr, wenn mir ein Duft nicht gefällt. Oft kaufen wir die Riechwasser gemeinsam. Ich bin maßlos eitel. Ich leiste mir ›Rothschildt‹-Duftnoten. An Brigitte liebe ich Balle à Versaille.« »Entspricht der Duft deinen Wünschen an eine Frau: feminin, lieblich, aber auch leicht herb?« »Ja, es ist sehr herb, aber auch besonders weiblich.«
»Mit welchen Kolleginnen arbeitest du besonders gerne?«
»Michelle Morgan! Sie verfügt über eine ungewöhnlich anziehende Weiblichkeit. Und Ingrid Steeger ist eine sehr weibliche, präzise und offene Kollegin. Es ist gar nicht nötig, daß sie ihre Weiblichkeit gegenüber der Männerwelt durchzusetzen versucht. Daß sie nach wie vor als Ulknudel verkauft wird, dafür kann sie nichts. Ich morde ja auch seit 38 Jahren für Deutschland.«
Ich weiß, daß für Horst Frank der Schauspielerberuf viel bedeutet. Als er durch die erste Prüfung in der Schauspielschule fiel, dachte er an Selbstmord. Heute sagt er: »Allerdings stand ich an der flachsten Stelle der Alster um unterzugehen.« Ich frage ihn nach dem Stellenwert der Schauspieler in der Gesellschaft der Bundesrepublik Deutschland? Ich bemerke die Angriffslust in seiner Stimme: »Die Schauspielerei ist ein Beruf wie jeder andere. Er ist notwendig, daß er über alle Maßen aus ›Transpiration‹ und Inspiration besteht. Wie ein Pianist seine Finger-

fertigkeit trainiert, muß der Schauspieler an sich arbeiten, um aus der Mittelmäßigkeit herauszuragen. Ich bin in meinem Leben oft in Situationen gewesen, in denen ich mich für die eine oder andere Seite entscheiden mußte. Ich wußte nie, ob mein Entschluß richtig ist oder falsch. Nur mein beruflicher Weg war immer richtig. Und ich machte mir in den vielen Jahren zu eigen, daß mich nicht der Beruf besitzt, sondern ich ihn. Ich drücke ihm meinen Stempel auf, und das ausschließlich für mein Publikum und niemand anderen. Meine Zuschauer erwarten Unterhaltung von mir, ob mit Tortenwerfen, die ›Hose runterlassen‹ oder Morden. Es erwartet von mir nicht, daß ich die Kultur dieser Nation vor mir hertrage. Das tat ich nie und werde ich nie tun.«

»Du wirst weiter Gemüts- und Geisteskranke spielen und morden?« »Nein, nicht mehr. Ich bin heute in der Lage zu sagen, jetzt mag ich nicht mehr. Ich will nicht dauernd mit Klaus Kinski streiten, nimmst du das Messer oder nehme ich den Strick. Auch wenn unsere Leichen die besten sind. Ein beruflicher Wunsch wäre, Richard III. zu spielen, auch von meiner Reife her. Aber das wichtigste Ziel ist, daß mein Publikum bei meinem Spiel sagt: verdammt noch mal, in dieser Situation hätte ich mich auch so verhalten. Ich verstehe den Regisseur Geissendörfer nicht, der ›Lindenstraße‹ als ein Mietshaus darstellt, in dem sich keiner kennt und die Serie mit unbekannten Schauspielern besetzt. So kann ich den Job nicht ausüben. Ich arbeite an meinem Beruf mit Hintergedanken.« Mit kalter Wut berichtet Horst Frank von Regisseuren, die er ›sich selbst verherrlichende Regisseure‹ nennt. »Meistens sitzen diese Herren auf Stühlen, da steht ›Regie‹ drauf. Klappt man die Stuhllehnen um, dann heißt das ›Eiger‹. Und dazu sage ich : an der Eiger-Nordwand sind schon einige verreckt. Ich schätze einen Fritz Kortner, der mir vor vielen Jahren in einem Hotelfahrstuhl sagte: Ich mag Sie Horst Frank. Aber arbeiten mit Ihnen? Nee! – Ich brauche und akzeptiere jeden Regisseur, der mir zuhört, mein Angebot notiert oder negiert. Aber die Selbstverherrlichung, die verachte ich. Es gibt mehr Schauspieler, die besser sind und mehr wissen. Regie bedeutet für mich, eine behutsame Hand über ein Ensemble zu halten, es zusammenzuführen auf einer gemeinsamen Ebene. Ich vertrage jede Kritik, wenn sie begründet ist.«

»Wie siehst du die zukünftige geistige Entwicklung des deutschen Theaters?« »Nicht positiv. Das deutsche Theater begeht einen Kardinalfehler. Heute, wo jeder sein Päckchen tragen muß, viele Menschen hungern oder in den Krieg ziehen, hat das Theater für mich nur eine einzige Aufgabe: Menschen zu entspannen und abzulenken. Aber das deutsche Theater macht statt dessen immer wieder auf die eigene Misere aufmerksam. Da sagte immerhin schon Shakespeare: Unsere vornehmste Aufgabe ist es, die Leute zu unterhalten, Denkanstöße zu geben, aber nicht, sie zu provozieren. Ich wäre auch nicht bereit, in den deutschen Fernsehserien für eine Folge den Popanz zu spielen.« »Sollte Wolfgang Rademann dich morgen anrufen und dir die Rolle des Assistenzarztes von Prof. Brinkmann anbieten, würdest du ablehnen?« »Unter einem Professor fange ich gar nicht erst an«, grinst Horst Frank. Und fügt ernsthaft hinzu: »Es gab im deutschen Fernsehen einmal etwas, wonach sich die gesamte internationale Fernsehwelt riß: das deutsche Fernsehspiel, gestaltet nach den Möglichkeiten, Eigenarten und Gesetzen des Fernsehens. Das wurde systematisch abgewürgt und auf Serien verlegt. Das bedaure ich zutiefst.« »Bist du denn ein so mutiger Mann, der in jeder Situation seine Meinung offen kundtut?« »Ich würde nicht so reden, wenn ich 38 Jahre lang einen Neger im Tunnel gespielt hätte! Ohne Erfolg kann man den ganzen Beruf lassen. Über 20 Jahre stand dieser Beruf für mich an erster Stelle. Ich drehte über 400 Filme und ich bin finanziell abgesichert. Aber es ärgert mich, daß unser großes Potential an guten Schauspielern auf der Straße steht. Dazu zählen auch Filmtechniker, Elektriker, Schneider, Kulissenmaler, Maskenbildner und die vielen Studios. Ich wünsche mir mehr deutsche Produktionen.«

»Heute stellst du vieles richtig mit Worten. Wehrtest du dich früher auch mit Fäusten?« »Ich will ganz ehrlich sein. Wenn Meinungsverschiedenheiten nicht mehr durch ein Gespräch geklärt werden konnten, langte ich früher schon mal zu. Aber

es war immer Notwehr: die Lippen platzten, aber die Zähne wackelten nicht.« »Verteidigung mit dem Körper? Warum hast du dich nicht einfach umgedreht und über die Angriffe hinweggesehen?« »Ich kann nur bis zu einem gewissen Grad schlucken. Und es waren grundsätzlich persönliche Attacken wegen meines Aussehens oder wegen des Neides auf meinen Erfolg. Das ist schon merkwürdig im menschlichen Zusammenleben. Ich bitte in Ruhe gelassen zu werden, aber manche Leute sind rabiat und direkt. Ich warne jeden vor, daß ich Karate gelernt habe. Aber wenn mich ein Mensch am Kragen anfaßt oder meine Umgebung persönlich angreift, pflück ich ihn vom Baum.« »Ist dir auch schon bei einer Frau die Hand ausgerutscht?« »Ich schlage grundsätzlich keine Frauen. Ich sehe sie nur an. Und damit vernichte ich sie!« Ich glaube diesem empfindsamen Künstler, daß er sich manchmal nicht anders wehren konnte als mit den Fäusten. Er besitzt eine feine Antenne für Mißstimmungen und Unehrlichkeit.
Die Sprache seines Buches: ›Leben heißt Leben‹ war den Verlagen zu hochgestochen. Es wurde von einem Ghostwriter umgeschrieben. Horst Frank stellt sich frei, seine Erinnerungen vielleicht wieder neu zu formulieren. Als besonders schöne Zeit betrachtet er die Jahre in Kenia, in denen er aktiv die sozialen Mißstände mit Hardy Krüger zum Positiven wendete, durch eigener Hände Arbeit und eigene finanzielle Mittel. Er hängte das nie an die große Glocke. Und er änderte seine Lebenseinstellung in den letzten 12 Jahren total: »Ich lebte ein vollblütiges, feuriges Leben. Ich bin auch noch nicht bereit Millionen zu hinterlassen, ich verprasse das Geld. Aber ich lernte etwas ganz wichtiges: ich nehme mich persönlich nicht mehr so wichtig. Ich akzeptiere heute jeden neben mir, auch wenn er eine andere Meinung hat. Ich will niemanden belehren, ich möchte nur, daß Menschen in meiner Nähe zufrieden sind. Und ich möchte nicht auf mein Leben verzichten, einschließlich der vielen Tiefpunkte, die ich erlebte. Mein Privatleben ist mir heute wichtiger. Vielleicht bin ich heute noch manchmal ein Egozentriker. Ich habe viel versucht und wenig erreicht, aber das reicht mir.«

»Du gehst mit deiner Frau mit dem Theaterstück: ›Wer anderen eine Grube gräbt‹ auf Tournee. Hast du anderen Menschen schon bewußt eine Grube gegraben?« »Doch, doch«, lacht Horst Frank. »Aber ich paßte immer auf, daß ich nicht selbst hineinfiel.«
Ich glaube ihm nicht.

Iris Berben und Diether Krebs

Iris Berben sagt über ihren Sketchup-Partner Diether Krebs: »Ich begann die Serie mit Ängsten und Hemmungen. Meine Vorgängerin Beatrice Richter hatte großen Erfolg. Und Diether Krebs war mir sehr behilflich, diese Barrieren zu überwinden. Er brachte mir schon in der ersten Woche ›Dreharbeit‹ viele Tricks bei. So konnte ich schnell die notwendige flexible Umwandlung innerhalb rasch folgender Szenen beherrschen. Er gehört mit Abstand zu den verbindlichsten Kollegen, mit denen ich je arbeitete. Wir denken und fühlen gemeinsam.«
Diether Krebs über seine Kollegin Iris Berben: »Ich mag Iris, weil es bei beruflichen Unternehmungen sehr persönlich zugeht. Sie zeigt keine Profilneurosen und das ist schon die halbe Miete. Sie lacht über ähnliche Dinge wie ich und hat einen ähnlichen Humor wie ich. Wir kennen uns gut und respektieren uns gegenseitig. Wir sind beide großherzige Löwen, Iris am 12. August, ich am 11. August, die sich mögen.«
Sie bezeichnen sich gegenseitig als Kriegskameraden, die keine Geheimnisse voreinander haben. Die enge Künstlergarderobe teilen sie sich. Es sind: Iris Berben und Diether Krebs. Beide

bringen seit Monaten die Zuschauer des ARD Programms mit der Blödelsendung ›Sketchup‹ zum ununterbrochenen Lachen. Einschaltquoten von inzwischen 40 Prozent beweisen, daß beide extreme Verwandlungskunst in witzigen Szenen frei Haus bieten. Und damit den grauen Alltag großartig auflokkern.

Iris Berben spielt gekonnt eine schlampige Hausfrau, eine alternative Kommunentante mit Bürstenhaarschnitt oder eine altersschwache, vergeßliche, weißhaarige Großmutter.

Wir treffen uns nach ihren harten Proben in meiner Wohnung. Iris und Diether blödeln im Sketchup-Ton weiter. Keine Müdigkeit ist spürbar. Sie nehmen sich gegenseitig auf die Schippe und zeigen dennoch uneingeschränktes Einvernehmen. Iris Berben ist ungeschminkt. Sie lacht viel, ihr klares schönes Gesicht mit den schrägen braunen Augen ist offen und ihr Blick ehrlich. Die zierliche Figur erscheint wie aus Meißner Porzellan geformt. Iris ist gebürtige Hamburgerin. Wir fallen beide rasch in den breiten Norddeutschen Tonfall. Knapp, direkt, geradlinig! Diether Krebs ist hochgewachsen, hat ständig den Schalk im Auge. Er ist ein entschlußfreudiger Westfale mit Dickschädel. Er erlernte den Schauspielerberuf wie seine Kollegin Iris von der Pike auf: Schauspielschule und darauf Engagement im Stadttheater Oberhausen, wo er in den unterschiedlichsten Rollen, von der Komödie bis zum klassischen Drama, eingesetzt wurde.

Diether Krebs läßt sich nicht gerne auf Dauer in eine Rolle zwängen. Zum Beispiel verließ er aus diesem Grund die erfolgreiche Serie »Ekel Alfred«. Nach zehn Jahren als »Soko-5113« Kriminalobermeister Dieter Herle katapultierte er sich als Mitautor aus der Serie. Iris Berben war ebenso erfolgreich als schillernde Flugbegleiterin neben Ingrid Steeger in ›Die himmlischen Töchter‹. Sie bewahrte sich dennoch einen kritischen Abstand zu ihren Karrieglanzlichtern und ihren Wunschrollen.

Iris und Diether zeigen Denkungsweisen einer neuen Schauspielergeneration: Sie sind skeptisch, üben offene Kritik an den Fernsehgewaltigen, verlangen eine Ausweitung ihrer Rollen

und geben sich lässig selbstbewußt. Für sie ist allein die künstlerische Qualität Maßstab.
Iris Berben sagt nachdenklich: »Nach der Serie ›Die himmlischen Töchter‹ erhielt ich immer weniger Angebote. Querköpfe sitzen in den Fernsehredaktionen, die nach dem Schubladensystem arbeiten: ich soll immer die sexy Ulknudel sein. Die Stühle der Besetzungschefs sind oft mit fantasielosen Menschen besetzt, die die Schauspieler auf eine bestimmte Rolle festlegen wollen. Dieses ›Kastendenken‹ ärgert mich, wenn auf meinen Wunsch nach ernsten Frauenrollen die Antwort folgt: Sie sind zu schön, um von einer deutschen Durchschnittshausfrau in einer dieser Rollen angenommen zu werden.«
Auch Diether Krebs hält mit seiner Meinung nicht zurück: »In den Fernsehetagen wird nach dem Prinzip von ›Absicherung gegen Weiterentwicklung‹ gearbeitet. Und das Arbeitsergebnis der kleinen ›Fellinis‹ in den Redaktionen ist: Im Film, Fernsehen und Theater werden nur wenige Schauspieler, Entertainer und Moderatoren hochgehalten und immer wieder beschäftigt, statt talentierte Künstler aufzubauen.« Für Diether Krebs gibt es keinen Grund zur Klage.
Er kann sich seine Rollen aussuchen. Der WDR plant eine eigene Komik-Serie mit ihm.
Iris und Diether wählten selbstbewußt das Risiko eines freien Schauspielers ohne in der Sicherheit als festes Ensemblemitglied sorglos zu leben. Über die Maßstäbe der Programmacher zur Sketchup-Serie sagen beide: »Diese Form von leichter Unterhaltung wird hierzulande nach wie vor mißverstanden. Wer da einmal mitmachte, wird gerne für immer in die Komik-Ecke gestellt, obwohl wir als Schauspieler die breite Palette der Darstellung beherrschen.« Wolfgang Rademann (Traumschiff, Schwarzwaldklinik) sei ihrer Meinung nach eine positive Ausnahme, der versucht, vielen Schauspielern eine Chance zu geben um sie aufzubauen.
Beide Künstler sind trotz ihres Erfolges völlig normal geblieben. Sie beeindrucken immer wieder erneut durch ihre Natürlichkeit, Spontanität und gesunden Menschenverstand. Plötzlich räkelt sich Iris Berben in der Couchecke und fragt mich:

»Holde, hast du nicht eine tüchtige Haushälterin für mich?« Diether Krebs fragt nach der Uhrzeit. Er will an diesem Abend noch in die Sauna, um gegen überflüssige Pfunde anzukämpfen. Iris hat Hunger. Ich schmiere ihr ein Käsebrot. Das Thema Gagen wird offen diskutiert.
Die Familie von Diether besteht aus Ehefrau Bettina (37) und den Söhnen Moritz (7) und Till (6 Monate) in Hamburg. Er telefoniert täglich bis zu einem dutzend Mal mit zu Hause. »Wird mir der Kinderlärm am Telefon zu groß, dann lege ich einfach auf«, lacht er. »Was bedeutet dir die Familie in einem Beruf, der die ganze Person fordert und viele Trennungen verlangt?«, frage ich. »Die Familie verkörpert für mich die Werte schlechthin. Sie rückt meine Maßstäbe gerade und bedeutet einen ruhenden Pol für mich. Meine Frau und ich kennen uns seit 13 Jahren. Sie unterstützt mich wo sie nur kann. Natürlich gibt es Probleme, aber wir leben in einem *positiven* Spannungszustand.« »Führen die vielen Trennungen nicht auch zu einer gewissen Fremdheit zwischen dir und deiner Frau?« »Im Gegenteil! Wir betreiben keinen Mißbrauch in diesen Zwangspausen.« Er lächelt und sagt: »Meine vielen Engagements kommen meinem Verein zu Hause ja auch zu Gute. Meine Frau und ich behielten eine innere Unabhängigkeit, und auch bei unpopulären Entscheidungen tragen wir gemeinsam die Verantwortung. Ich muß mich bei Bettina nicht verstecken. Kann offen meine Meinung sagen und auf sie zählen. Mein Sohn Moritz ist mein bester Freund und reist oft mit mir zu den Drehorten.« Diether Krebs gibt sich zufrieden. Die Leinwand bedeutet sein wahres Leben, Kraft dafür findet er in seiner Familie.
Iris Berben lebt seit zwölf Jahren mit dem Großkaufmann Gabriel Lewy (42) ohne Trauschein zusammen, gemeinsam mit ihrem 14jährigen Sohn Oliver. Den Namen des Vaters gab sie nie preis. Über ihre Lebensgemeinschaft sagt sie: »Es war ein langwieriger Entwicklungsprozeß für uns beide. Gabriel mußte hinnehmen, daß ich eine selbständige Frau bin. Das ist gar nicht so leicht für einen Vollmann. Heute haben wir eine gesunde harmonische Basis. Er ist mein Manager, weist mich auf attraktive Rollen hin und schließt auch meine Verträge ab. In

den letzten zwei Jahren geht es beruflich bei mir bergauf. Ich liege sozusagen im Trend.« Iris zeigt ihre perlweißen Zähne und überlegt laut, warum es für eine Frau mit Kind nicht einfach ist, sich auch beruflich durchzusetzen.
»Viele Entscheidungen wurden mit einem Blick auf meinen Sohn beeinflußt. Muttergefühle siegen immer! Auch gegen ein intressantes Filmprojekt. Ich frage mich immer: wofür ist es gut und lohnt es sich? Natürlich habe ich Oliver gegenüber ständig ein schlechtes Gewissen. Etwas bleibt bei Karrierefrauen mit Kindern immer auf der Strecke. Seelenschmerzen gibt es auf beiden Seiten.« »Wirst du deine Beziehung mit Gabriel legalisieren?« »Ich bin ein spontaner Mensch, bevorzuge die Ungewißheit und das Risiko. Im Beruf wie im Privatleben. Und Planung bis ins hohe Alter würde mich erschrecken. Ehe: Nein! Das Wichtigste zwischen uns beiden ist die totale Verläßlichkeit.« Für mich erstaunlich sagt die Schauspielerin folgenden Satz: »Menschen, die ich liebe, sehe ich immer menschlich. Alles scheinbar Unverständliche verstehe ich. Und ich kann deshalb auch alles verzeihen, wenn es sich um menschliche Schwächen handelt. Unser Menschenleben ist auch immer mit Schmerzen verbunden. Am liebsten hebe ich ab wie ein Vogel und schwebe 40 m über der Erde. Darum beteiligte ich mich auch an der Ralley Paris/Dakar. Ich will meine eigenen Grenzen kennenlernen und begebe mich deshalb in Gefahr. Gerne stehe ich in dem ›Cafe Wiener Platz‹ meines Lebensfreundes hinter dem Tresen und quatsche mit den Leuten.« »Besteht der Wunsch nach einem zweiten Kind?«, frage ich. »Ich schwanke im Für und Wider. Diese Fragen kann ich nicht beantworten, denn eine solche Entscheidung ist vom Verstand her schwer zu kontrollieren. Ich liebe meinen Sohn sehr, und Söhne bleiben immer das Kind der Mutter.« Mit ihrer Mutter, die in Portugal lebt, verbindet Iris innige Freundschaft.
»Wir telefonieren oft stundenlang. Mit den vielen Erfahrungen bekam ich eine gewisse Gelassenheit. Heute hoffe ich sogar, daß sich nicht alle meine Träume verwirklichen.«
Iris und Diether sind aber dennoch dabei die Sterne vom Himmel zu holen.

Alice und Ellen Kessler

Alice und Ellen Kessler betonen gerne folgende Darstellung über ihr Zwillingsdasein: der Vorteil ist, man ist nie allein; der Nachteil ist, daß man nie alleine ist. Beide präsentieren das deutsche Fräulein-Wunder schlechthin: hochgewachsen, blond, blaue Augen und großartiges Können in Tanz und Gesang.

Alice und Ellen haben ein ebenmäßiges Gesicht und können es damit und der schlanken, ausgewogenen Figur mit jeder 30jährigen aufnehmen. Beide werden dieses Jahr fünfzig. In unserem Gespräch zeigen sie Humor und sehr viel Witz mit Klasse.

Ich frage: »Wie bahnten Sie ihre Wege zur Karriere?« Alice sagt: »Über alle Tragödien können wir heute nur lächeln. Unser Vater schickte uns sehr früh in die Ballettschule; er liebte es, uns gleich gekleidet vor sich herlaufen zu lassen und amüsierte sich über die Reaktionen der Menschen auf der Straße. Wir litten sehr darunter und empfanden seinen Ehrgeiz als schreckliche Tyrannei.« Ellen ergänzt: »In jedem Restaurant fragte er erst nach einem Akkordeon und wir mußten dann darauf spielen.« Und Alice setzt humorvoll hinzu: »Da konnte sich bei uns nicht viel entwickeln, wir hatten immer den schweren Kasten auf der Brust.« Das stimmt nicht. Bei der Hö-

he von 1,78 Meter der beiden entspricht die Figur ganz sicher dem goldenen Schnitt, denke ich.
»Wann begannen Sie, nicht mehr in der Garderobe als Zwillingspärchen aufzutreten?« »Als wir im ›Lido‹ auftraten. Mit 19 Jahren. Wir empfanden es albern, gleich gekleidet die Champs-Elysées entlanzugehen und fragten uns ernsthaft, ob wir die Nummer auch im Leben weiterführen wollen. Heute kaufen wir aus beruflichen Gründen die gleichen Modelle in verschiedenen Farben, und privat trägt jede, was sie will.« »Ihr Vater war der strenge Manager seiner Töchter. Ihre Mutter konnte sich gegen ihn nicht durchsetzen. Inwieweit wirkte sich diese Situation auf Ihr eigenes Leben aus?« Alice antwortet wieder als erste: »Unsere Mutter war Dienerin und Hausfrau zugleich. Wir fühlten uns sehr zu ihr hingezogen, und das ist auch der Grund, warum wir gegen die Ehe eingestellt sind. Deshalb haben wir bis heute nicht geheiratet. Vielleicht wäre unser privates Leben anders verlaufen, wenn uns ein entsprechend gutes Beispiel vorgelebt worden wäre. Wer weiß? Unsere Masseuse heiratete mit 73. Vielleicht nehmen wir in zehn Jahren eine Chance wahr.«
Plötzlich sagt ihre Schwester nachdenklich: »Eigentlich spüre ich auch eine gewisse Verantwortung Alice gegenüber. Ich kann nicht einfach sagen: *du,* ich heirate jetzt, gebe alles auf und sieh du zu, wie du weiter kommst.« »Liegt neben den beruflichen Erfolgen nicht auch noch der Vorteil darin, daß Sie miteinander eine uneingeschränkte Vertrauensbasis haben?« »Ja, aber die liegt im Schweigen«, antwortet Alice, »das meiste Vertrauen bringt mir meine Schwester entgegen, aber über meine ganz privaten und sensiblen Probleme kann ich mich bei ihr nicht aussprechen. Da muß ich mit einer Freundin reden, die mir nicht so ähnlich ist. Meine Schwester fühlt zu sehr wie ich, sie kann mir da keinen guten Rat bieten.« »Sie meinen, sie ist kein Gegenpol?« »Ja«, antwortet Ellen, »wir brauchen uns nicht auszusprechen, wenn wir zusammen sind. Die andere fühlt immer mit. Wir wissen oft, ohne, daß wir ein Wort sagen, ob der andere Probleme hat oder nicht. Und das bringt eher Spannungen.«

»Zwillingsforscher stellten fest, daß bei eineiigen Zwillingen ein völlig übereinstimmendes Erbgut vorhanden ist. Können Sie das bestätigen?« »Auf diesem Gebiet wurde in den USA folgendes festgestellt: eineiige Zwillinge, die von der Existenz des anderen nichts wußten, lebten sehr ähnlich. Aber Zwillinge wie wir, die immer zusammen waren, entwickeln den Drang, eine eigene Identität zu finden. Beide wollen Gegenteiliges unternehmen. Es ist aber bewiesen, daß Erbfaktoren eine größere Rolle spielen als die Umwelt.«

Ich sehe Alice und Ellen an und kann sie nur an dem etwas schmaleren Gesicht von Ellen unterscheiden. Deshalb meine Frage: »Welche auffälligen Unterschiede gibt es zwischen Ihnen?« »Viele«, antwortet lachend Ellen. »Ich bin zum Beispiel einen halben Zentimeter kürzer und wiege 2 Kilo weniger. Sehen Sie auch nicht, daß Alice von uns beiden die Ältere ist?« Nein, ich sehe es nicht. Ich sehe nur die gleiche Sitzhaltung, die gleiche Gestik der schmalen gepflegten Hände, das gleiche Lächeln, die schlanken Beine, die beide in gleicher Richtung übereinander geschlagen sind. Ich frage: »Alice, wer hat in ihrer Gemeinschaft die Führungsrolle inne?« Sie antwortet sofort: »Nach außen bestimmt die Ellen.« Und Ellen erklärt diese Aussage: »Wenn wir zum Beispiel einen Vertrag aushandeln bin ich deshalb als Aggressivere bekannt, weil Alice hinter mir steht und mir pausenlos ins Ohr flüstert. Ihre Argumente muß ich dann weitergeben.« Alice lacht und sagt: »Im Hintergrund bin ich sicher die Aktivere und Dominantere. Meine Schwester ist spontaner und schneller. Ich bin der nach innen gewandte Teil.« »Liegt der Unterschied in den Denkens- und Handlungsweisen?«

Diesmal antwortet Ellen Kessler als erste: »Alice überlegt alles viele, viele Male. Ich begehe durch meine Spontanität natürlich auch so manche Fehler. Wenn ich in ein Geschäft gehe und mir gefällt etwas, dann kaufe ich es sofort. Meine Schwester geht in jeden Laden rein und wieder raus um sich den Kauf genau zu überlegen.« »Tauschen Sie Garderobe?« »Wir reduzieren unser Reisegepäck um die Hälfte, wenn wir auf lange Reisen gehen und tauschen dann aus. Wir haben die gleichen Körpermaße und die gleiche Schuhgröße. Wenn man wie ein altes Ehepaar so lange zusammenlebt, entwickelt sich vieles durch die Macht der Gewohnheit ...« Alice unterbricht ihre Schwester: »Ja, die Macht der Gewalt ...« Ellen wirft ein: »Wir haben automatisch auch den gleichen Geschmack.« Ich frage: »Haben Sie auch die gleichen Freunde?« »Zum größten Teil. Natürlich nicht intime Freundschaften. Um Gottes Willen! Obwohl wir durchaus den gleichen Geschmack haben.« »Wie sehen Sie den idealen Partner?« Ellen antwortet spontan: »Er muß charmant, attraktiv und intelligent sein. Alles sollte er davon reichlich haben. Ein solcher Traumpartner ist natürlich kaum zu finden.« »Ereignete es sich schon einmal, daß Sie sich in den gleichen Mann verliebten?« »Ja, verknallt schon. Harry Belafonte hätte uns beiden gefallen. Wenn wir mehr Zeit gehabt hätten, wäre es vielleicht möglich gewesen, daß wir beide nicht nein gesagt hätten. Aber bei uns ist es anders. Wenn ein interessanter Mann nun meine Schwester zum Essen einlädt, dann ist er für mich tabu, wie auch im umgekehrten Fall. Da gibt es auch keine Eifersucht. Wir würden nie um den gleichen Mann kämpfen. Das wäre ja entsetzlich.« Alice beschreibt diesen fehlenden Partnerneid so: »Wenn wir in der Schule unsere Geschwister nennen sollten, wäre uns nie eingefallen, die Zwillingsschwester zu nennen. Unsere drei Brüder sind früh gestorben und wir sagten immer, daß wir keine Geschwister hätten. Oder der Einreiseschein in ein anderes Land, mit der Frage, ob man in Begleitung von Familienangehörigen ist, wurde mit nein beantwortet. Meine Schwester empfand ich als keine Angehörige, die war angekettet.« »Wer kettet wen an?« »Es ergab sich so«, sagt Alice, »natürlich empfinden wir den anderen manchmal als Zwangsjacke. Aber wir wissen nicht, wie unser Leben ohne den anderen verlaufen wäre. Unsere Zweisamkeit bringt uns natürlich auch Vorteile: viele Reisen, den Erfolg.«

»Besteht der Wunsch, ohne den anderen zu leben?« Ellen antwortet nachdenklich: »Früher nicht. Heute manchmal. Wir treten zu zweit auf, sind bekannt für unsere Perfektion in der Darbietung und beobachten deshalb ständig die andere. Das ist unser Markenzeichen. Ich trat in zwei Fernsehshows alleine auf und fühlte mich dabei sehr wohl. Der Zwang, nicht aus sich herauszugehen, fiel von mir ab.« Und Alice: »Ich beobachte Ellen oft. Das hält sie mir auch vor. Wir beobachten uns konstant gegenseitig, daß ist auch der Grund warum wir so diszipliniert sind: du gehst nicht gerade, du ziehst Stirnfalten, das Kleid wirkt zu dunkel, usw.«

»Während Ihrer ›Lido‹-Zeit lernten Sie Tony Curtis und Burt Lancaster kennen, die Sie ›Ice Creams‹ nannten. Warum?« »Wir wurden von der Lido-Chefin Miß Bluebell streng kontrolliert und waren deshalb sehr zurückhaltend und abweisend. Tony Curtis war mit Vivian Leigh verheiratet, Burt Lancaster war ebenso Ehemann. So entstand eine schöne kollegiale Freundschaft. Manchmal nannten wir sie ›Hot Dogs‹.« Ellen unterbricht ihre Schwester und fragt sie: »Ja, glaubst du, die hätten nein gesagt?« Alice lächelt: »Du hast recht, die haben alles mitgenommen, was sie erwischen konnten.« Ich frage: »Waren Sie immer so konsequent?« »Ja, wir waren es.«

Nach einem Schluck Sancerre spreche ich beide nochmals auf ihre Erfolge an: »Sie wirkten in Filmen mit Zwillingsthemen mit, singen in Ihren Shows und tanzen dazu. Gibt es Momente, wo Sie keine Lust mehr zum Showbusiness haben?« »Nein«, antworten beide gleichzeitig. »Es ist ja eine unglaubliche Herausforderung für uns beide. Ein Traum von uns beiden wäre, am Broadway aufzutreten. Wir sind dankbar, das uns das internationale Publikum so mag.«

»Glauben Sie, das Ihnen Ihr Schicksal in die Wiege gelegt wurde?« »Ja, wir glauben sehr an das Schicksal. Es spielt im Leben eines Menschen eine außerordentliche Rolle. Die Stellung der Sterne bei der Geburt nimmt großen Einfluß auf den Charakter und die Zukunft. Aber wir möchten nicht wissen, was die Zukunft bringt.« »Sie sind beide im Tierkreiszeichen Löwe geboren. Welche lebenspraktische Bedeutung leiten Sie davon ab?« Alice sagt: »Der Löwe ist ein Feuerzeichen, der immer wieder irgendwie auf die Füße fällt und etwas Katzenhaftes an sich hat.« Und Ellen antwortet: »Ich bin mit dem Löwezeichen sehr zufrieden und mit meinem Namen.« Alice: »Meine Schwester dominiert sehr. In der Schule war sie schon ein Teufel, heckte nur Streiche aus. Ich war die liebe, brave Schülerin und sie ärgerte die Lehrer.« Ellen lächelt: »Die Schulkameraden liebten mich dafür. Alice war die Schulbeste und lernte und lernte ... Wenn ich zum Beispiel heute eine Idee habe für eine andere Choreografie, sagt meine Schwester immer erst ›nein‹. Wir brauchen für solche Entscheidungen immer eine dritte, neutrale Person, wie den Choreografen. Darum machen wir auch Pause vom Beruf und voneinander. Anders ginge es nicht. Das könnten wir nicht aushalten. Das ist nicht böse gemeint.«

»Wir teilten Sie die Räume in Ihrem gemeinsamen Haus in Grünwald auf?« »Zunächst dachten wir daran, ein Haus zu bauen, daß jeder seinen eigenen Wohntrakt hat. Aber ich war mir sicher«, sagt Alice, »daß die zweite Küche nicht benutzt würde, und wir immer zusammenhocken würden, ob wir uns streiten oder verstehen. Wenn nicht der Mann kommt, der uns das verbietet. Und den gibt es nicht.«

»Welche Chance hätte denn ein Mann bei Ihrer starken Verbindung?« Alice betont: »Er muß eine enorme Persönlichkeit sein und Verständnis zeigen.« Und Ellen erklärt abschließend: »Verständnis für die Situation einen Zwilling zu lieben. Wir sind eine Einheit, die schwer zu durchbrechen ist.«

Henri Nannen

Seinen Lebenstraum erfüllt sich Henri Nannen in seiner Heimatstadt: er stiftet Emden seine Kunstsammlung im Wert von acht Millionen. Dann folgen sechs Millionen für die Kunsthalle, die am 3. Oktober dieses Jahres von Bundespräsident Richard von Weiszäcker eröffnet wird. Dem Kunstzentrum ist eine Malschule für Kinder angeschlossen, Stipendien mit einer herrlichen Wohnung sind für begabte Künstler vorgesehen. Ein Jahr kostenlos.

Die Kunsthalle trägt auf Nannens Wunsch nicht seinen Namen. Die Stiftung wurde anläßlich seines 70. Geburtstages im Jahr 1983 eingerichtet. Ihr Zweck ist die Förderung der Kunst des 20. Jahrhunderts bis hin zur Gegenwart.

Seine Sammlung deutscher Expressionisten stellt Henri Nannen zur Verfügung. Das Programm der Kunsthalle bestimmt der Stiftungsrat, dem bedeutende Museumsdirektoren und Kunstkritiker angehören. Einzahlungen – gegen Spendenquittung an die Stadtsparkasse Emden, Konto Nr. 638, BLZ 28450000 bei der Stadtsparkasse Emden mit dem Vermerk »Kunsthalle« – sind jederzeit möglich. Die Firma Poroton lieferte das Baumaterial umsonst, Villeroy & Boch quadratmeterweise Fliesen für den Boden, die Wände, die Toilette, Küchen

und die Wohnungen, die der Hausmeister und Kunsthallendirektor beziehen werden.
In den lichtdurchfluteten Hallen werden die Bilder von Marc, Nolde, Kirchner in wenigen Monaten zu sehen sein. Die Dekken sind alle holzverkleidet, mit besonders eingerichteten Dachluken, die das Tageslicht einfallen lassen. Auf meine Frage, warum Henri Nannen nicht seine herrliche Expressionisten-Sammlung in Hamburg der Öffentlichkeit zeigt, sagt er lächelnd: »Da wäre ich einer von vielen, und Emden ist meine Heimat.« Nannen, ein großer Emdener und bekannter Mann des 20. Jahrhunderts, ein Mann der Zeitgeschichte, den ich bei Umbauarbeiten seines gerade neuerworbenen Hauses antreffe. Er spricht mit den Handwerkern »Platt«. Sie wirken auf mich wie eine große Familie.
Er trägt eine hellbraune Cordhose, von Bauschutt verschmutzt, einen Friesenpullover und geht auf mich zu.
Sein Flachdachhaus liegt direkt an einem seiner geliebten Emdener Kanäle, »Vielleicht bin ich auf diesem schon als Schuljunge Schlittschuh gelaufen!« Dann steigen wir in den ersten Stock, in sein zukünftiges Wohndomizil. Schräge Wände, viel Licht, weiträumige Türen. Sein Schreibtisch wird an der Fensterfront mit Blick auf die weite Ebene Ostfrieslands stehen. Ich spüre, daß ihm die Handwerksarbeiten Spaß machen. »Alles, was ich anfassen, entwerfen und mit der Hand bearbeiten kann, bereitet mir großes Vergnügen. Wird es gut, prima. Wenn nicht, fange ich noch einmal von vorne an. Ich werde oft gefragt, wo ich das gelernt habe. Ich weiß es nicht, aber ich kann es.« Er erklärt mir, daß er die gesamte Dachisolierung erneuern muß. »Sie ist nicht fachgerecht erstellt worden.« Einige Türen will er versetzen und wundert sich über die Unlogik des früheren Architekten. Ein tatkräftiger, energischer Ostfriese, denke ich. Nannen hat ein breites Gesicht mit vielen Lachfältchen und fröhlichen blauen Augen. Ein sympathischer Mann, der kameradschaftlich mit seinen Kollegen vom Bau umgeht, sie zur Bierpause einlädt und sie mit dem neuesten Emdener »Schnack« des Tages unterhält. Auf dem Weg in die Stadt erklärt er mir, wie Emden zu seiner Schulzeit aussah. Er bedauert

die Modernisierung durch die Zerstörung im Zweiten Weltkrieg. »Venedig des Nordens« wird Emden mit den vielen Wasserläufen, Grachten und Kanälen genannt. Es ist eine verträumte, etwas abgelegene Seehafenstadt an der Emsmündung. Und Henri Nannen ist stolz auf sie. Für seine Kunsthalle wurde eine Brücke gebaut, ohne Kosten versteht sich. Emden wird mit Recht stolz sein auf seinen Bürger Henri Nannen.

Man nennt ihn »Sir Henry«. Adel verpflichtet! Er verpflichtete sich in seinem Pensionsalter ganz seinem Hobby, der Kunst.

Seine hohe und stabile Erscheinung beeindruckt mich. Er ist 72, hat volles Haar, das wirr in ein immer noch jugendlich wirkendes Gesicht fällt. Das nach vorn strebende Kinn verrät: Typ Erfolgsmensch, verbindlich, aber dennoch energisch, manchmal rücksichtslos, aber immer jungenhaft.

Als gebürtiger Emdner schuf er 1947 in Hamburg den Stern. Heute sagt er: »In Emden bin ich glücklich, rundherum zufrieden. Ich möchte auch hier beerdigt werden.« Auf unserer Fahrt durch die Stadt halten wir bei seinem Malermeister. Durch das offene Fenster diskutiert er mit ihm Kostenvoranschläge.

Er schnallt sich in seinem Wagen nicht an. Für mich erstaunlich! Es gibt zwei Lieblingsrestaurants: einen Italiener und einen Chinesen, wo die Peking-Ente vorzüglich sein soll. Wir wählen Filet mit Gorgonzola beim Italiener. Er bestellt in italienisch. Ich frage: »Welche besonderen ostfriesischen Eigenschaften förderten Ihre erfolgreiche Laufbahn?« »Ach Gott«, lacht er. »Das können Sie ruhig mit Sturheit bezeichnen. Ich glaube an die normative Kraft des Faktischen, um es hochgestelzt zu formulieren. Natürlich wäre die Kunsthalle nie entstanden, hätte gar nicht entstehen dürfen, wenn ich vorher lange gefragt hätte und alle Genehmigungen eingeholt worden wären. Ich habe auch nie gerechnet, hätte ich das, dann wäre sie auch nicht gebaut worden. Gott sei Dank, jetzt wird sie trotzdem fertig.«

»Können Sie nicht rechnen?« »In Mathematik hatte ich in der Schule »mangelhaft«. Mein Abitur war gefährdet, deshalb habe ich es auch nicht mit gut bestanden, weil ich in Mathe unter aller Kanone war. Bis zur Abschlußprüfung konnte ich diese Schwäche gut vertuschen, indem ich abschrieb, aber das war während der Examensarbeit unmöglich, bei den weit auseinandergestellten Tischen.« »Sie zeichnet Sturheit aus. Was mögen Sie an Ihren ostfriesischen Landsleuten?« »Die Leute hier unterscheiden sich von denen, die ich so in meinem Leben kennenlernte, daß sie sagen, was sie denken. Können sie jemanden nicht leiden, dann lassen sie den das ganz kräftig spüren. Also wenn jemand ja sagt, dann meint er ja und umgekehrt und steht dazu.« »Das ist eine ehrliche Grundhaltung. Konnten Sie das in Ihrem Leben durchhalten, direkt und ohne Kompromisse zu leben?«

»Ich schließe nie sehr viele Kompromisse. Dafür bin ich nur, wenn Interessen stark entgegengesetzt sind. Mir wurde schon gesagt: ›Komisch, du glaubst immer, du bist im Recht‹, dann antworte ich: ›Natürlich glaube ich das, sonst stände ich doch nicht hinter meiner Meinung.‹ Das wäre ja kindisch. Ich bin gegen faule Kompromisse, die gemacht werden, um etwas zu erreichen. Ich wäre kein guter Politiker geworden. Tausendmal hätte ich mir das Maul verbrannt. Ich versuchte nie im Leben jemandem nach dem Mund zu reden.«

»Nach dem Prinzip Qualität, Können und Talent setzen sich immer durch?« Henri Nannen beugt sich vor. Er ist ein Gourmet und unterbricht das Essen nicht. Alle paar Wochen werden Fastentage wegen der Figur eingelegt. Er antwortet: »Vom Genie halte ich überhaupt nichts. Von Können eine Menge, mehr als von Wissen. Warum? Weil mir das Wissen vielfach fehlt, aber das Können weniger. Ich leide zwar unter dem, was ich nicht weiß. Ein Freund sagte folgendes über mich: Henri Nannen ist ein Mann, der verhältnismäßig wenig weiß, aber 'ne Menge kann. Das stimmt. Ich stoße ununterbrochen an meine Grenzen. Nachdem mein Kunsthallendirektor und ich uns trennten, wurde vorgeschlagen, ich könnte doch den Direktorposten der Kunsthalle übernehmen. Das kann ich natürlich nicht. Ich kann sie organisieren, sie bauen, besser als viele Kunsthistoriker. Ich bin ein Macher, aber kein Schriftgelehrter.«

»Aber die notwendigen Informationen wären doch durch Berater einzuholen?«
»Das ist eine sehr journalistische Einstellung: nichts wissen, nur neugierig sein und alles nachfragen.«
»Ist es nicht überhaupt im Leben so?«
»Sicher, natürlich!«
»Leiden Sie auch unter Ihren vielen Begabungen?« Nein, es gibt zwei Dinge, die mir zu schaffen machen: Mein Perfektionismus. Ich bin ein perfekter Handwerker. Einen Schrank oder eine Kommode baue ich ihnen handwerksgerecht, und die innere Verarbeitung muß so gut wie außen gearbeitet sein. Unter diesem Perfektionismus leide ich bei meinem derzeitigen Wohnungsumbau und der Kunsthalle. Vieles ist nicht notwendig und das bedrückt mich sehr. Ich bin pingelig. Und schließlich leide ich darunter, daß ich als Student nicht die Ruhe hatte, um noch mehr zu lernen oder zu erfahren. Mein Vater erhielt keine Pension, und ich mußte mir mein Studium hart verdienen. Alles, was ich lernte, lernte ich durch ›self-doing‹«.
»Sind Sie ein logischer Mensch oder ist das Herz Mitte Ihrer Person?«
»Herz und Verstand schließen sich nicht aus. Meine Arbeit leiste ich vom Gefühl her, aus dem Bauch, aber ich lege großen Wert auf Logik. Latein gefällt mir als logische Sprache sehr gut. Eigentlich hätte ich ein guter Mathematiker werden müssen. Aber der Sinn fehlt mir für diese abstrakte und tote Materie.«
»Sie schrieben während der Nazizeit drei Artikel im besten Sinne des Regimes, warum?« »Nein, das stimmt nicht. Ich wäre mit Sicherheit ein guter Nazi geworden. Ich war jung, aber ein jüdisches Mädchen, das hier gleich um die Ecke wohnte, war meine große Liebe. Sie lebt heute in Haifa. Für diese Freundschaft wurde ich von der SA nach der Abiturfeier zusammengeschlagen. Mein Vater war sozialdemokratischer Stadtrat oder Bürgervorsteher, wie es damals genannt wurde. Also hatte ich gar keine Chance. Ich wurde von der Universität von den Nazis religiert. Ich mußte in einer Faßfabrik arbeiten. Auf der Straße traf ich meinen alten Lateinlehrer, Prof. Ritter.

Er sprach mich deswegen an und fragte mich dann nach meinem Konfirmationsspruch: ›Verlasse dich auf den Herrn, verlasse dich nicht auf deinen Verstand.‹ Seine Antwort war: ›Sehen Sie, das ist das Pfund, mit dem Sie wuchern müssen. Ihre Arbeit in der Fabrik ist eine Flucht nach vorne, und das dürfen Sie nicht. Sie entziehen sich Ihrer Berufung und die haben Sie im Kopf. Suchen Sie sich einen Studienplatz in München.‹ Ich begann dann in München Kunstgeschichte zu studieren und er unterstützte mich ein Jahr lang mit 120.– DM. Damals wahnsinnig viel Geld. Nebenher schrieb ich für eine Kunstzeitschrift beim Bruckmann-Verlag. Man bat mich, als Dank an Hugo Bruckmann, der mir diese Möglichkeit einräumte, für die ›Münchner Neuesten Nachrichten‹ ordentliche, Farbe bekennende Artikel zu schreiben. Ich schrieb drei miese Nazi-Artikel, keine antisemitischen, keine zur Gewalt aufhetzenden, aber furchtbar pathetischen Quatsch mit ›neue Zeit, neue Welt‹ und Führer und was sonst noch alles. Und diese drei Artikel werden mir immer wieder vorgehalten.
Nach dem Krieg erhielt ich die attraktivsten Angebote als Journalist und Rundfunksprecher. Ich dachte immer, Mensch, so gut biste doch gar nicht, wie ist das möglich? Eines Tages bin ich in Hannover und sitze bei meiner Schwiegermutter, meine erste Frau stammt aus Hannover, auf der Toilette. Damals gab es noch nicht Samu-Samtweich und Hackle-Feucht, und da lese ich eine Theaterkritik über ›Minna von Barnhelm‹ von Gert Schulte, einem Klassenkameraden von mir. Ich rief ihn am nächsten Tag an, und durch diese Verbindung wurde mir eine Zeitungslizenz für 5000 Reichsmark angeboten. Ich lieh mir das Geld von meinem Vater und gründete eine GmbH. Wir waren vier Leute. Die englische Militärregierung wußte von meinen drei Artikeln und man fragte mich, was ich dagegen setzen könnte? Ich sagte ihnen, daß ich mich nicht als Widerstandskämpfer aufspielen könnte, sondern ich nannte ihnen ein paar Namen, bei denen sie sich erkundigen sollten. Das taten sie und schickten mich nach Bad Oeynhausen, in das sog. ›War Crime Accessement Center‹. Das Ende vom Lied: ich bekam die erste Zeitungslizenz in Niedersachsen, trotz der Artikel.

Ich kreierte den Stern. Für die erste Nummer bekam ich das Papier von Axel Springer, dann unsatiniertes Papier für die zweite Nummer von der Kommunistischen Volksstimme. Schließlich betätigte ich mich als Holzkaufmann und kaufte auf dem Schwarzmarkt Zellulose.« »Für die Politik im ›Stern‹ stellten sie folgende Thesen auf: Kampf gegen Staatsreglementierungen, Schutz der Einzelperson, Kampf gegen kirchliche Dogmen ...«. »Gegen den Übermut von Ämtern und Behörden ...«, setzt er fort. »Waren Ihre Erfahrungen im Dritten Reich das Alibi dafür?« »Ich bin ein Individualist, im Grunde meines Herzens ein Liberaler und kein Sozialist.« »Aber schon mehr links von der Mitte?« »Nein, das will ich heute schon nicht mehr sagen, aber ich bin immer so ein bißchen links von denen, die die Macht haben. In wirtschaftspolitischen Dingen war ich nie ein Sozialdemokrat. Die Menschen brauchen die gleichen Chancen. Es muß etwas geleistet werden.« »Erreichten Sie mit dem ›Stern‹ ein besseres Verständnis füreinander?« »Der Ausdruck: ›Der Stern ist das Reichsgericht des kleinen Mannes‹, stammt nicht von mir, sondern von einem Leser. Heute will natürlich niemand mehr ein kleiner Mann sein. Aber wir erreichten viel durch das Gegen-den-Strom-Schwimmen, gegen die Illusionen, unsere ganze Ostpolitik. Zum Beispiel schaffen Anführungsstriche vor der DDR keine Fakten. Wir begannen den Krieg und verloren ihn. Also werden wir ihn bezahlen müssen.« »Gab es bei Ihrer gesellschaftlichen Mission auch Grenzen des guten Geschmacks?« »Ich weiß nicht, was Sie darunter verstehen? Die New York Times schrieb den schönen Satz: ›All the news that fits to print‹ und ich finde, daß wenn etwas der Wahrheit entspricht, muß es gedruckt werden. Als das Bild von Schleyer, tot im Kofferraum, auf dem Weltmarkt war, kaufte ich es für viel Geld, um es nicht zu drucken. Da ging es um die Würde eines Menschen. Aber ich druckte natürlich amerikanische Soldaten, die grinsend die Köpfe der eroberten Vietnamesen in der Hand hielten. Oder strich aus dem Text über die Kennedyermordung Sätze über Jacqueline Kennedy, die man einer Frau nicht antun darf.«

»Sie schreiben heute Bettelbriefe an die Industrie zur Finanzie-

rung Ihrer Kunsthalle. Wie oft werden Sie von der Stern-Vergangenheit eingeholt, daß Firmen ablehnen, weil Sie ihnen früher gegen das Schienbein traten?« Er lacht: »Zum Beispiel Herr Barthelt von der Norddeutschen Kraftwerksunion. Er schrieb, daß der Stern immer völlig abwertend und negativ über die Kernenergie berichtet hätte. Dabei machten wir die Serie: Jugend forscht.« »Wie weit beeinflußte der Stern zu Ihrer Zeit die Politik oder machte sie?« »Ganz entscheidend im Sinne einer Desillusionierung. Walter Scheel schickte mir folgendes Telegramm: Sie haben Deutschland verändert. Schon vor der Brandt-Scheel-Politik schrieben wir, daß wir mit den Polen und den Russen auf eine Art ›speaking terms‹ kommen müssen.« »Glauben Sie, daß wir tatsächlich in Frieden nebeneinander leben können?« »Ja, aber sicher! Daß das alles nicht funktioniert, ist eine Tatsache, aber seit Brandt eine Entspannungspolitik in die Wege leitete, wird der deutsche Satan nicht mehr an die Wand gemalt. Seitdem bröckelt es im Ostblock.« »Was halten Sie von dem Sprichwort: ›Willst du Frieden, dann rüste zum Krieg?‹ »Davon halte ich gar nichts, ein Sprichwort von den Arabern entspricht meiner Einstellung: ›Gechärfte Schwerter tanzen zum Feind‹, das heißt es wurde noch nie eine Waffe erfunden, die nicht überall Staatsgebrauch wurde. Ich bin grundsätzlich gegen das Erfinden von Waffen.«
»Sind Sie ein Anhänger des positiven Denkens?« »Was ist das?« »Das neue Bewußtsein, selbst seinen Feind zu lieben und ihm zu vergeben?« »Das hat nichts mit positivem Denken zu tun, das ist ein wesentlicher Bestandteil des Christentums. Es ist einer der moralischsten und gescheitesten Grundsätze des Christentums. Selbst die pragmatischen Engländer sagen: if you can't beat them, join them. Was mich besonders in unserem Land stört, ist das Denken in Feindbildern. Ich bin nicht für das Prinzip: Friede, Freude, Eierkuchen. Sondern dafür, daß man sich mit Gegnern auseinandersetzt. Argumentativ! Mit einem Gegner kann man reden und auch dagegen reden. Einen Feind kann man nur totschlagen. Es ist schlimm, daß in Deutschland auch in den politischen Parteien dieses Freund-Feind-Denken so überhand genommen hat, statt zu sagen:

Mensch, wir wollen doch alle dasselbe, zum Beispiel, daß alle Menschen gut leben. ›Das größte Glück der größten Zahl‹, wie die Kommunisten sagen. Wir haben nur verschiedene Meinungen darüber, wie das erreicht werden kann. Aber geht es hier der Partei A schlecht, freut sich Partei B und umgekehrt.« »Wie beurteilen Sie das gegenwärtige politische Klima in Deutschland? Wie gehen die Bundeswahlen 1987 aus?« »Meine politische Meinung habe ich während der ganzen Zeit, als ich Journalist war, eindeutig und klar vertreten. Ich war nie ein Sozialist im Sinne des Umverteilens. Ich halte auch nichts davon, Leute, die arbeiten können, dafür zu bezahlen, daß sie nicht arbeiten. Der Staat ist kein Wohltäter, sondern er muß für Gerechtigkeit sorgen. Das bedeutet auch, daß er kranken und schwachen Menschen hilft. Bauern zu subventionieren ist unbegreiflich. Die Subventionitis war noch nie so schlimm wie heute. Was die Außenpolitik betrifft, bin ich absolut gegen den Illusionismus. Wir müssen versuchen, uns mit den Russen zu einigen, wie wir uns heute bereits mit den Franzosen verstehen.« »Und was sagen Sie zu den USA?« »Den Amerikanern verdanken wir viel. Wir können sie nicht mit Herrn Reagan gleichsetzen. Sie können auch die ganze CDU nicht mit Herrn Kohl gleichsetzen.« »Aber beide repräsentieren USA und Deutschland?« »Leider ja!«

»Wie liefen Ihre Redaktionskonferenzen ab?« »Die Vorschläge kamen von der Redaktion und mir. Ich kann Ihnen gar nicht sagen, wie oft ein Redakteur mir erwiderte: das ist doch idiotisch, machen Sie das selber, wenn Sie das für richtig halten! Darüber war ich nie böse. Aber den Entscheidungen gingen bei mir heftige Diskussionen voraus.« »Also die Funken sprühten und dann kam die göttliche Eingebung?« Henri Nannen schweigt. »Wie beurteilen Sie die Talente der Journalisten in der Gegenwart?« »Es gibt hervorragende Reporter. Ich wundere mich, daß die Reportage in Deutschland nicht so beliebt ist, sondern der Leitartikel. Die Leute wünschen sich den erhobenen Zeigefinger und das finde ich etwas ganz Schreckliches.« »Wo liegt die Grenze des guten Geschmacks?« »Leute, die sich nur zynisch und sarkastisch äußern, lehne ich grundsätzlich ab.« »Nennen Sie mir einige begnadete Journalisten.« »Der Kempski als politischer Reporter und Satorius als Reporter.« »Fällt Ihnen da vielleicht noch eine Frau ein?« »Aber ja, unter den Journalistinnen würde ich die Palme sowieso einer Frau geben. Anneliese Friedmann las ich gerne, auch Gräfin Dönhoff. Sie ist nicht die exzellente Schreiberin, aber sie ist eben als Mensch unglaublich ehrlich und anständig.«

»Glauben Sie, daß alles im Leben seinen Preis hat? Für den Erfolg bezahlt werden muß?« »Das weiß ich nicht. Das kann man rechnerisch nicht betrachten.« Henri Nannen lehnt sich weit zurück. Er ist nachdenklich: Ich hake nach: »Ich meine nicht rechnerisch, sondern die menschliche Seite. Zwingt Erfolg zur inneren Einsamkeit?« »Ja, wenn Sie eine Sache mit viel Intensität betreiben, wie ich meine Arbeit, dann kommt das Menschliche, nein, nicht das Menschliche, das Private kommt dann sehr häufig zu kurz. Das ist klar.« »Wie ist das bei Ihnen? Sind Sie zufrieden mit dem, was Sie geschaffen haben, oder gibt es nach wie vor Schwächen, die Sie gerne überwinden möchten?« »Ja.« »Welche sind das?« »Erstens mein Mangel an Wissen, der mir sehr zu schaffen macht, und meine Ungeduld, die mich plagt.« »Wurden Sie mit den Jahren gelassener?« »Nicht allzu viel. Aber ich bin nicht nachtragend. Insofern habe ich viel zu viel Geduld mit Menschen.« »Sie vergessen jede Tücke, die Ihnen angetan wurde?« »Vergesse ich vollkommen! Ich fange mit Null wieder an. Ich habe komischerweise ein großes Bedürfnis nach Harmonie. Das glaubt man mir nicht, wenn man mich nicht kennt, aber ich habe es.« »Liegt es daran, daß Sie selbst wenig innere Harmonie besitzen?« »Das ist wohl möglich«, wehrt Henri Nannen ab.

»Wie stehen Sie zu der Institution Ehe?« »Der Mensch ist überfordert. Ich verliebte mich in meinem Leben so häufig, daß ich dachte, die oder keine und für ewig, aber können Sie es verhindern? Die Liebe ist eine Sache, die kommt wie ein Regen ...« »Oder wie ein Höllenfeuer, was bleibt ist Asche?« frage ich. »Sie ist ein Naturereignis. Und dann existieren nicht die Kategorien Schuld oder ›Du hast mich verlassen‹ oder ›du hast dieses oder jenes‹.« »Wenn Sie liebten, gaben Sie nie Versprechungen für die längere Zukunft?« »Als ich sehr jung war, ja. –« »Ließen Sie sich nie von Frauen beeinflussen?« »Oh ja, meine Frau war immer meine beste Kritikerin. Sie ist eine großartige Frau, vor der ich unendlich viel Hochachtung empfinde. Ich gab fast alle meine Leitartikel meiner Frau zum Lesen. Sie konnte ein sehr gutes Urteil abgeben. – Erstens hat sie ein großartiges Gefühl für Sprache. Oft sagte sie: das ist ein wenig überzogen oder du redest zu viel von dir. Auch auf das Urteil meiner Sekretärin legte ich großen Wert. Wenn die Sekretärin es versteht, dann verstehen es Millionen Leser. Wurde es nicht verstanden, habe ich den ganzen Kram in den Papierkorb geworfen.« »Meine Frage nach der Institution der Ehe beantworteten Sie mir mit der Liebe, die sich für Sie oft ereignete. Veliebten Sie sich auch innerhalb der Stern-Redaktion in Mitarbeiterinnen?« »Hm.« »Erleichterten Sie dann Ihrer Freundin die Arbeit in der Redaktion?« »Im Gegenteil! In diesem Fall war ich besonders kritisch. Meine Freunde haben es immer am allerschwersten gehabt. Ich bin ein sehr gerechter Mensch. Nichts wäre mir gräßlicher gewesen als das Gefühl, jemanden zu protegieren. Ich rate jedem, keinen Freund zu engagieren, nur weil er ein Freund ist. Damit macht man niemandem einen Gefallen. Lieber gibt man 50 Mark aus der eigenen Hosentasche.« »Wenn Freunde Sie nicht beeinflussen können in Ihren Entscheidungen, glauben Sie, daß Sie eine gute Menschenkenntnis haben?« »Nein. Ich habe mich sicher häufig geirrt. Meine Frau besitzt eine gute Menschenkenntnis. Darauf kann ich mich hundertprozentig verlassen.« »Ist sie auch der Mensch, der Sie am besten kennt?« »Das weiß ich nicht! Wissen Sie, wenn man 30, fast 40 Jahre miteinander verheiratet ist und sich so nahe steht ... Am besten kennt man sich doch selbst.« »Gegen die Liebe kommt keiner an. Das wissen Sie doch selbst am besten?« »Ja, aber was hilft es? Meine Frau ist ein temperamentvoller Mensch, sie verliert dann sämtliche Maßstäbe, versucht mir dann so weh zu tun, wie es mir nur weh tun kann.« »Ist es leicht Sie zu verletzen?« »Ach Gott, das ist nicht so furchtbar schwierig. Es können mir nur Menschen weh tun, an denen mir sehr viel liegt.« »Da Ihre Frau Sie gut kennt, wird sie

sicher auch für vieles Verständnis zeigen?« »Ich weiß es nicht. Alles, was ein Mensch durchstehen kann, hat sie durchgemacht mit sehr viel Disziplin. Aber wenn Sie nach der Gerechtigkeit fragen, ist es natürlich ungerecht, wie ich mich meiner Frau gegenüber verhalten habe.«
Henri Nannen bestellt Eis. Er darf sündigen, meint er. Ich frage: »Sie erzählten mir während unserer Autofahrt hierher, daß Sie sich blendend mit Ihrer Frau verstehen, oft telefonieren! Halten Sie an Ihrer Ehe fest?« »Ja, das ist ganz sicher. Wir sind nicht nur sehr lange miteinander verheiratet, sondern wir lebten sehr eng miteinander, machten vieles gemeinsam durch, standen einiges an Belastungen durch. Das ist etwas, das man nicht wegschieben kann. Wir bleiben verbunden, für immer. Ich habe ihr sehr viel zu verdanken. Sie hat mich vorwärtsgetrieben, aber sie war immer der ruhende Pol für mich.« »Was halten Sie von der Gleichberechtigung?« »Ich finde es immer ein wenig lächerlich so zu tun, als gäbe es keine Unterschiede zwischen Mann und Frau. Warum ist es eine Frage der Gleichberechtigung, daß alle Frauen das gleiche Wahlrecht haben müssen, alle Männer müssen es ja auch nicht haben. Frauen sind vielleicht, was die Logik anbetrifft, den Männern ein wenig unterlegen. Es gibt eine bestimmte Art von weiblicher Logik, die sehr vom Gefühl beeinflußt ist, aber dann folglich keine Logik mehr ist.« »Es gibt immer noch selten Chefredakteurinnen?« »Ich würde sofort eine engagieren. Ebenfalls eine Direktorin für die Kunsthalle. Ich bin mit Frauen immer besser zu Rande gekommen als mit Männern, immer. Ich bin lieber mit Frauen zusammen und arbeite auch lieber mit einer Frau als mit einem Mann.« »Können Sie wie ein einsamer Wolf ganz allein leben?« »Nein! Ich brauche eine Frau neben mir. Ich habe ganz wenige Freundschaften mit Männern, die allerdings sind besonders erfreulich, aber ich habe es immer viel leichter mit Frauen gehabt, ja, vor allem im Gespräch. Obwohl dann manchmal der Punkt kam, daß ich sagte, das ist doch weibliche Logik! Das ist nicht abwertend gemeint.«
»Können Sie rasch um Verzeihung bitten, wenn Sie jemandem Unrecht zufügten?« »Wissen Sie, das klingt komisch, alle die

Leute, die es nicht fertig bringen zu sagen: ich habe mich geirrt, oder ich habe Mist gebaut: mit denen habe ich Schwierigkeiten! Zum Beispiel die Probleme zwischen Gillhausen und mir entstanden dadurch, daß der Unterschied zwischen ihm und Gott folgender war: Gott weiß alles und Gillhausen weiß alles besser. Es weiß kein Mensch, warum die Schwalben auf ihrem Zug nach Hause nicht über die Lüneburger Heide fliegen. Und Gill sagte: das ist doch ganz einfach und die ganze Redaktion lachte. Ich predigte immer in der Sternredaktion: Kinder tut mir einen Gefallen, wir sind nicht allwissend, wir irren uns. Und wenn das der Fall ist, dann schreiben wir: es tut uns leid, wir haben uns geirrt. Man muß nicht immer Recht behalten wollen. Der zweite Punkt ist wie der Titel eines Schlagers aus meiner Jugendzeit: ›Ungeküßt sollst du nicht schlafen gehen!‹ Ich vergebe mir doch nichts, wenn ich mal um Entschuldigung bitte, wenn man jemanden gerne hat.« »Schliefen Sie immer gut?« »Nicht immer. Aber ich wache morgens sowieso sehr früh auf.«

»Wie reagierte Ihr Sohn auf das Testament?« »Wir sind uns äußerlich sehr ähnlich. Er ist aber viel pragmatischer als ich. Er kann mit Zahlen umgehen, ist ein hervorragender Kaufmann. Als ich ihm eines Tages sagte: ›du, das habe ich vor‹, antwortete er: ›Ich wußte, daß du etwas Verrücktes machen wirst!‹ Und lachte! Ich sagte: ›Das ist doch nicht zum Lachen. Du weißt doch, daß es irgendwann dein Erbteil bedeutet?‹ Er antwortete verständnisvoll: ›Ach weißt du, ich freue mich, daß du dir mit der Kunsthalle deinen Traum erfüllen kannst.‹«

Karlheinz Böhm

Eine schmale Treppe führt in den zweiten Stock zum Büro: »Menschen für Menschen«. In dem länglichen, höchstens 60 Quadratmeter großen Raum, befinden sich die Arbeitsbereiche für die bis zu zehn Mitarbeiter von Karlheinz Böhm. Davon sind mindestens sieben als freiwillige Helfer tätig. Wenig Tageslicht erhellt die engen Räume in der Kaufingerstraße, dem Einkaufsboulevard von München. Fast wie »Fußfallen« stehen Pakete an den Wänden, Afrikaplakate sind mit Tesafilm festgeklebt. Mir sitzt ein schmaler, ernster Mann an einem einfachen Schreibtisch gegenüber. Sein Büro teilt er mit einer Mitarbeiterin. Tiefe Falten sind zwischen seinen Augenbrauen eingegraben. Unendlich traurige Augen in dem weichen Gesicht blicken mich an. Die Sprache eine ganz andere: kühl, distanziert, sachlich. Sein Redefluß ist durch meinen Fotografen nicht zu unterbrechen.
Der einstmals ruhmreiche Schauspieler schuftet täglich 14 Stunden. Er setzt seine gesamte Kraft für seine karitative Organisation ein. »Aus Überzeugung oder eitlem Anerkennungstrieb?« fragte ich mich vor unserem Gespräch. Ganz sicher das erstere. Er spricht wenig von sich und seinen eigenen Gedanken; trägt mit nach vorne gebeugten Schultern einzig und allein die Verantwortung für die Durchführung seiner Hilfsmaßnah-

men. Allein sechs Monate im Jahr verbringt er tatkräftig und engagiert selbst in Äthiopien. Er bittet mich, das gerade erschienene Buch »Menschen für Menschen«, ein Bildband mit eigenen Texten für DM 19,90 zu kaufen. Nein! Es ist keine Bitte, ich höre fast eine Forderung aus seiner Stimme. Seine schmalen, sensiblen Hände blättern in dem Buch, zeigen auf sein Lieblingsbild: er, umreiht von Kindern, davon eines zärtlich im Arm. Sein Gesicht glücklich und entspannt.
Was war das Schlüsselerlebnis des bekannten Darstellers zu seinem neuen Bewußtsein und der totalen Hingabe an hungernde Menschen? »Das begreifbar zu machen mit einem sogenannten Ahaerlebnis fällt mir schwer. Es war eine notwendige Folgerung aus der Kontinuität meines Lebens. Durch starke Selbstkritik und mit offenem Blick entwickelte ich mich auf diesen Punkt zu. Ich spielte im Oktober 1980 Theater im Düsseldorfer Schauspielhaus. Die Probe fiel durch die Erkrankung eines Kollegen aus und durch diesen Zufall sah ich im Fernsehen einen Film über die Sahel-Zone: an Hunger sterbende Kinder, das ganze Elend. Die Probe am nächsten Morgen fand ebenfalls nicht statt und dieses Mal beobachtete ich eine Bundestagsdebatte mit dem damaligen Bundesverteidigungsminister Apel, der für eine Aufstockung des Wehretats um 100 Mio. plädierte. Für Flugübungsbenzin! Das erschien mir angesichts der Hungersnot in Afrika dermaßen verrückt und wahnsinnig, daß ich mich in diesem Moment für eine Änderung meines Lebens entschied. Aber die tatsächliche Entwicklung zu meinem heutigen Leben liegt mindestens 20 Jahre weiter zurück und hatte seinen Ursprung in den Studentenunruhen von 1968 und in der Arbeit mit Rainer Werner Faßbinder. Er beeinflußte mein sozio-politisches und gesellschaftspolitisches Denken wesentlich.« »Empfanden Sie den öffentlichen Ruhm als Schauspieler zu oberflächlich?« »Ach sicher! In den 50er Jahren war ich doch selber ein schönes Beispiel für den Tanz um das goldene Kalb, den ganz Europa mittanzte. Durch das Wirtschaftswunder wurde der reine Materialismus zur Gottheit erhoben, um die umtanzte ich genauso wie alle anderen.« »Kennen Sie selbst das quälende Gefühl des Hungers?« Böhm

wischt diese Frage weg: »Nach dem Krieg hatte ich manchmal ein bißchen Hunger. Aber nie den Hunger, den die Menschen in den betroffenen Zonen spüren!« »Entspricht Ihr Engagement Ihrer christlich-katholischen Überzeugung?« Die Antwort folgt deutlich und zu schnell: »Ich bin aus der katholischen Kirche vor 12 Jahren ausgetreten. Aber ich glaube an Gott. Sicher gibt es keinen Menschen, der nicht an ihn glaubt. Auch solche, die behaupten, sei seien Atheisten.« »Wurde Ihr Glaube erschüttert durch die traurigen Erfahrungen und Bilder der Hungernden?« Die Stimme bleibt nüchtern: »Nein, nein, überhaupt nicht. Die christlichen Ideen, die ich für das ethisch und moralisch hochstehendste Gedankengut der Menschheitsgeschichte überhaupt halte, geben mir genügend Halt, um nicht zu verzweifeln. Im jüdischen Gesetzbuch Talmud steht ein wunderbarer Satz: ›Hast du einem Menschen geholfen, hast du einer Million Menschen geholfen.‹ Es gibt so viele Menschen, die darüber nachdachten und hilfreich sind. Wir müssen begreifen, daß wir nicht die Welt verändern können, aber uns selbst und dann eine Menge bewegen können.«
Die Gestik von Böhm ist verhalten. Seine Hände liegen ruhig auf dem Tisch. Die Betonungen seiner Ausführungen erinnern an den Schauspieler. »Wieviel Hilfsbereitschaft konnten Sie bei den Deutschen erfahren?« »Die ist gewaltig. Nach den Statistiken und Zahlen zu urteilen, ist sie wahrscheinlich größer als bei irgend einem anderen Volk der Erde.« »Sie regen die Afrikaner an, das Beste aus den Gegebenheiten ihres Lebens zu machen. – Haben Sie Ihrem Leben alles abgerungen?« »Das zu beurteilen würde ich lieber anderen Menschen überlassen. Wenn ich überhaupt etwas in meinem Leben bedaure, dann dies, daß ich erst mit 53 Jahren die Kraft fand, das zu tun, was ich heute umsetze. Ich hatte nicht die menschliche Reife, mich früher aus meinen Denkklischees zu befreien, um die Wahrheit zu finden. Ich gewöhnte mir an, das zu sagen, was ich denke und das ist manchmal unbequem für meine Mitarbeiter. Noch schwerer ist das in einer Gesellschaft, die den Opportunismus liebt.«
Auf meine Frage: »Sind Sie immer ein nachdenklicher Mensch

gewesen?« antwortet er: »Ich bin leider nicht so fröhlich, wie ich gerne sein möchte.« Dabei lächelt er das erste Mal. Er sagt ehrlich: »In den ersten Jahrzehnten meines Schauspielberufes bildete ich mir ein, alles zu wissen. Das ist aber ausschließlich ein Vorrecht der Jugend. Ich predige meinen Kindern ununterbrochen, neugierig zu bleiben, nachzufragen, zu lernen und sich nicht anzupassen. Sicher auch deshalb, weil ich nicht genug lernte, als ich jung war. Ich versuchte, meine eigenen Fehler an meinen fünf Kindern wiedergutzumachen. Auch mein Erfahrungsprozeß bei den Menschen in Afrika ist der, daß ich ihnen deutlich mache, nichts von ihnen zu wissen und ständig frage: wie sie leben, lieben, welche Traditionen sie haben, wie sie wohnen, essen, schlafen und ihre Kinder betreuen. Ich lasse meine Unkenntnis zur Kraft werden, indem ich mich zu ihr bekenne. Überhaupt ist das Bekennen, etwas nicht zu wissen, keine Schande. Eher umgekehrt.« Karlheinz Böhm sieht deshalb den Begriff Entwicklungshelfer nicht in Verbindung mit sich. Er sei ein Sozialarbeiter, keiner, der belehren will, sondern einer, der immer lernt. Deshalb frage ich ihn: »Was könnten Sie von den Äthiopiern für Ihr Denken übernehmen?« »Viele, viele Dinge. Geduld und nochmals Geduld, und eine Menge über den wirklichen Sinn des Familienlebens. Die Menschen werden in Afrika auf dem Bett geboren, auf dem sie gezeugt wurden, und darin sterben sie; in den Armen der Menschen, denen sie einst das Leben schenkten. Das ist der Rhythmus einer Familie, wie es ihn bei uns überhaupt nicht mehr gibt. Alte Familienangehörige werden hier in noble Altenheime abgeschoben, wo sie einsam sterben. Für mich war es ein unvergeßliches Erlebnis, als mein Vater in meinen Armen starb. Das gab unserer Verbindung eine neue Dimension. Und ich lernte bei meinen afrikanischen Freunden, daß die Stellung der Frau eine viel mächtigere ist, als in unserer scheinbar so emanzipierten Gesellschaft. Darum funktioniert dort die Familie, bei uns herrscht dagegen zwischen Mann und Frau Unsicherheit und Angreifbarkeit.« Allerdings gibt mir Böhm recht, daß in unserer Leistungsgesellschaft mit den Zwängen dafür sicher oft die notwenige Zeit fehlt.

»Welche Empfindungen werden in Ihnen wachgerufen, wenn Sie afrikanische Kinder dankbar anlächeln?« »Das Schönste wäre für mich, wenn ich auf meinem Sterbebett sagen kann, daß ich wirklich ein Mensch für Menschen gewesen bin. In Anlehnung an die Mozartoper: ›Die Entführung aus dem Serail‹, wo die Frage gestellt wird: ›Was ist denn der Tod? Der Übergang zur Ruhe?‹«

»Veränderten Ihre Erfahrungen als ›Mensch für Menschen‹ Ihre eigenen Lebensgrundsätze und setzten neue Maßstäbe?«

»Natürlich veränderte sich mein Leben, allein durch die praktischen Tatsachen. Aber ich esse noch immer gerne gut, ich fahre ein anständiges Mittelklasseauto. Mit einem Katalysator, um mein Gewissen zu beruhigen. Ich schlafe in dem Haus, das ich von meinen Eltern erbte. Ich bin alles andere als ein Franziscus von Assisi geworden, der plötzlich in Sack und Asche gehüllt mit den Vöglein spricht. Bei meinem karitativen Engagement lasse ich mir keinen Heiligenschein aufsetzen. Ich bin ein absoluter Realist. Ich werde nie ein verträumter Heiliger werden. Ich zeige in all meinen Lebenssituationen einen uneingeschränkten Realitätssinn.« Dann folgt unaufgefordert ein langer Monolog über seine Lebensphilosophie: »Ich bin gegen das Feinddenken und mache aus meiner politischen Meinung keinen Hehl. Weder das kapitalistische Wirtschaftssystem, noch das eingefrorene kommunistische Gesellschaftssystem bilden ein ideales Zukunftsmodell. Ich sitze relativ unbequem zwischen zwei Stühlen und die einzige Lobby, die ich habe, sind die Menschen. Aber verdammt viele! Ich halte Veränderungen nicht nur für notwendig, sondern für unabdingbar, und ich versuche selbst durch meine Arbeit einen Teil dazu beizutragen. Bauern sind die wichtigste Grundlage der menschlichen Gesellschaft. Auf der anderen Seite produzieren subventionierte Bauern so viel Überschuß, daß allein die Lagerung davon in der Europäischen Gemeinschaft in jedem Jahr 36 Milliarden kostet. Und wenn dann jemand behauptet, wir leben in einem wirtschaftlich gesunden System mit dem Wissen, daß etwa zwei Drittel der Menschheit an Hunger leidet, dann ist dieser Mensch krank im Hirn. Ich bin kein Prophet, ich bin nicht einmal in der Lage, sagen zu können, wie wir es besser machen können. Ich denke an einen gelenkten Sozialismus, der mit der freien Marktwirtschaft kombiniert ist. Die vollkommene Freiheit ist ein Traum, und ich träume nicht. Ich bedaure es, kein Genie zu sein. Wir brauchen wieder einen neuen Jesus, einen neuen Marx, wir brauchen wieder einen Buddha, der als sozial Erfahrener seiner Zeit weit voraus ist. Und das Bewußtsein, ein Mensch für Menschen zu sein.« »War alles in Ihrem Leben vorherbestimmt?« »Nein, nein, ich glaube nicht daran, obwohl mein Sohn Astrologe ist und sich eingehendst mit mir beschäftigte. Meine Familie zeigt ein erstaunliches Verständnis für meine Arbeit. Nur selten kommt es zu Vorwürfen.« »Sie verbringen im Durchschnitt sechs Monate in Afrika, wie schützen Sie sich vor Tropenkrankheiten?« Ich spüre, daß das für Böhm kein Thema ist. Er antwortet sachlich: »Ich lernte in den letzten fünf Jahren, daß Tropenkrankheiten nicht gefährlicher sind als europäische Zivilisationskrankheiten. Nehmen wir die asiatische Grippe im Vergleich zur Malaria; mir ist von der Erfahrung her die Malaria lieber. Unsere Herzinfarkte, Verkalkungen, Verfettungen oder Krebse sind nicht vergleichbar mit den Tropenkrankheiten.« »Sie trösteten afrikanische Kinder, die während der großen Umsiedlung von ihren Eltern getrennt wurden, mit Worten: Nicht traurig sein, es wird immer wieder Licht! Glauben Sie daran?« »Es ist immer Licht. Wir sehen es nur oft nicht. Was das Ertragen des Elends betrifft, dann frage ich nicht nach den Ausmaßen, sondern ich packe einfach zu. Das ist meine Form der Gegenwehr zum Überleben.«

»Wie lauten die Leitlinien Ihrer Organisation und wie helfen Sie den Menschen zur Selbsthilfe?« »Nach der ersten Hungerhilfe, bis der Mensch wieder zu Kräften gekommen ist, versuchen wir, ihn durch Anleitungen unabhängig zu machen von Staat, Entwicklungshilfe, Hilfsorganisationen, damit er sich selbst ernähren kann.« – »Manche Menschen wollen nicht für Afrika spenden, sie wollen aktiv mithelfen. Welchen Rat geben Sie?« »Ich kann nur darum bitten, daß die Menschen sich das Wissen über die Dritte Welt mit all ihren Problemen aneignen, damit jeder einzelne selbst beurteilen kann, was er beizutragen vermag. Hydrotechniker oder Geologen, Krankenschwestern und Ärzte werden zweifellos gebraucht. Aber Physio-Chemiker oder Chemo-Physiker sicher nicht! Der Deutsche Entwicklungsdienst (DED) hat deshalb neue Richtlinien entwickelt: d. h. die Entwicklungsdienste müssen zunächst unvorstellbar viel lernen, damit sie wirklich helfen können!«

»Es gibt Auffassungen, daß durch die nicht ausreichende Empfängnisverhütung erst die Bevölkerungszahlen explodierten?«

»Einer der großen Humanisten dieses Jahrhunderts, Martin Luther King sagte: ›Gebt den Menschen soziale Sicherheit, und sie werden weniger Kinder haben.‹ Zu Beginn dieses Jahrhunderts hatten wir in Europa eine gigantische Geburtenexplosion, heute reden uns Familienminister ein, viele Kinder zu zeugen, sonst gäbe es bald keine Deutschen mehr. Warum? Unsere sozialen Absicherungen sind so hoch, daß mehr Kinder gar nicht nötig sind. Das hat mit Pillenknick nichts zu tun. Und wenn heute in der Dritten Welt ein gerechtes Wirtschaftssystem funktioniert, wird es auch weniger Kinder geben.«

»Was ist das Schwerste an Ihrer Arbeit? Wie hoch ist Ihre körperliche, geistige und seelische Belastbarkeit?« »Ich könnte so viel mehr tun, habe aber leider nicht mehr die Kraft eines ganz jungen Menschen. Und auch nicht mehr die zeitlichen Möglichkeiten, alles das zu tun, was ich möchte. Ich erfahre viel Unterstützung von meinen Schauspielerkollegen und auf politischer Ebene.« »Können Sie gut Ihre Arbeit delegieren?« »Das ist schwer. Ich möchte das gerne, aber ich bin ein paar Mal dabei auf die Nase gefallen, d. h. daß ich schlecht delegierte, indem ich die falschen Leute wählte. Die Schuld liegt dabei bei mir. Dies hat mich schon oft sehr gequält.« »Haben Sie eine Vertrauensperson, der sie Ihre Arbeit in die Hände legen könnten, wenn es Ihnen nicht möglich wäre? Einen Menschen, der Ihr Werk in Ihrem Sinne weiterführen könnte?« »Oh ja, ich wüßte zwei oder drei Freunde, die ich Ihnen bestimmt nicht nennen werde, weil es meine Intimsphäre betrifft. Ich kann Ihnen nur meine Lebensgefährtin Eva Hess nennen. Wir beide teilen unsere Aufgaben auf. Aber sie ist oft an meiner Seite und eine unersetzbare Hilfe für mich. Ich bin ganz sicher: sollte mir etwas zustoßen, wird meine Arbeit weitergeführt. Die gegenwärtigen Projekte sind finanziert und darum handelt es sich nur mehr um ihre Durchführung.«

»Glauben Sie an eine Gerechtigkeit im Leben?« »Nein, die allumfassende Gerechtigkeit gibt es nicht. Ich glaube an die Natur, ich bin Pantheist (Pantheismus = die Einheit von Gott und Weltall). In der Natur gibt es keine Gerechtigkeit. Dieses Wort wurde von den Menschen erfunden. In dem ewigen Kreislauf des Lebens dürfen wir keine ausgleichende Gerechtigkeit erwarten.« »Wo sehen Sie die Grenzen menschlicher Leidensfähigkeit?« »Die Leidensfähigkeit geht eins mit der inneren Kraft und dem Glauben des Menschen. Ich hoffe, daß ich stärker geworden bin.« Wir wissen, Karlheinz Böhm sicherte sich schon heute einen Platz im Paradies.

Eduard Zimmermann

Eduard Zimmermann ist ein Gourmet. Oft und gerne speist er mit seiner Frau Rosemarie im Hilton-Grill. Seine Leib- und Magenspeise ist die Primerib (Hochrippe). Bei Preiserhöhungen ruft er mich an und läßt sich die neuen Preise bestätigen. Der Feinschmecker ist genau! Er legt Wert auf das Detail und bedankt sich liebenswürdig. Eduard Zimmermann hat sein Leben im Griff. Auf meine Frage nach zügellosen Etappen antwortet er: »Das gab es früher! Beim Essen bin ich am ehesten gefährdet. Aber jetzt nehme ich mich mehr als früher zurück. Ich steige schnell wieder ins Büßergewand. Wenn ich gestern im Hilton dinierte, dann sieht mein Mittagsbrot, wie heute, so aus: eine Scheibe Graubrot und eine Banane. Dann besteht in meinem Ernährungsrhythmus wieder Gleichgewicht. Lasse ich die Pfunde anstehen, wird es hinterher umso schwerer.« Verschmitzt lächelnd zeigt er mir seinen Alu-Brotzeitkasten! Wir sitzen in seinem großzügigen, mit Palisanderholz ausgestatteten Münchner Büro mit einem herrlichen Blick in den Garten. Eduard Zimmermann, genannt Edu, sitzt hinter seinem mächtigen Schreibtisch. Seine athletische Figur ist elegant gekleidet in feinstem englischen Tuch. Seine schmalen Finger sind sehr gepflegt. Manikürt! Seine lockere offene Art erinnert wenig an den strengen Fernsehfahnder in »XY ... ungelöst«. Er antwortet ausführlich und mit nach innen gewandtem Blick. Die strenge Autorität auf dem Fernsehschirm tritt im persönlichen Gespräch zurück. Offenheit, genaue Datenkenntnisse innerhalb seines Arbeitsgebietes und viel Humor gegenüber eigenen kleinen Schwächen zeichnen ihn aus. Obwohl unter Zeitdruck, vermittelt er mir das Gefühl, genügend Zeit für mein Interview zu haben. Von seinem gut eingespielten Team werden wir nicht gestört. Eine konzentrierte Arbeitsatmosphäre herrscht in seinen Räumen, ohne Verbissenheit. Seine Lebensphilosophie beschreibt er am besten in diesem Satz: wenn ich beim Skifahren irgendwo vom Berg runterfahre, überlege ich mir immer, wo ich drüben wieder raufsteigen muß. Ich frage den TV-Fahnder: »Wie ist Deine ganz persönliche Einstellung zu Gut und Böse?« »Ich habe ein sicheres Gefühl, was Gut und Böse ist. Wenn ich mir allerdings vorstelle, was manche Leute für gut halten, dann graut es mich gelegentlich. Zum Beispiel der weltanschauliche Bereich: Befreiungsorganisationen, die Mord und Gewalt für berechtigt halten. Das sind bedenkliche Entwicklungen.« »Unter den Menschen der Gegenwart befinden sich wohl wenige Heilige?«

»Ich glaube nicht, daß der Mensch von Haus aus gut oder böse ist. Jeder Mensch benötigt eine Steuerung durch Gesetze. Einsichten, wie weit Bürger von innen heraus Güte haben oder durch einen gewissen Zwang diese erwerben, kann ich nicht sagen.« »Ist Neigung zur Kriminalität schon durch Vererbungsvorgänge angeboren?« »Auf Grund meiner Erfahrungen sind Charaktermerkmale, die Kriminalität erzeugen, auch angeboren. Nicht nur Umwelteinflüsse und Erziehung sind entscheidend. Die Wahrheit liegt in der Mitte.«

»Gibt es für Dich ein Verbrechen, daß Du von Deinem Verständnis her entschuldigen kannst?« »Entschuldigen nicht, aber verstehen kann ich alles, das im Fahrlässigkeitsbereich liegt. Oder durch Gefühlsspannungen hervorgerufene Affekthandlungen. Ich kann solche Delikte nicht billigen und sie müssen auf alle Fälle strafrechtlich aufgearbeitet werden, aber es gibt Menschen, die ihre Gefühle nicht steuern können.«

Zimmermanns Antwort erstaunt mich und zeigt wieder einmal, daß ein Mensch nicht nur von seinem äußeren Erscheinungsbild und öffentlicher Darstellungsart zu betrachten ist. Er zeigt sich sensibel und verständnisvoll. Hält Eduard Zimmermann seine eigenen Emotionen im Zaum? »Während meiner Arbeit habe ich relativ wenig Emotionen. Die Mehrzahl der Fälle sind so, daß ich sie behandele wie ein Arzt einen Blinddarm, nämlich sachlich.« »Und welches Verbrechen zählt in diesen 18 Jahren als TV-Fahnder zu den abscheulichsten?« Die Antwort kommt wie aus der Pistole geschossen und die Stimme Zimmermanns ist voller Mitgefühl: »Ursula Herrmann, das entführte Mädchen am Ammersee, das in einer vergrabenen Kiste erstickte. Dieses grauenhafte Verbrechen ist leider bis heute nicht aufgeklärt. Da dreht sich mir noch heute das Herz um, wenn ich an das Mädel denke.« Mein Gesprächspartner wirkt sehr nachdenklich und spricht langsam weiter: »Wahnsinnig ärgere ich mich über manches Täterverhalten nach der Tat: das überzogene Selbstbewußtsein und die unverschämte Chuzpe dem Opfer gegenüber. Wie es etwa in meinem Film: ›Lebenslänglich – ganz ohne Gnade‹ deutlich gezeigt wurde. Er lief vor einigen Wochen im ZDF. Die Schwerverletzte wird vom Anwalt des Angeklagten mehr oder weniger zum Täter gemacht. Jeder Versuch wurde unternommen, ihr die Schuld in die Schuhe zu schieben. Es ist wirklich an der Zeit für mehr Gerechtigkeit!« »Kann jeder Bürger in der BRD volle Gerechtigkeit vor dem Gesetz erwarten?« »Die Justiz arbeitet nicht ohne Erfolg. Es gibt einige Mängel! Wäre es anders, müßte man sich ja erschießen.« »Dein gemeinnütziger Verein ›Weißer Ring‹ mit über 25000 Mitgliedern (u. a. Hannelore Carstens) behandelt Ungerechtigkeit. Mit Erfolg?« »Wir versuchen, soweit wie möglich geschädigten Opfern zu helfen, soweit möglich.«

»Darf ich Dich spaßeshalber fragen: Hast Du an Dir selbst kriminelle Neigungen beobachtet?« »Bei meinen Töchtern ist mir zweimal die Hand ausgerutscht. Worum es ging, weiß ich nicht mehr. Aber dafür lieben sie mich heute abgöttisch. Und ehrlich gesagt, gelegentlich habe ich mich selbst nicht im Griff.« Eduard Zimmermann lächelt: »Ich sagte meiner Frau, bevor wir heirateten: ›Du, sei vorsichtig, ich bin ein versteckter, etwas verkappter Choleriker.‹ Viele Menschen ahnen das nicht. Mit dieser Kenntnis sind meine Frau und ich bislang sehr gut gefahren. Letztes Jahr feierten wir Silberhochzeit.«

»Wie weit veränderten sich in den letzten 20 Jahren die menschlichen Werte und damit die verschiedenen Formen der Verbrechen?« »Soziale Normen verschieben sich. In vielen Bereichen predigt man Verständnis für Regelverstöße, die zu einer Wertminderung führen und schließlich die Kriminalitätsrate in den letzten 20 Jahren verdoppelten.« »Werden Wertvorstellungen auch durch politisch-gesellschaftliche Strömungen beeinflußt?« »Sicher! Es gibt z. B. das Nord-Südgefälle in der Kriminalität. In Bayern ist die Welt noch sehr viel mehr in Ordnung als in manchen norddeutschen Ländern. Raubtäter stellen sich in manchen Fällen, wenn man ihnen garantiert, daß sie in einem bestimmten Bundesland verurteilt werden. Gleichwertige Delikte werden in Bayern erheblich höher bestraft als in Hamburg.« »Ist die Kriminalitätsstatistik seit der CDU-Regierungsperiode rückläufig?« »Das nicht, da die Entwicklungen längerfristiger sind. Aber die Länder, in denen mehr auf Recht und Ordnung gesehen wird, schneiden in der Kriminalitätsstatistik auch besser ab, und es liegen weniger schwere Delikte vor.« »Nun ist der Strafvollzug auf Vergebung begründet. Bist Du der Meinung, daß es mehr Sühne geben sollte?« »Auf Vergebung ist sie nicht begründet! Das Ziel war unter anderem, durch Resozialisierung die Kriminalität zu mindern. Doch ich bin der Meinung, daß diese Bemühungen nur vor allem dort einsetzen sollten, wo sie realistisch sind. Wie bei Jugendlichen und Ersttätern. Aber darin einen Sinn zu sehen, einen hartnäckigen Berufsverbrecher durch Wohltat im Strafvollzug von seinem bisherigen Lebensweg abzubringen, muß ich mit etlichen Fragezeichen versehen. – Gesetze sind bei der Verbrechensbekämpfung das Handwerkszeug und der Rechtsstaat wird gerne als ›Rechtsmittelstaat‹ mißverstanden. Alles soll als geschriebenes Recht vorhanden sein. Wir sind nicht in der Lage, genug zu differenzieren. Das ist rechtsphilosophisch unser Problem. Wir können nicht alles über einen Kamm scheren. In England z. B. wird noch mit viel Vernunft und gesundem Menschenverstand vor Gericht gearbeitet.« Engagiert fährt er fort: »Jeder soll vor dem Gesetz gleich sein. Der Mißbrauch von Gesetzen muß verhindert werden, statt die Rechte der Bürger allgemein zu beschneiden, denn das führt logischerweise irgendwann zur Einschränkung.«

Eduard Zimmermann zündet sich eine Zigarillo mit einem massiv goldenen Schreibtischfeuerzeug an. Er zeigt auf eine raumhohe Tafel: Ein Jahreskalender mit verschiedenfarbig markierten Feldern. Er erklärt: »Die Farben sind die Delikte: Rot ist Mord, gelb ist Diebstahl, lila ist Raub und Sitte und grün ist Betrug. Vor 18 Jahren machte rot ein Drittel aus. Heute ist die Tafel knallrot und wir haben die größten Schwierigkeiten, die Themen so zu plazieren, daß wir nicht nur Mord in der Sendung haben.« Ich frage: »Wie reagierst Du auf Kritik, in der von Dir als Menschenjäger gesprochen wird?« »Diese sind im wesentlichen weltanschaulich begründet, mit dem Motiv, in einer Welt zu leben, in der ›XY ... ungelöst‹ nicht notwendig ist. Das wäre eine schöne Welt.« »Welche Art von Drohung hast Du als Fahnder bis heute erhalten?« »Das hielt sich in Grenzen. Diese kamen nicht von Gangstern mit der Pistole oder Bombe, sondern von Rechtsanwälten mit Schadensersatzansprüchen.« »Wie schützt Du Dich selbst?« »Das will ich nicht erzählen. Aber ich bin nicht besonders ängstlich. Gott sei Dank besitze ich ein einigermaßen glückliches Naturell. Ich bin aber auch nicht leichtfertig. Meine Ängste beschränken sich auf die bekannten Bereiche wie Krankheit. Bezogen auch auf meine Familie. Das ist der Vorteil eines geregelten – manche sagen, spießigen Lebens.« »Handelt Eduard Zimmermann immer vernünftig, überlegt und vorsichtig?« »In jungen Jahren bin ich viele Risiken eingegangen. In meiner Kindheit wurde mir prophezeit, daß ich von meinem Naturell und meiner Veranlagung her ein ausgesprochen fauler Mensch werden würde, ein Taugenichts! Mit 16 Jahren begann ein Wandel: Ich wurde wider Willen fleißig und arbeitete mehr als meine Kollegen.

Ich schaffte es nie, mit meiner Arbeit fertig zu werden. So ist die Zeit vergangen.«

»Ist Eduard Zimmermann ein Robin Hood des 20. Jahrhunderts?« Die Antwort folgt schnell: »Da hätte ich Bedenken. Robin Hood war wohl ein Gangster. Es entspricht einem urmenschlichen Bedürfnis, aus Gangstern gute Menschen zu machen, wenn sie Armen helfen und Reiche schädigen. Das zieht sich von Robin Hood über den Schinderhannes bis hin zum Hauptmann von Köpenick. Es ist fraglich, ob solche Wunschbilder der Wirklichkeit entsprechen. Helden werden manchmal aus Gesetzesbrechern gemacht, weil die Menschen Märchen lieben.«

Unvermittelt frage ich Eduard Zimmermann nach seiner Berufsbezeichnung. »Ich bin und bleibe Journalist. Leider bin ich mittlerweile ein Getriebener meiner Arbeit. Ich kam zu einem Punkt, wo ich dringend bremsen mußte, um ein wenig mehr Zeit zum Nachdenken zu haben. Aber ich befürchte, daß ich mich zu sehr an die Arbeit gewöhnte. Ich träumte, weniger Arbeit zu haben und mehr Zeit. Das ist mir bislang nicht gelungen. Im zarten Alter von 40 Jahren wollte ich mit 50 aufhören. Auf diese Weise verlor ich meinen besten Mitarbeiter. Er suchte sich etwas Neues.« »Wann wirst Du Dir Deinen Traum erfüllen?« »Mein Unternehmen ist sehr personenbezogen. Ich weiß nicht, ob es mir gelingen wird, über mich hinaus diese Firma existenzfähig zu halten.« »Deine Tochter Sabine arbeitet seit Jahren an Deiner Seite. Wäre es ein Wunsch von Dir, sie als Nachfolgerin zu sehen?« »Wäre es!«

»Wieviel Zivilcourage und Hilfsbereitschaft hast Du in den letzten Jahren unmittelbar erfahren?« »Eine Menge Zivilcourage von Menschen, die für unsere Ordnung einstehen. Und erstaunlich viel Hilfsbereitschaft. Das ist ein Trost.« »Welche Verbesserung ergab sich für die Aufdeckung von Straftaten durch die neuen Techniken?« »Das Computerzeitalter hat einiges gebracht. Leider wurde es in dem Moment, als es anfing zu greifen, auch gleich wieder bekämpft. Viele meinen, sich als Wächter profilieren zu müssen, wenn ein Staat funktioniert. Denken wir nur an die Datenschutzgeschichte. Unbegreifbar!«

»Wie und womit kann sich ein Mensch am besten vor Verbrechen schützen? Sollten Frauen Selbstverteidigungskurse besuchen?« »Aufklärung über Gefahren und Arbeitsweisen von Rechtsbrechern ist notwendig und gut. Selbstschutz ist nicht frei von Problemen, diese kann zu Überreaktionen führen, wenn man sich überschätzt. Es gibt keine allgemein gültigen Regeln. In Situationen, denen Frauen ausgesetzt sind, ist folgender Rat gut und richtig: reden, reden, reden. Nicht schreien. – Das ist das einzige, das nicht schadet.« »Welche Krimis liest Du daheim?« »Für den vielgeschmähten Simmel zeige ich eine Schwäche. Er ist im Schreiben ein großartiger Techniker. Seine Detailschilderungen und Genauigkeiten bestechen mich immer wieder. Ich kann nichts lesen, ohne gleichzeitig als Schriftsteller engagiert zu sein.«
»Du bist seit über 25 Jahren ein glücklich verheirateter Mann. Wann hast Du Deiner Frau das letzte Mal ein Kompliment gemacht?« Eduard Zimmermann lächelt weich! »Gestern! Meine Frau war sehr krank. Um die Krankheit zu überwinden, mußte sie sehr an sich arbeiten. Und gestern bewältigte sie einen wichtigen Meilenstein. Ich bin ein gut erzogener Ehemann. Wir führen eine glückliche Ehe und gerade durch ihre Krankheit sind wir noch enger zusammengewachsen.« »Welche Fotos trägst Du bei Dir?« »In der Brieftasche und auf dem Schreibtisch keine, aber in meinem Aktenkoffer.« Eduard Zimmermann trägt eine teure goldene Schweizer Uhr. Er bezeichnet sich selbst als Uhrennarr. Aber er besitzt nur drei. »Auch da zügele ich mich. Selbstdisziplin ist alles! Allerdings könnte ich mir für eine von meinen 20 andere Uhren kaufen. Die Uhr ist ein ganz wichtiger Bestandteil meines Lebens.« Ich sehe eine goldene Spielzeugeisenbahn, die so gar nicht auf seinen Schreibtisch paßt. Er bemerkt meinen Blick und ohne daß ich ihn frage, sagt er: »Die ist von meiner Frau. Wir spazierten im Urlaub bei einem Juwelier vorbei. Mit meinem Uhrentick blieb ich natürlich stehen. Vier dieser Eisenbahnen waren ausgestellt. Vergoldet! Meine Frau kaufte heimlich eine davon und überraschte mich damit zum Geburtstag.« »Du bist ein erfolgreicher Mann. Bereitet Dir eine Rückschau auf Dein bishe-

riges Leben Lust oder Frust?« »Ich muß eigentlich zufrieden sein. Bin ich doch vielleicht ein Beispiel dafür, daß man es durch Fleiß und Arbeit immer zu etwas bringt. Das ist nicht immer leicht. Allah hat gesagt: ›Man muß nicht jeden Tag eine gute Idee haben, wenn man etwas erreichen will, sondern der Mensch sollte eine gute Idee konsequent und ausdauernd umsetzen.‹«

O. W. Fischer

O. W. Fischer, schon zu Lebzeiten ein Mythos? Das Filmidol der fünfziger Jahre ging immer einen anderen Weg, als andere. Ob als Bühnen- oder Filmschauspieler, immer arbeitete er mit künstlerischer Besessenheit. Grüblerische, vielschichtige Charaktere erfüllte er mit faszinierendem Leben. Bei der Wiedergabe der Gestalten versetzte er sich in die Tiefen ihrer Seelen. O. W. Fischer, ein Verführer? Magier? Zauberer? Sein Publikum verehrt ihn dafür noch heute. Insgesamt 41 Filmpreise erhielten einen Ehrenplatz in der Bibliothek seines Hauses. Allein zwischen 1953 und 1961 wurde er siebenmal mit einem Bambi ausgezeichnet ...
Seit über 20 Jahren lebt der Philosoph, Dichter und Schauspieler O. W. Fischer in selbst gewählter Einsamkeit in dem kleinen Bergdorf Vernate im Tessin. Steile Serpentinen führen vom Luganer See in den Ort hinauf. Es ist Februar und schön. Der warme Frühlingswind streicht über den letzten Schnee. Die Gegend wirkt märchenhaft verträumt. Das stille Bild erinnert mich an die einsamen Kutschenfahrten Ludwig II. in den Wäldern um Hohenschwangau.
In dieser Abgeschiedenheit lebt Fischer, der seine Darstellung als Ludwig II. für eine Schlüsselrolle hält. Er begann damals den mystischen Weg seiner Karriere, erzählt er mir später.

Zum ersten Mal öffnete er dem ZDF-Team die verschlossenen Tore. Ich verstehe, warum er viele Antworten in der Natur findet: »Man darf die Natur nicht nur betrachten, sondern aus ihr lernen, bis man sie versteht: ich bin ja du! Auch der Baum vertritt das Wesen Gottes im Sinne des alten Testaments. Er gibt mir den Atem, den Sauerstoff. Er erhält mich am Leben. Also der Baum ist ein direkter Bruder. Und wer das nicht sieht, muß ein Dummkopf bleiben. Oder wie man in der Schweiz sagt: ein Löhli, der stets nur daran denkt, ob das Gehalt reicht.«
Der Regisseur Edgar von Heeringen und ich passieren ein vier Meter hohes schmiedeeisernes Tor, 15 m weiter ein zweites und befinden uns direkt in Fischers Paradies. Der Schauspieler kommt uns entgegen. Er trägt den Strohhut aus »Axel Munthe – der Arzt von San Michele«. Wegen einer Sonnenallergie, wie er erklärt. Seine klassische Schönheit von damals veränderte sich wenig, die schon in den fünziger Jahren den Österreicher zum Traum aller Frauen auszeichnete. Die schmal geschnittenen blauen Augen, wirken unter den buschigen Augenbrauen noch immer sehr jung. Seine Stimme besitzt einen eindringlichen Klang der Beschwörung. Über die breite Zufahrt kommt uns langsam der Schauspieler entgegen. Er blickt sehr ernst. Über seinem braunen altmodischen Anzug trägt er einen Trenchcoat. Als er mich begrüßt, lächelt er und ist über meine Jugend erstaunt: »Nach unseren Telefongesprächen erwartete ich eine ältere Psychologin, Frau Heuer!« Ich bin gerührt über seine einnehmende Persönlichkeit, erwartete ich doch einen älteren Herrn, der entschwebt wirkt. Lächelnd, mit österreichischem Sprachklang erklärt er, daß er sich extra den Bart für unser Interview stutzen ließ und dabei kahle Stellen entdeckte, die ihn ärgern. Er hakt mich unter und führt mich zu seiner »Burg«.
Der Hausherr ist stolz auf die hohen Räume, die mit vielen Kunstwerken ausgestattet sind. Gesammelt von ihm und seiner Frau Nani, die 1985 verstarb. Die Terrassen auf verschiedenen Ebenen geben den Blick frei auf den Luganer See. Eine verträumte Stimmung liegt über der Landschaft. Der warme Wind weht durchs Haar. Die Atmosphäre in seinem Haus erinnert an

Kunsthallen und wenig daran, daß hier ein Mensch lebt. Wertvolle Gobelins hängen an den Wänden, Meißner Porzellanfiguren stehen auf den Beistelltischen am Kamin. Alles geschmackvoll und stilecht, als hätte sich seit Jahren nichts verändert. Die liebevolle Hand seiner Frau fehlt. Das eigens für seine Frau eingerichtete Wiener Zimmer ist in Blautönen gehalten. In seinem Schlafzimmer zeigt mir der Dichterphilosoph viele Bilder aus seiner Kinder- und Jugendzeit. O. W. Fischer im Matrosenanzug, ein bildhübscher Bub mit einem Engelsgesicht. Gegenüber seinem französischen Bett erkenne ich eine Leinwand. Daneben sind ordentlich Filmkassetten gestaffelt. O. W. Fischers Filme!

In seiner Bibliothek stehen wertvolle Bücher, daneben die vielen Filmauszeichnungen. Ein Rudel von Bambis. Verstaubt! Eine schmale Wendeltreppe führt in das riesige Wohnzimmer. Vor der breiten Fensterfront ein herrlicher antiker Sekretär. O. W. Fischer zupft seine langen Augenbrauen nach oben und erzählt, daß er sich bevorzugt an diesem Schreibtisch aufhält. Hier befaßt er sich mit seiner Philosophie, den Erkenntnissen und Daten der modernen Atomphysik. Und hier erlangte er die Gewißheit, daß der Tod nur eine Verwandlung in eine andere Sphäre ist und nicht das Ende bedeutet. Ich denke an den Titel seines neuesten Buches: »Auferstehung in Hollywood« (Langen-Müller).

Das Filmidol der 50iger Jahre veränderte sich wenig. Die lange Abgeschiedenheit hinterließ kaum Spuren in seinem Gesicht. Immerhin wurde er dieses Jahr 71, aber er ist innerlich jung geblieben und ein wenig eitel: »Ich empfinde mich nicht als alt, Frau Heuer! Und ich erkläre Ihnen verbindlich, daß ich sterben werde, wenn mir nichts mehr einfällt. Aber solange mir etwas einfällt, werde ich jung sein.« Dabei zeigt er auf eine Porzellanfigur, eine Wiener Bienenkorbmanufaktur. Das Mädchen ist 220 Jahre alt. Und sagt: »Das ist kein Alter für eine Wienerin.«

An seinem Schreibtisch befaßt er sich mit Metaphysik, aber auch Psychologie und Philosophie. Er wurde 1970 vom österreichischen Bundespräsidenten zum Professor ernannt. Lehnt aber den Titel während unseres Gespräches strikt ab. Seine Allhypnose-Theorie entwickelte er in seinem Tessiner Haus. Ständig vermittelt er mir Gedanken an Ludwig II., dessen 100erstes Todesjahr in diesem Jahr gefeiert wird: O. W. Fischer sucht immer nach neuen Erkenntnissen, die er Einfälle nennt, wie der Bayernkönig. Sein nächstes Buch soll den Titel tragen: »Wir sind alle dumm geboren«. Er glaubt, daß wir alle ohne Erinnerungen an unser vergangenes Leben in die Welt hineingeboren werden. Und daß es unsere Aufgabe ist, diese Erinnerungen wiederwachzurufen. Er erklärt es so: »Schon der heilige Augustinus verkündete: ›Eine Gegenwart gibt es nicht‹. Das, was ich Ihnen jetzt sage, zählt schon zur Vergangenheit. Kennen kann man nur etwas, was bereits gewesen ist. Darum leben Realisten in der Vergangenheit. Nur der Fantast drängt vorwärts.«

»Die Erinnerung liegt innen und dieser Schatz muß in jedem Leben neu gehoben werden. Und man ist über alle Maßen überrascht bei neuen Einfällen, die aus dem Menschen selbst hochsteigen und herunterkommen wie ein Regen. Nicht das Nachdenken bringt den Einfall. Man kann es auch Aura, Atmosphäre, Seele nennen. Die Seele ist nichts anderes als die Atmosphäre, die die Welt als leichtgewordener Mantel umgibt.« Und O. W. Fischer fährt fort: »Der Tod ist nicht das Ende. Ich spreche mit meiner Frau. Es ist der natürlichste Vorgang, daß das was sich liebt, sich irgendwie von selbst findet.«

O. W. Fischers Antworten verraten stets die Liebe zur Weisheit: »Ich gebe zu, daß ich kompliziert geboren wurde. Und ich erkannte, daß man einfach sein muß. Das wurde ich in diesen Jahren. Der Religionsführer Jesus formulierte es so: ›Wenn ihr nicht werdet wie die Kinder, werdet ihr das Reich Gottes nicht sehen‹. Das kann ich heute. Mein Schicksal und mein Innerstes mußten mich bis dahin ein wenig quälen. Denn wir verdienen unser Dasein aus dem früheren Leben. Und das will die Wissenschaft nicht einsehen, daß alles, was ich zunächst bin, angeboren ist. Das ist wie mit der Ehe: Man begegnet sich nie zufällig. Es gibt keinen Zufall auf der Welt. Man begegnet sich und büßt miteinander die Dummheiten von gestern ab, und verdient sich ein neues Leben.« »Würden Sie gerne unsterblich sein? Oder sehen Sie das wie Platon, der sagte: Die Seele der Verstorbenen geht ein in das ewige Reich der Idee? Welche Idee wird von O. W. Fischer bleiben?« »Ich hoffe, einige Gedanken werden bleiben! Zum Beispiel die Allhypnosetheorie, die ich vor 18 Jahren in Mainz vortrug.«

»Wir sitzen uns zwar jetzt ruhig gegenüber und doch bewegen wir uns gleichzeitig mit einer Außengeschwindigkeit von 11½ Millionen Stundenkilometern durch das Weltall.« »Herr Fischer, Sie sprachen von der Göttlichkeit in jedem Wesen, also auch in den Tieren. Ihre Liebe zu Katzen ist ja bekannt. Vereinen diese Tiere typische O. W. Fischer Eigenschaften: Unberechenbarkeit, Freiheitsliebe, Einzelgängertum?« »Ich mag die Absonderlichkeit der Katzen und ihr Streben nach Unabhängigkeit. Ich fühle mich ihnen gegenüber wie ein Vater und beschütze sie. Sie sind meine Universalerben, wenn von meinem Vermögen etwas bleibt. Aber ich könnte ebensogut sagen, daß ich verliebt bin in Eichhörnchen oder Igel. Igeln bin ich geradezu verfallen! Erstens sind es Urtiere, und dann haben sie so hübsche Gesichter und gescheite Augen.« O. W. Fischer wohnt noch mit 3 Katzen zusammen. Ich frage O. W. Fischer: »Laufen Ihnen die Katzen zu?« »Ja, sie sind alle zugelaufen. Meine Katzenkinder sind alle gestorben. Das ist ja die Tragödie, warum ich im Alter keine Tiere mehr wollte. Und plötzlich waren sie wieder da! Zum Beispiel Capt'n Flint, dem ich ein Auge herausoperieren lassen mußte, und Pumer, der aus unerklärlichen Gründen wieder zurückkam, und Leopold ...« Capt'n Flint schleicht um seine Beine. Ich frage: »Sie glauben an eine Wiedergeburt Ihrer Katzen?« »Ich bin vorsichtig damit, darüber müßten wir sehr lange diskutieren. Katzen sind so schöne, vornehme Geschöpfe, daß man ihnen Kaisernamen geben muß. Ich habe ein schlechtes Gewissen, wenn ich vor ihnen sterben würde.«

»O. W. Fischer, auf welche Bereiche fällt noch der Blick Ihrer Liebe?« »Schau'n Sie, wir haben eine sehr kostbare Religion. Das Christentum ist eine relativ unentdeckte Sache. Die größte Triebkraft liegt in dem griechisch-delphischen Gebot: ›Erkenne dich selbst.‹ Und dieses Erkennen ist etwas, was der Eu-

ropäer noch nicht in sein alltägliches Leben mitaufnahm.«
»Sie wählten freiwillig die Abgeschiedenheit. Mögen Sie Menschen überhaupt?« Erstaunt zieht er die buschigen Augenbrauen hoch und antwortet: »Ob ich die Menschen mag?« wiederholt er meine Frage: »Ich kann nicht sagen, daß ich sie nicht mag. Das wäre lächerlich, weil ich viel zu sehr unseren Zustand kenne. Ich weiß, daß wir uns in einem sehr tiefen Zustand eines Kreises befinden. Wir sind in dieser Schwere von Fleisch und Blut geboren.«
O. W. Fischers Lieblingsbild ist zwei mal zwei Meter groß. Es zeigt die Physiker Albert Einstein und Otto Hahn. Zwischen den beiden die Lieblingskatze des Katzennarren. Und darüber der Blick des Künstlers selbst. Seine Neigung zum Mystizismus symbolisiert die Buddha-Figur, die seitlich der Fensterfront plaziert ist. Ich frage Fischer: »Wieviel erreichten Sie durch Ihren Willen?« »Ich halte wenig vom Willen, wie ihn verschiedene tragische Figuren unseres Jahrhunderts predigten, z.B. Stalin oder Hitler mit der Philosophie: Macht des Willens! –Die größte Kunst, die Buddha predigte ist ›Schweigen können‹. In der Ruhe liegt die Kraft. In der Beziehung ist Europa etwas zurückgeblieben.«
O. W. Fischer zählt zu den Kultfiguren des deutschsprachigen Films. Seine Verwandlungsmöglichkeiten konnten Zuschauer in der Rolle als »Peter Voss, der Millionendieb« und in vielen anderen Filmen erleben. Ich frage ihn direkt: »Das Publikum sucht Sie. Bietet sich irgendwann eine Gelegenheit, Sie wieder vor der Kamera als Schauspieler zu erleben?« Er lächelt: »O ja, die Katze läßt das Mausen nicht.«
»Was waren die Höhepunkte Ihrer schauspielerischen Laufbahn?« »Keine Ahnung, das habe ich schon vergessen.« »Oder gaben Sie sich immer voll und ganz der jeweiligen Rolle hin?«
»Eigentlich schon. Ich glaube, ich bin im Innern immer der Gleiche geblieben, obgleich ich in der Filmrolle immer etwas anderes darstellte. Die Schauspielerei zwingt zu einer merkwürdigen Schizophrenie. Wie das ganze Leben: man stellt sich dar.«
Ich frage unvermittelt: »Mögen Sie sich selbst?« »Nein, ich

suchte immer etwas anderes und wurde darum zum Schauspieler. Es ist die große Lust, sich zu verwandeln. Im übrigen verwandelt sich der Mensch dauernd automatisch.« »Würden Sie in der ›Schwarzwaldklinik‹ gerne mitspielen?« »Wussow ist ein sehr guter Freund von mir: Er ist noch im richtigen Alter sich mit einer Oberschwester zu vermählen. Aber es gibt ja auch ältere Esel, die als Rollen für mich ganz attraktiv sein könnten.«

»Sie drehten mit Nadja Tiller, Maria Schell, Liselotte Pulver – mit welchen Partnerinnen spielten Sie besonders gerne?« »Ich werde mich hüten, Ihnen eine Antwort zu geben! Gritti Schell war eine schicksalsmäßige Verbindung. Wir gehörten zusammen wie Zwillinge. Und das Zwillingshafte ist ja viele Male zum Tragen gekommen. Denken wir nur an die Filme ›Riesenrad‹ oder ›Träumender Mund‹. Das wird uns wahrscheinlich ewig zum deutschen Liebespaar in der Nachkriegszeit machen.«

»Die Tiller war ein Traum und die Pulver eine Köstlichkeit von Lausbub.« »Mit welchen männlichen Kollegen standen Sie gerne vor der Kamera?« »Das ist eine gute Frage, denn Männer sind doch meistens ›Kikerikis‹, die sich wie Filmliebhaberinnen verhalten. Deshalb kann ich Männerfreundschaften an einer Hand abzählen. Mit Weibchen ist das ein natürlicher Vorgang. Eine große Ausnahme ist Siegfried Lowitz. In einem sehr frühen Film, den ich inszenierte, spielte er einen Staatsanwalt. Zwischen uns herrscht so eine gegenseitige Achtung, so ein Erkennen des Wertes. So eine Freundschaft ist am Theater ganz selten. Lowitz wird sein ganzes Leben spielen wie Gritti Schell. Beide sind fantastische Schauspieler, was ich ja gar nicht bin, nie war.«

»Konnten Sie leicht verliebte oder traurige Gefühle szenisch umsetzen, wenn die Kamera lief?« »Nein, das mußte ich überwinden und legte mir eine besondere Technik der Konzentration zu. Es bedeutete eine gewisse Selbsterziehung, daß man diese kalten Ateliers und das Geräusch der Filmklappe überwindet.«

Ich denke an Fischers hervorragende Darstellung von Ludwig

II.. Mit der Rolle begann er seinen langen Weg in die Verinnerlichung. Die Darstellung des Bayernkönigs, mit dem unstillbaren Schönheitsbedürfnis, entspricht dem Naturell O. W. Fischers. Ich frage: »Diese Darstellung des brüchigen Menschen Ludwig II., der in einer ungewöhnlichen Einsamkeit lebte und immer fantastische Träume hatte ...« Fischer unterbricht mich: »Wehe Ihnen, wenn Sie mir sagen, daß mir das besonders liegen muß: brüchiger Mensch! Aber ich gebe Ihnen recht, damals begann ich den mystischen Weg meiner Karriere. Einen Weg der Versenkung und der Verwandlung in ein anderes Geschöpf. Ich meine die Verwandlung ist mir bei Ludwig II. teilweise gelungen. Ich verwandelte ihn in ein armes, verlorenes, nicht in diese Welt passendes Wesen. Ich glaube, daß der Ludwig auf mich zurückstrahlte und mich selbst infizierte. Zu einem Einzelgänger, der ich ja zuvor gar nicht war. In ein Einsamkeit suchendes Geschöpf.«

»Sie lieben die Zurückgezogenheit jetzt seit immerhin 26 Jahren. Sie geben aber seit Ihrem 70. Geburtstag wieder öffentliche Vorlesungen. Suchen Sie wieder unmittelbaren Kontakt mit dem Publikum?« »Ich glaube, der stärkere Teil meiner Begabung liegt in der wissenschaftlichen Arbeit. Im übrigen: die Wissenschaft hatte bei mir nie eine Trennung von der Kunst erfahren.«

»Aber die Katze läßt das Mausen nicht. Ich sehe z.B. die Serie ›Schwarzwaldklinik‹. Mit Klausjürgen Wussow stehe ich in Briefkontakt. Vielleicht nehme ich in der nächsten Zeit eine Filmrolle an. Selbstverständlich nicht als Verlobter einer Krankenschwester.«

»Herr Prof. Fischer, darf ich Sie abschließend etwas sehr Persönliches fragen: Können Sie sich vorstellen, daß Sie dennoch wieder eine Frau, nach 43 Jahren glücklicher Ehe mit Nani, an Ihrer Seite haben?« »Nein! Auf der anderen Seite schon. Zum Beispiel momentan. Ich flirte sehr gern mit Ihnen.« »Könnten Sie mit einer Frau leben?« »Nein! Ganz sicher nicht, nein und nochmals nein. Man hat Freunde, auf die man immer wieder angewiesen ist: man weint sich gerne bei jemandem aus. Aber die Frau an meiner Seite ist und bleibt Nani.«

Frank Elstner

Seine ganze Erscheinung wirkt ungemein sympathisch. Der Haarschnitt mit den leicht ergrauten Schläfen ist nicht zu brav. Leichte Naturwellen lassen die Haare weich fallen. Frank Elstner besitzt eine jugendliches Gesicht mit »Denkerfalten« auf der Stirn. Er trägt grau in grau und ich denke: ein Mann mit Stil! Vielleicht ist er gerade deshalb ein »Mensch für Menschen«, der zuhören kann, ohne ironisch zu werden, neugierig bleibt und seine eigene Person auch zurücknehmen kann. Er ist kein Karrieretyp, er liebt nur seinen Beruf über alles, und deshalb ist er so erfolgreich und der erklärte Liebling der Nation. Bei Frank Elstner gibt es keine Späße auf Kosten anderer für einen billigen Lacher. Lieber nimmt er sich manchmal selbst auf die Schippe. Während unseres langen Gespräches in seiner Suite im Hilton International in München, präsentierte er sich nicht selbstbewußt mit druckfertigen Aussagen und klaren Lebensauffassungen. Er gibt sich als Mann, der sich selbst ständig in Frage stellt, lernen will und auch zugibt, verletzbar zu sein. Er ist eine außergewöhnliche Mischung mit Humor und Lebensernst in einem Beruf, der ihn als öffentliche Person auszeichnet. Darum schiebt er auch meine Frage nach seiner Sensibilität weit von sich: »Jeder behauptet, er sei sensibel.« Dabei beugt er sich vor, sein Blick ist weich. Natürlich ist

Frank Elstner empfindlich für emotionale Schwingungen der Menschen in seiner Umgebung. Darum seine Stärke als Entertainer, Moderator und Ideenproduzent, immer mitten ins Herz zu treffen.
Die Kamera spiegelt unerbittlich die Persönlichkeit eines Menschen wider. Frank Elstner ist stark in sich selbst und baute sich im Laufe der Jahre einen Schutzwall aus Selbstdisziplin. In der Branche Perfektion genannt. Aber seine Shows und Interviews sind nicht glatt und perfekt, sie sind wie er selbst: voll von seinem Menschentum. Das ist eines der Geheimnisse, warum er zu den ganz Großen im deutschen Fernsehen zählt. Er bemerkt dazu: »Ich glaube, ich war schon mit 14 erwachsen. Durch meine Eltern wurde ich Künstler, sie selbst waren es. Und es ging ihnen nicht sehr gut, wie heute auch vielen begabten Schauspielern. Ich wurde schneller alt, als man vielleicht aus der Sicht der Psychologen alt werden sollte.«
Frank Elstner begann seine Karriere als Sprecher bei Radio Luxemburg, wurde mit 29 Jahren der jüngste Direktor, 1983 hörte er dort auf. Er erzählt, daß sein Vater Alkoholiker war und er deshalb auch besonders auf seine Gesundheit achten würde. Er joggt wegen der Gesundheit, er raucht nicht mehr, er schläft mindestens 7–8 Stunden und trinkt wenig. Das sicher wohl auch einem tiefen Verwantwortungsgefühl seinem Publikum gegenüber. Er sagt von sich aber auch: »Mich kann vieles ärgern, ich bin sehr dünnhäutig. Darum bin ich auch nie so gut, wie ich sein könnte. Ich habe keine Probleme mit 26 Mio. Zuschauern, keine Probleme mit meiner Identität. Nur manchmal leide ich an unverständlichen Kritiken. Ich versuche meine Sendung gut zu machen, soweit wie möglich. Ich habe das große Glück, daß meine Begabungen beruflich nutzbar sind. Stellen Sie sich vor, ich könnte malen und keiner würde meine Bilder kaufen. Meine Sendungen sind meine eigenen Ideen. Ich fühle mich nicht als Autoverkäufer, sondern als Autohersteller, der ein besonderes Verhältnis zu seinem Produkt hat.« Frank Elstner lächelt und kann mir nicht sagen wieviel »Wetten daß ...« Sendungen er schon gemacht hat. Ermüdungserscheinungen an seiner Person lehnt er ab: »Ein Kollege von Ra-

dio Luxemburg warf mir vor: du brauchst deine Batterie zu schnell auf, wenn du so intensiv arbeitest. Ich antwortete: »das ist dummes Zeug, ich bin nämlich dauerhaft aufgeladen, ich bin ein Mensch der ständig neue Eingebungen erhält.« »Sprechen Sie sich immer offen aus?« »Ja, ich bekomme mit Sicherheit keinen Hautausschlag, wenn ich etwas unterdrücke. Ich schiebe Probleme nicht in die Schublade, ich handle.« »Darf ich Sie fragen: ›Bei wem ruhen Sie sich aus?« »Ich lehne mich laufend an. Z.B. an Menschen, die viel wissen. Das strahlt, gibt mir innere Kraft. Ich gewöhnte mir im Laufe der Jahre an, immer erst das Positive zu suchen. Wie wollen wir uns verbessern, wenn wir uns am Negativen orientieren.« »Verspüren Sie nie Neid?« Er lächelt und sagt: »Das ist vielleicht eine meiner besten Eigenschaften überhaupt, ich bin nicht neidisch. Ich versuche, alles positiv anzugeben, und wenn ich traurig bin, überlege ich mir, wie ich diesen Zustand ändern kann.«
Wieder lehnt sich Frank Elstner entspannt in seinen Sessel zurück. Ich frage: »Wo liegt der Unterschied zwischen dem beruflichen und dem privaten Frank Elstner?« »Schwer zu sagen. Ich kontrolliere mich beruflich mehr als privat. Ich bin in der Struktur meiner Persönlichkeit breit angelegt.« »Sie wurden durch Ihre Kindheit schnell erwachsen. Wenn begannen Sie wieder Kind zu sein?« »Im Moment bin ich es im höchsten Maße, deshalb habe ich so viel Freude am Leben. Wenn ich soweit komme zu sagen, jetzt tobe ich mich richtig aus, dann mache ich entweder etwas falsch oder alles richtig. Denn darüber müssen wir nachdenken: wenn man sich richtig austobt, was passiert dann? Brennt eine Sicherung durch? Oder schöpft man einfach die Umdrehungszahl aus? Bei einem Sportwagen überlege ich auch die Drehzahl: 6000 Touren oder 6500 Touren. Dieses Kalkül, daß eine hohe Drehzahl auch einen hohen Verschleiß bedeutet ... ich möchte lange gesund leben, denn dann hält der Mensch alles aus.« »Sind Sie ein vernünftiger Mensch?« »Nein, ich bin auch oft unvernünftig, und bin sehr neugierig, die Betonung liegt auf ›gierig‹, aber ich erziehe mich.« Frank Elstner erzählt weiter: »Ich bin im Laufe der Jahre zufriedener geworden. Und von meinem beruflichen Er-

folgserlebnissen her bin ich wirklich von der Sonne verwöhnt.« Für die Sicherheit seines Sohnes gab Frank Elstner das Fahren schwerer Motorradmaschinen auf. Und er spricht davon, daß er sich einige Wünsche gar nicht erfüllen wollte, weil er sonst die Freude verlieren könnte: »Meine Mutter wünschte sich, vom Fenster auf einen blühenden Apfelbaum sehen zu können, mit dem Gefühl, daß er ihr gehört. Ich muß nicht auf eine Allee mit 40 Zypressen schauen.«

Frank Elstner ist bescheiden geblieben und fleißig. Selbst im Urlaub läßt er sich mit Sicherheit etwas einfallen, um nicht nur am Strand faul in der Sonne zu liegen. Und doch ist er ein Entspannungskünstler: »Ich entspanne mich jetzt in diesem Gespräch oder beim Autofahren oder in der Badewanne oder unmittelbar vor meiner Sendung. Frank Elstner besitzt eine ungewöhnliche Ausstrahlung, die nicht den Atem nimmt. Er nimmt sich Zeit, um Menschen nah an sich heranzulassen: »Wenn sich zwei Seelen finden wollen, dazu gehört Dauer«, sagt Frank Elstner. »Es scheint doch der Wahrheit zu entsprechen, daß ein Mensch, der mit 50 Jahren keine Freunde hat, auch keine mehr finden wird.« Er ist 42. »Irgendwann ist der Mensch mit drei bis vier Freunden ausgebucht, die er dann auch öfter trifft.«

»Führen Sie eine tolerante zeitgemäße Ehe, in der jeder andere Beziehungen hat?« »Es gibt nichts Schwereres, als eine Zweisamkeit auf Dauer zu halten. Und ich finde es sehr mutig, wenn Außenstehende glauben, eine Ehe beurteilen zu können, die sie nicht kennen. Immerhin sind Silvie und ich jetzt schon 17 Jahre miteinander verheiratet. Das ist ein Wort! Es gibt ein paar Dinge, da bin ich richtig altmodisch: nehmen wir das Verhältnis unseres gemeinsamen Sohnes zu seinen Eltern. Das ist für mich das Allerwichtigste. Ich sorge dafür, daß ihm beide Elternteile erhalten bleiben. Und das hat nichts damit zu tun, ob man geschieden oder getrennt lebt. Es muß ein Miteinander des Kindes wegen bleiben. Ich könnte mir überhaupt nicht vorstellen mit einer Frau, mit der ich mal verheiratet war, nicht mehr zu reden. Ich bin das zweite Mal verheiratet. Es gibt auf der ganzen Welt keinen Menschen, der mich besser kennt, als meine zweite Frau. Umgekehrt ist es genauso. Meine Frau ist am Aufbau meiner Person beteiligt. Wenn ein Ehepartner Karriere macht, geschieht das immer auf Kosten des Partners. Gleichgültig ob Mann oder Frau.« Unaufgefordert stellt Frank Elstner fest: »Überhaupt möchte ich mehr durch mein Produkt glänzen, als durch überproportionalen Persönlichkeitskult, den ich hasse. Wenn ich Theologe wäre, dann wünschte ich mir doch auch, daß die Menschen sich mit meiner Bibelauslegung auseinandersetzen, als mit meinem Familienleben. Als Showmaster bin ich kein Vorbild, wie der Mensch leben sollte. Ich wünsche mir, daß jeder Erfolg meiner Idee ›Wetten daß ...‹ überlebt, auch wenn ich mich viele Male scheiden lassen sollte.«

»Darf ich Sie etwas ganz anderes fragen: Sie hatten neulich einen katholischen Pfarrer in Ihrer Sendung. Wären Sie gerne Priester geworden?« »Es gab eine Zeit, da dachte ich daran, Sozialarbeiter zu werden, ob als Theologe oder ...« »Um anderen Menschen zu helfen?« »Und vielleicht damit mir.« »Beten Sie?« »Ja, regelmäßig. Ich wurde erzogen, daß ich mir ein Leben ohne Gott nicht vorstellen kann. Ich hätte das Gefühl, daß mir etwas Wesentliches fehlt. Jeder Mensch macht sich seine eigene Religion. Ich weiß nicht, ob mein Glaube jeden Menschen glücklich machen würde. Ich gehe gerne in Kirchen, nicht zu den Gottesdiensten, wo Leute erwarten könnten, daß ich eine Autogrammstunde halte. Ich bin praktizierender Katholik, und wünsche mir von der Kirche, daß sie mehr von ihren Traditionen abrückt. Aber wie alle großen Institutionen hinkt sie hinter der Zeit her.« »Glauben Sie an ein Weiterleben nach dem Tod?« »Ich bin felsenfest von einem Leben im Jenseits überzeugt. Es ist eine Gnade, wenn man das kann.« »Glauben Sie, daß Sie im Jenseits auch die Menschen unterhalten und ihnen Freude bereiten?« »Ich bin mir sicher, daß das Jenseits wesentlich schöner ist als das Diesseits. Und weil es mir im Diesseits schon gut geht, kann ich nur sagen, daß es ja nur noch besser werden kann. Deshalb habe ich aber keine Todessehnsucht.«

»Woran glauben Sie noch?« »Ich glaube auch, daß der Mensch

Mißerfolge braucht. Ich dachte gerade in der letzten Nacht darüber nach. Eine mißglückte Sendung, weil ich einen schlechten Tag erwischte, kann durchaus ein Impuls sein. Ich bin dankbar, daß es bei mir noch nicht der Fall war. Der eine glaubt an die Macht des Schicksals, der andere vertraut auf Gott. In meiner Religion sagt man, daß jeder so viel Gnade bekommt, die ihn den Zustand des Seligwerdens erreichen läßt!«

»Wo liegen die Schwächen von Frank Elstner?« »Ich bin manchmal leider launisch, leider! Ich kann sogar fuchsteufelswild werden.« »Und nimmt sich Frank Elstner zurück?« »Ich schreibe lyrische Gedichte. Es bereitet mir Spaß in wenigen Worten meine Gefühle auszudrücken. Ich schreibe in Wartehallen und Flugzeugen. Ich bin 200 Tage im Jahr unterwegs. Und ich schreibe aus Freude am Sprachwohlklang. Deutsch ist eine wunderschöne Sprache. In keiner Sprache der Welt gibt es z. B. das Wort ›Mutterseelenallein‹. Ich liebe die deutsche Sprache.«

»Sie führen Gespräche mit Nobelpreisträgern. Von welchen Gedanken werden Sie geleitet?« »Ich stelle mir oft dabei vor, was würde in mir vorgehen, wenn ich mein Gegenüber wäre. Und es erstaunt mich, wie bescheiden und einfach diese Menschen leben. Sie sind fast Leitbilder für mich geworden. Und eines ist ganz sicher: niemand bekommt etwas geschenkt. Auch ich habe immer etwas mehr getan, als viele andere in meiner unmittelbaren Umgebung.«

Frank Elstner beherrscht sogar die Halbwachphase, kurz vor dem Einschlafen: »Das kultiviere ich richtig. Es ist wie ein grenzüberschreitender Verkehr. In dieser tranceähnlichen Halbschlafsituation öffne und gebe ich mich hin. Dabei komme ich auf Gedanken, auf die kein Mensch durch reine Logik kommt.« Das mit dem Träumen hat er raus. Elstner programmiert sogar seine Träume. »Glauben Sie, daß der Mensch alles in seinem Leben erreichen kann!« »Mit einem starken Willen und Talent ist einiges zu erreichen, ja.«

»Sie sind praktizierender Katholik. Können Sie verzeihen, alles verzeihen?« Frank Elstner wirkt nachdenklich. Er überlegt genau und sagt dann: »Ich kann verzeihen, wenn ich keine böse Absicht dahinter vermute. Dann kann ich auch Fehler übersehen. Aber sollte ich bemerken, daß ein Mensch bewußt hinterhältig ist, dann erlaube ich mir die Freiheit, diesen Leuten zu sagen, daß ich nichts von ihnen halte. Ich kann mit Launen fertigwerden, aber ich habe meine Schwierigkeiten mit schlechten Charakteren.« »Können Sie sich auch für begangene Fehler entschuldigen?« »Ich bitte laufend um Entschuldigung, auch bei Damen.« »Leben Sie die sogenannte Gleichberechtigung von Mann und Frau aus?« »Nach meiner Sendung ›Menschen 85‹ wurde ich als Pascha angegriffen, weil ich zu wenige Damen in meiner Sendung hatte. Einstweilen hatten zwei abgesagt. Ich arbeite gerne mit Frauen. Unglücklicherweise setzen sich zum Teil Frauen für die Frauenbewegung ein, die nicht unbedingt feminin sind.

Rita Süßmuth, unsere Gesundheitsministerin, die attraktiv aussieht und Frauliches ausstrahlt, halte ich für eine hervorragende Botschafterin dieser Probleme, die Frauen ohne Zweifel in unserer Gesellschaft haben. Ich halte es für absolut unmöglich, wenn verschiedene Bezahlungen stattfinden. Wer da nicht im Innern kocht, hat kein soziales Gefühl.«

»Könnten Sie mit einer Karrierefrau leben?« »Sicher nicht mit einem Fotomodell, deren Karriere aus einem schönen Äußeren besteht.«

»Wie gut leben Sie mit einer Frau? Brauchen Sie Pausen?«

»Umgekehrt wäre ich weggelaufen.«

Plötzlich kommt der Ober und will abräumen. Frank Elstner plaudert mit ihm wie mit einem Gast in einer seiner Sendungen.

Peter Ustinov

Er ist Schauspieler, Komiker, Drehbuchautor, Schriftsteller, Illustrator, Regisseur von Filmen und Opern. Peter Ustinov, die beeindruckendste Persönlichkeit, die ich je interviewte. Ich traf ihn mehrmals in London.
Wußten sie, daß Peter Ustinov im Grunde seiner Persönlichkeit ein scheuer Mensch ist? Der Literat schrieb in seiner Autobiografie »Dear me«, in Deutschland unter dem Titel veröffentlicht »Ach du meine Güte« (Heyne Verlag) seine Geschichte: gezeugt in Petrograd (heute Leningrad), geboren in London, frühzeitiges Verlassen einer Londoner Eliteschule. Mit 19 schrieb er sein erstes Theaterstück (House of Regrets) und heiratete zum erstenmal. In seinen Memoiren unterhalten sich die zwei Ichs von Peter Ustinov. Ich frage ihn: »Kontrolliert das eine Ich das andere oder motivieren sich beide gegenseitig?« Peter Ustinov lächelt. Er sitzt ganz auf dem Rand der Couch in seiner Suite in einem Londoner Hotel. Er trägt einen grünen Anzug. Seine Hände sind sehr gepflegt. Trotz symphatischer Körperfülle ist er schnell und beweglich. Seine grünen Augen beobachten mich und ich erwarte eine humorige Antwort. Aber der Philospoh antwortet: »Das eine Ich ist der Boxer, das andere Ich der Trainer.« »Glücklicher Peter Ustinov, wenn Sie beides haben!« Er lächelt verschmitzt, legt seine

Hand auf meine und sagt sehr ernst: »Wenn man wirklich einen Trainer hat, dann besitzt man nur ein Ich. Das ist schlimm!« »Sollte das nicht ein erstrebenswertes Ziel eines jeden Menschen sein, mit seinem eigenen Ich harmonisch und zufrieden zu leben?« Peter Ustinov wirkt jetzt sehr englisch: »Wenn sich ein Mensch keine Fragen mehr stellen kann, dann ist das gefährlich. Ich glaube, Hitler stellte sich zu wenig Fragen. Vielleicht erst am Ende seines Lebens!« – »Ist das dann Naivität?« »Es ist eine übertriebene Schizophrenie. Einen Teil davon müssen wir Menschen besitzen, um nicht verrückt zu werden. Denn Schizophrenie ist nur eine übermäßige Normalität. Aber ein Mensch ohne Fragen ist sicher verrückt.« Der Fotograf knipst uns nebeneinander auf dem cremefarbenen Sofa. Peter Ustinov blickt nicht in die Kamera, wie viele andere Persönlichkeiten, die ich interviewte. Für mich erstaunlich! Er ahmt ein trauriges Bellen nach und sieht mich erwartungsvoll an. Wir lachen alle drei! Von der ersten Minute unserer Begegnung an fühle ich mich neben diesem Mann sehr wohl. Er brilliert immer, ohne es zu wollen. Vielleicht beeindruckt er mich deshalb so sehr.

Ich frage: »Von welchen Ideen sind Sie überzeugt?« Er sagt: »Von nichts! Nur daß ich hier bin.« »Haben Sie eine Erklärung für Ihre übermäßige Beliebtheit in Deutschland?« »Ich verstehe es nicht«, antwortet er ehrlich: »ich finde es geradezu rührend, von Herrn von Weizsäcker und Walter Scheel lange Briefe zu meinem Geburtstag zu erhalten. Die Deutschen sind überhaupt aufmerksame Geburtstagsgratulanten. Ich erhielt 1000ende von Briefen. Viele brachte ich mit nach London, um sie hier zu beantworten.« »Wissen Sie die Geburtstage Ihrer 4 Kinder, Ehefrau und Exehefrauen?« »Ja, ich denke an alle, aber ich bin ein schlechter Briefschreiber.« »Wann schrieben Sie den letzten Liebesbrief an Ihre Frau Helene?« »Liebesbriefe kaum, aber Liebeszettel: Komme in 10 Minuten zurück, muß zur Bank und dann weiter ... Die Post nutze ich nicht gerne, Gedanken gehen verloren.«

»Sie starten eine TV-Serie ›Ustinov's People‹, Interviews mit bekannten Persönlichkeiten. Demnächst interviewen Sie Kö-

nig Hussein von Jordanien. Was interessiert Sie an einem Menschen?« »Ich glaube, der Gedanke, daß wir alle in einer Isolation leben. Bei Indira Ghandi hätte mich interessiert, ob sie als Einzelkind ähnliche Erfahrungen wie ich machte. Einzelkinder haben eine natürliche Einsamkeit. Indira Ghandi war sehr einsam und lebte darum schon als Kind sehr nach innen. Mir erging es ähnlich. Hatte ich Probleme als Kind, sprach ich sehr wenig, denn jedesmal wenn ich den Mund öffnete, hieß es: was, du bist noch wach, geh ins Bett! – Nach ein paar Versuchen gab ich auf und wartete darauf, daß meine Eltern das Haus verließen und ich nachdenken konnte. Lebt man als Kind nur unter Erwachsenen, hört man zu, versteht nicht viel, hat keine Geschwister um sich herum und lebt mit seiner eigenen Fantasie. Ich lernte viel von den Tieren. Ist es nicht aufschlußreich, daß ein Hund auf einen anderen wütend wird, obwohl dieser weit entfernt auf der anderen Straßenseite läuft? Und auf der anderen Seite ignorieren sich zwei Hunde völlig. Was sind das für Instinkte! Menschen ergeht es ähnlich. Wir sind auch isoliert. Wir verbringen das ganze Leben, um uns selbst näherzukommen. Nur wenn wir uns verlieben, sehen wir uns selbst durch andere Augen. – Wir suchen unser Ebenbild.« – »Fanden Sie es in Ihren Ehen und Freundschaften?« »Nein, die alten Legenden vom geheimnisvollen Gral macht man die ganze Zeit durch. Wir sind nur heroischer geworden. Wenn man ein Held sein will, ist das gefährlich. Ghadafi ist ein Held für sich selbst. Das ist die Gefahr! Aber es ist auch eine Gefahr, wenn Reagan das alles ernst nimmt. Der eine lebt in der Wüste. Der andere in der Stadt. Ghadafi ist nicht feige, aber er ist viel, viel kindlicher als wir alle denken.« »Können Sie Feinde ignorieren?« »Ich glaube, ignorieren nicht! Aber im Fall Ghadafi war es eine Überreaktion!«
Plötzlich bleibt beim Interview mein Tonbandgerät stehen. Ich tausche die Batterien, aber das Ding funktioniert nicht. Wahrscheinlich sind die neuen Batterien ebenfalls leer. Jetzt werde ich nervös. Ustinov lächelt beruhigend, sagt, daß er sich gerne mehr Zeit nimmt als die geplanten zwei Stunden. Ich telefoniere mit der Rezeption und 15 Minuten später setzten wir

das Interview fort. In der Zwangspause frage ich ihn, wie er auf vermeidbare Ärgerlichkeiten reagiert? »Ich ärgere mich nie. Ich weiß, daß das nichts ändert. Ich denke strategisch, nicht praktisch. Wenn es in meinen Möglichkeiten liegt, versuche ich die Situation zu ändern.«

»Können Sie Anfeindungen in Ihrem Leben vergessen?«

»Nein, ich vergesse niemals, nie! Das beschämt meine Kritiker, wenn sie mir eine Frage stellen und ich entgegne, daß sie diese Frage schon vor 20 Jahren gestellt hatten.« »Sie haben ein erstaunliches Erinnerungsvermögen, daß Sie sich an Begebenheiten Ihrer jüngsten Kindheit in ›Dear me‹ erinnern und diese abrufen können?« »Ja, ich bin manchmal unordentlich, aber insgesamt sehr organisiert. Ich erinnere mich an wichtige Dinge wie unsere Verabredung. Es ist ein Mirakel, daß wir hier sitzen, aber ich erinnere mich auch an unwichtige Sachen. Das ist manchmal hinderlich. Ich staune selbst über mein Computergedächtnis.«

»Sie schrieben das Buch Ihrer Väter und Vorväter ›Mein Rußland‹ (Heyne). Russen lassen sich sehr stark von ihren Gefühlen leiten, ungehemmt weinen und tanzen sie. Wie äußert sich Ihre russische Seele?« – »Mein Charakter ist von einer großen, natürlichen Melancholie überformt, die nichts mit Traurigkeit zu tun hat. Ich fühle mich in Rußland viel mehr zu Hause als ich dachte. Ich selbst befinde mich, wie die Russen, immer im Zustand eines Krieges.« »Führen Sie den Krieg mit Ihren genialen Begabungen und den ständigen Zwängen, die Sie sich selbst auferlegen?« »Das ich in zwei Ichs geteilt bin: mal bin ich fasziniert von mir, dann frage ich mich wieder, ist das wirklich gut? Vielleicht war es doch nicht klug, meine Meinung zu ändern. Dann kommt noch mehr Klugheit hinzu, daß ich sage, jetzt sage ich nichts mehr.« »Vielleicht erreichen Sie durch den kritischen Abstand sich selbst gegenüber so Hervorragendes in Ihrem Leben! Wie ausgeprägt ist Ihre Liebe und Verantwortlichkeit Ihren Kindern gegenüber?« »Extrem, aber das darf nicht ohne Kritik bleiben. Ich helfe ihnen, wenn sie in Gefahr sind. Sie sind eine wundervolle Verpflichtung, aber sie sind ja auch selbständige Menschen. Es wäre gefährlich, das nicht zu-

zugeben. Eltern, die einnehmend sind, sind Menschen, die niemanden alt werden lassen. Ich habe mehr Einfluß auf meine Kinder, wenn ich sie nicht bemerke. Sie sehen, wie ich lebe, nicht, was ich sage. Es kann viel Unsinn geredet werden. Ich versuche, das zu vermeiden. Sollte eines meiner Kinder etwas Schreckliches tun, werde ich mehr für dieses Kind da sein. Aber ich hoffe, daß sie nicht in der Lage sind, etwas Schlimmes zu bewegen.« »Sie sind in dritter Ehe verheiratet. Was bedeutet Ihnen die Mann und Frau Beziehung? Ändert sich etwas durch die neue Selbständigkeit der Frau?« »Emanzipation ist immer in den Händen, die Zeit dafür haben. Es ist wie mit den Gewerkschaften. Die Leute, die dafür Zeit haben, waren nie gute Arbeiter und interessierten sich mehr für Theorien. Natürlich müssen die Frauen frei sein, aber ich hoffe, daß das nicht meine eigene Ehe beeinflußt. Meine Frau und ich sind beide sehr unabhängig, innerlich. Deshalb fühle ich mich sehr gebunden. Wir telefonieren die ganze Zeit.« – »Sie sagen, mit Ihrer jetzigen Frau sind Sie endlich der Mann geworden, der Sie immer schon sein wollten?« »Richtig! Das heißt, daß ich nicht mehr darüber nachdenke, was ich will. Das ist schon etwas Fabelhaftes. Das Gefühl zu haben, daß der andere auch in der Lage ist, sich zu ändern. Und Irritationen vermeidet. Ist es so, dann ist alles möglich.« »Konnten Sie immer offen über sich selber und Ihre innersten Gefühle sprechen?« »Nein!« »Auch in Ihrem Buch sind sie sehr vorsichtig, das zweite ich, der Trainer, versucht den Vorhang etwas zu lüften, aber es gelingt ihm nicht allzusehr?« »Ja, ich bin nie sicher, wenn ich über meine innersten Gedanken spreche. Ich bin vorsichtig mit meinen Gefühlen, weil ich Einzelkind war. In England war man zu meiner Zeit sehr streng mit Kindern. Die Jungen und Mädchen gingen getrennt in die Schulklassen. Deshalb bin ich immer noch schüchtern und kann davon nicht los.« »Gelingt es Ihnen, Ihr Inneres Ihrer Frau zu öffnen?« »Ja, sie hatte zwar viele Geschwister, aber auch sie fühlte sich sehr einsam!«

»Jeder Denker befaßt sich mit dem Leben und dem Tod. Woran glauben Sie?« »Ich bin bereit, jeden Augenblick erstaunt zu sein. Ich glaube nicht an die konventionellen Religionen. Das

wirkt auf mich wie gemeinsam eine Hymne singen. Das ist rührend, aber hat wenig mit Religion zu tun. Es ist komisch, den Vatikan im Fernsehen zu sehen: Sie wissen gar nicht, was sie zuerst machen sollen, singen oder schwatzen.« »Sie wehren sich gegen die Reglementierungen der Kirche wie beim Militär?« »Ja! Und die Konflikte, wie in Nordirland, sind immer noch da. Es ist für mich unmöglich, zu glauben, daß einige Menschen in den Himmel kommen und die Buddhisten nicht. Ich denke oft daran. Ich habe keine große Angst vor dem Tod, nur vor dem Sterben. Die Gedanken der Nächstenliebe in der Religion sind sehr schön, aber das man in einer anderen Glaubensrichtung keinen Schinken essen sollte, verstehe ich nicht. Das ist genauso, wie heute kein Regenwasser trinken. Auch das Konzept von der Sünde ist ein dummer Aspekt. Religion darf keine Schulsache mit erhobenem Zeigefinger und Strafen sein. Ich war ein sehr empfindliches Kind, litt oft unter folgendem Alptraum: ich sterbe und gehe durch eine Tür und sehe plötzlich darin all die Dinge, die ich im Leben vergessen habe. Und das ist die einzige Sünde, die ich verstehe.« »Wovon träumen Sie heute?« »Selten! Ich glaube, wenn man älter wird, träumt man morgens Alpträume, ohne zu wissen, ob es Traum oder Wirklichkeit ist. Man schläft auf einer Hand und daraus wird ein schlimmer Traum. Vor Tagen hatte ich einen frechen Traum: Ich war in einem Flugzeug mit dem Papst und vielen Kardinälen, die alle am Fenster vom Flugzeug standen, gegen die Regeln. Wir landeten und waren alle nicht angeschnallt. Eine Hand berührte mich. Ich drehte mich wütend zu einem der Kardinäle um und sagte: schiebe nicht! Plötzlich dreht sich der Papst zu uns um und fragt: sagen Sie, kann man Aids bekommen, wenn man den Airport küßt? – Dann war ich plötzlich wach.«
Ich denke daran, daß Peter Ustinov sehr aktiv Unicef unterstützt und frage, ob er ein besonders gutes psychologisches Einfühlungsvermögen besitzt? »Ich weiß nicht, das kann ich nicht sicher sagen, aber ein Klischee ist sicher richtig: jeder Mann hat auch eine weibliche Seite. Wenn man Künstler ist, muß man auch eine starke weibliche Seite haben, z. B. die Empfind-

samkeit. Es ist doch erstaunlich, daß in Rußland so viele Männer Tänzer sind. Auch Frauen zeichnen sich durch männliche Kanten aus. In einer Geschichte schrieb ich, daß viele Menschen, die einen Partner heiraten, der ihnen ähnelt, eine narzistische Liebe ausleben. Und ich glaube nicht, daß man in einem anderen Menschen ein Spiegelbild von sich selbst findet. Das wäre auch gefährlich. Man findet immer etwas anderes und kann dann gemeinsam etwas völlig Neues beginnen. Im gewissen Sinne wird der Mensch dann vollkommener. Aber immer ist er einsam, sogar in diesem kleinen ›Häuslein Ehe‹. Sogar Leute, die sich sehr gut kennen, haben immer die Möglichkeit, immer wieder an sich etwas Neues zu entdecken. Und dann ist man ganz erschrocken, wenn ein Mensch Selbstmord begeht.« »Dachten Sie je daran?« »Nein! Ist ein Mensch natürlich, besitzt er Humor und sieht die komische Seite, denkt er nicht daran, daß das Leben so ernst wäre.«
»Was möchten Sie noch lernen?« »Ich lerne heute mehr als in der Schule je möglich war. Ich lerne bis zum Ende meines Lebens. Und vielleicht noch danach, das hängt davon ab, an was man glaubt.« »Wurden Sie gelassener mit den Jahren?« »Es wird gesagt, daß der Mensch mit den Jahren konservativer wird, alles distanzierter sieht. Ich bin radikaler geworden! Ich habe heute sehr viel weniger Geduld. Schade! Nie quälten mich existenzielle Ängste. Dagegen hatte ich immer Angst vor Hunden. Wichtig ist, daß der Mensch keine moralische Angst hat. In der Beziehung fehlt mir jede Furcht. Unsere Zeit ist schwierig genug! Die Demokratie wird angegriffen. Nicht von außen, sondern von innen.«
»Gibt es eine ausgleichende Gerechtigkeit für Sie? Kommt der Wind mal von vorne und mal von hinten?« »Ich drehte gerade eine russische Serie. Da führe ich ein Gespräch mit Tolstoi, den ich frage, ob es richtig sei, daß er Sex für unmoralisch halte, obwohl seine Frau mit dem 13ten Kind schwanger sei. Er antwortete: das ist richtig. Ich fragte in der Szene, daß er das doch scheinbar nicht immer glaubte, und er antwortet: Es ist wichtig, was ich jetzt glaube. – Ich habe den Text selbst geschrieben.«

»In welchen Bereichen sind Sie von Ihrem deutschen Erbgut beeinflußt?« »Ich fühle mich heute wohl in Deutschland, was nicht immer so war. Wenn man sich große Männer, stehend in einem Lastwagen vorstellt, die ›Deutschland! Erwache‹ singen, dann würde ich Deutschland gerne schlafen lassen. Die Deutschen änderten sich sehr. Aber meine russische Seele ist viel erstaunlicher. Ich bin stolz darauf, daß meine Romane in Russisch gedruckt werden und ich in diesem Land nur als Schriftsteller bekannt bin und nicht als Schauspieler. Außer ›Spartacus‹ haben sie nichts gesehen.« Peter Ustinov schätzt den Literaten in sich besonders. Ich frage ihn nach seinem Sinn für Geld. Er lacht, lädt mich ein, mit ihm und seiner Tochter in einem fantastischen Restaurant zu Abend zu essen und beantwortet meine Frage kurz und abschließend: »An Geld bin ich nicht interessiert. Nur wenn ich kein Geld habe leide ich.« Ich frage nach dem letzten Geschenk für seine Frau. »Ich schenkte ihr Brillantohrringe an meinem Geburtstag. Sie will an ihren Geburtstag nicht erinnert werden, also schenke ich an meinem.« »Wieviel Zeit verbringen Sie mit Ihrer Frau, oder brauchen Sie auch Pausen?« »Ich brauche Atempausen, sie auch! Sie ist da sehr verständnisvoll. Wenn ich etwas Neues beginne, ziehe ich mich zwei bis drei Tage zurück und rufe sie an, wenn ich den Anfang gefunden habe. Und sie kommt nach.« »Brauchen Sie sofort eine Bestätigung für neue Texte?« »Nein, über ihren Wert entscheide ich allein. Helene will es manchmal gar nicht lesen. Zwei bis drei Jahre später sagt sie mir dann: das war ja ganz lesenswert.«
Wir machen einen Spaziergang durch den Hyde Park. Peter Ustinov schaut auf dem Weg dorthin konzentriert in einen eleganten Schuhladen. Ich sehe auf seine handgearbeiteten Krokos mit Schnürsenkeln. Er bemerkt meinen Blick und erklärt: »Meine Füße sind leider nicht attraktiv. Ich muß mir deshalb die Schuhe anfertigen lassen.« Er erzählt, wie er die Queen beim Daviscup beobachtete: »Im entscheidenden Endspiel las sie doch wirklich interessiert in einem Reitermagazin.« Wir unterhalten uns auch über Maggie Thatcher, die für Peter Ustinov nur ein Problem hat, daß sie nicht zuhören könne. Im letz-

ten Jahrhundert wäre sie hervorragend als Gouvernante geeignet gewesen. – Der typische Londoner Wind fegt durch seine grauen Haare. Ich erkläre, daß mir das Nieselwetter als geborene Norddeutsche in London gefällt. Peter Ustinov mag Hamburg. Das Meer in der Nähe und die Hanseaten mit ihrem Sinn für den unterkühlten Humor. Nach dem Spaziergang setzen wir unser Gespräch im Hotel fort: »Peter Ustinov, können Sie gut nein sagen?« »Ganz schlecht. Aber ich versuche, es zu lernen.« »Wie frei ist der Mensch überhaupt in seinen Entscheidungen?« »Wir können schon Fenster aufmachen und neugierig sein, aber wir können nicht aus uns selbst heraus. Wir sind alle irgendwie gefangen. Vielleicht bringt uns der Tod die Befreiung? Der Mensch hat nicht das Vermögen, über eigene Grenzen hinwegzugehen. Wissen Sie, wieviele Tiere wir töten, wenn wir durch einen Garten gehen und durch das Gras laufen?« »Leiden Sie unter dieser Vorstellung?« »Ja, die ganze Zeit! Ich schwimme im Schwimmbad und sehe eine Fliege in Schwierigkeiten. Dann greife ich ein. Diese Möglichkeit, bei mir ein schlechtes Gewissen hervorzurufen, zeigt, daß ich jegliches Leben respektiere. Überhaupt fehlt der Respekt in dieser Welt. Nicht die Liebe, denn das finde ich schon zuviel. Respekt ist wie die unausgesprochene Regel in einer Parlamentsdebatte.«

»Glauben Sie an einen wirklichen Frieden? Ist der Mensch fähig dazu?« »Ja, ich glaube, Rußland kann es viel schneller lernen, weil es viel altmodischer ist. Und Rußland einen großen Respekt vor der Vergangenheit hat. Dieses Land hat einen Kiel und ein Segel, aber Amerika rutscht überall hin ...«

»Sie haben eine eigene Segelyacht und werden demnächst Urlaub damit machen. Wie sieht Ihr Urlaub aus?« »Ich bin kein großer Segler, für mich ist das ein Transportmittel. Es ist ein Luxustransportmittel, um in Istanbul anzukommen, ohne daß Lufthansa oder Swissair etwas darüber weiß. Ich sehe auf das Mittelmeer, ohne daß es sich verändert oder modernisiert hätte, man fühlt und spürt, was Hannibal oder Cäsar berührt haben!!!« »Ist es eine Flucht vor der Öffentlichkeit?« »Nein. Aber man sollte nicht die ganze Zeit im Rampenlicht bleiben, jeder

Mensch muß zeitweise seine innere Ruhe finden.« »Ich glaube, daß Sie immer noch nach neuen Erkenntnissen streben. Was fanden Sie bis heute?« »Oh Gott, natürlich ist die Reise durch das Leben ein bißchen traurig. Man findet das heraus, was man nicht kann. In einem Leben kann man nicht alles machen. Menschen baten mich um mehr, als ich geben wollte. Ich dirigierte ein Kinderkonzert, weil man mich darum bat. Daraufhin bot man mir das Orchester für eine ganze Saison an. Ich habe Musik zu gerne, um dies anzunehmen. Hätte ich es aber gemacht, hätte es einige gegeben, die sagen: Was stellt der sich eigentlich vor, kann der alles machen!! Ich denke nicht, daß ich alles kann. Ich sage viel mehr ab in meinem Leben als zu. Nur jeder, der mich gerne in eine Ecke plazieren möchte, ist sehr irritiert.« »Also irritiert es mehr die Umwelt als sie selbst: Ihre Vielseitigkeit?« »Ja, weil gesagt wird: das kann doch kein Profi sein! Ich habe nichts dagegen, aber die Kritiker denken manchmal etwas kleinbürgerlich. Meistens sind sie viel intelligenter als wir und deshalb können sie nicht schreiben. Sie können nur reagieren, weil sie zuviel wissen. Und sehr viel Wissen ist nicht genug. Manche stehen mir sehr nahe. Aber die engagierten Kritiker liegen mir nicht so sehr. Es steht ihnen nicht zu, zu engagiert zu sein. Ich sage gerne, daß ich als ›alter Hut‹ nichts dagegen habe, daß die Flöhe mitkommen, wenn ich im Park spazieren gehe. Wenn mir aber die Flöhe sagen, wohin ich gehen soll, dann stört es mich.« »Welcher Floh darf Ihnen Ihre Zieladresse nennen?« »Das kann von überall her kommen. Das kann von einem Kind mit vier Jahren kommen.« »Was lernten Sie von Ihren eigenen Kindern und Ihre Kinder von Ihnen?« »Ich lernte sehr viel von ihnen. Und ich hoffe, sie von mir ebenfalls. Hoffentlich schreiben sie eigene Bücher. Meine zweite Tochter ist ganz begabt. Es fehlt noch etwas der literarische Ausdruck. Mein Sohn Taktiel ist Bildhauer und meine kleine Tochter, die hier in London lebt, Goldschmiedin. Die Talente kommen von der Familie meiner Mutter. Der Großvater war Architekt, meine Mutter Malerin und Bühnenbildnerin. In meiner Jugend half ich ihr, Bühnen zu bauen.« »Sie sind ein Mann mit ungewöhnlicher Sprachkultur. Wür-

den Sie gerne ausschließlich schreiben?« »Nein, dann würde mir etwas anderes fehlen. Das eine stimuliert das andere.« »Sie beobachten sehr genau. Stört Sie diese Begabung dann, wenn Sie manche Eindrücke lieber vermieden hätten?« »Nein, ich bin sehr schwer zu enttäuschen!« »Sie sagen, daß Schwierigkeiten einen Menschen erst zu einer Persönlichkeit reifen lassen. Welche traurigen Stunden waren das in Ihrem Leben?«
»Als ich einen Oskar erhielt, bemerkte ich an mir eine Traurigkeit. Ich dachte mir: und was jetzt? Warum bin ich nicht mehr so enthusiastisch? Oder ich spiele z. B. Theater und das Stück läuft schlecht. Kurz darauf erhalte ich die Möglichkeit, die Rolle meines Lebens zu spielen. Das Angebot wäre nicht gekommen, wenn das Stück davor ein Erfolg gewesen wäre. Es ist wie mit einem Geschäft: es bricht zusammen oder floriert. *Manchmal sind die schlimmsten Augenblicke des Lebens nur eine Tür zum Glück!*«
Nach einer langen Denkpause sagt der Weltstar: »Ich bin von der Struktur her Optimist. Der Mensch findet immer einen Weg und nimmt in seinem Inneren an Weisheit zu.« »Ist das die Philosophie von Peter Ustinov?« »Jeder sollte wissen, daß nichts wiederkommt und versuchen, damit zu leben. Es kann viel Schlimmeres passieren: z. B. Erblindung. Und wie erstaunlich werden die Menschen damit fertig!«
»Sie sagen, Sie fühlen sich manchmal wie ein 16jähriger?« »Der Mensch verändert sich nicht zu sehr. Ich bin genauso interessiert und neugierig und hektisch wie früher. Nur sind die Menschen heute beeindruckter von meinen Antworten, weil ich älter bin. Ich spreche heute mit mehr Überzeugung, Einfühlungsvermögen und Erfahrung. Ich entschied mich sehr früh, in welche Richtung ich gehen soll. Ich glaube, daß mich ausgeprägte Instinkte in meinen Entscheidungen leiten.« »Sie finden die Antwort auf Probleme immer in sich selbst?« »Ja, vielleicht mache ich Fehler, aber für mich sind sie dann wichtig. Ich bin ein Jagdhund, der nicht weiß, warum er rausläuft. Erklären kann ich es nur dann, wenn ich mit oder ohne Beute zurückkehre.« »Kann der Mensch sein Leben mit seinem Willen beeinflussen?« »Vieles kommt vom Instinkt. Als Kind

wollte ich mir einen bunten Schlips kaufen, weil wir in der Schule einen roten tragen mußten. Ich kaufte bei Harrods einen schwarzen und als ich zuhause ankam, erfuhr ich, daß mein Großvater gestorben war. Das ist Instinkt! Meine Mutter war mehr beeindruckt als ich. Ich kaufte seitdem nie wieder schwarze Garderobe, außer einem Frack. Damals war ich 7 Jahre alt.«

»Sie sprechen 6 Sprachen perfekt. In welcher drücken Sie sich am liebsten aus?« »Es gibt viele Sprachen, die ich nicht beherrsche. Deutsch ist schwierig. Darin brauche ich Übung. Ich lese, schreibe und spreche es. Überhaupt gehen die menschlichen Gedanken zu schnell, um in einer Sprache zu denken. Ich denke französisch, englisch und deutsch, manchmal fließender in französisch als in englisch, weil wir französisch zu Hause sprechen. Aber auch in deutsch.«

»Welche deutschen Politiker liegen Ihnen?« »Ich bin liberal, aber mehr konservativ liberal. Ich schätze Walter Scheel, Willi Brandt und Helmut Schmidt.«

»Was stört Peter Ustinov besonders?« Er lächelt und antwortet mit einem Beispiel. »Ein Zar fasziniert mich besonders: Alexander I, weil er tagsüber einen anderen Charakter hatte als nachts, wenn er arbeitete. Er entwickelte Ideen vom Frieden für ganz Europa, die noch heute revolutionär wären. Aber in meiner russischen Serie mit den Interviews sagte dieser Zar in meinem Text folgendes: Wenn ich mit Napoleon zusammen bin, werde ich mehr der Feldherr als er selbst. Das ist mein wahrer Charakter. Alexander I war empfindlich und sehr menschlich. Nach jeder großen Schlacht, dachte er an die vielen Toten, wofür die anderen sich keine Zeit nahmen. Die planten schon den nächsten Krieg. Das sind nicht unbedingte Ähnlichkeiten mit mir, aber ich könnte das nicht schreiben, wenn ich es nicht so gefühlt hätte. Deshalb glaube ich, daß ich einen guten Eindruck hinterlassen will. Ich bin nicht hart. Ich weiß nicht, ob das eine Schwäche ist. Für manche kann das auch eine Stärke sein. Ich bemerke an mir, daß ich immer an die Konsequenzen einer Aktion denke und nicht nur an die Aktion.« »Wer stärkt Ihnen den Rücken, der gar nicht so breit ist, wie er scheint? »Ich bin kein Mann von großen Initiativen, ich bin ein Mann der Reaktion.« »Sie sind nicht nur ein genialer Denker, sondern auch ein empfindsamer Mann. Sie können über alles sprechen, aber über ihre innersten Gedanken und Gefühle weniger. Geht das niemanden etwas an?« »Ja, wahrscheinlich. Ich habe mich noch nicht selbst entschieden! Aber ich verstehe sehr gut Frau Heuer, was Sie damit sagen wollen. Ich habe mit meinen Kindern die gleichen Schwierigkeiten. Und sie mit mir.« »Welches Kind ist Ihnen besonders ähnlich?« »Das kann ich nicht sagen. Das wechselt wie das Wetter. Es war mit meinem Sohn leichter, weil er auch ein Mann ist. Schlimm wird es, wenn alle vier zusammen sind. Sie sind nicht daran gewöhnt. Dann herrscht eine gewisse Formalität, die enttäuscht. Habe ich sie allein oder zu zweit bei mir, ist es gut, und wir können alles besprechen. Immer leise und immer amüsant! Alle erbten verschiedene Schwächen von mir.« »Dachten Sie nie daran, alleine für sich zu leben? Sie sind das drittemal verheiratet.« »Ich funktioniere besser, wenn ich Verantwortung trage!«

»Sie glauben, daß wir Menschen uns heute keinen Pessimismus mehr leisten können. Daß die Dinge zu schrecklich sind und der Mensch nur mit dem Glauben an das Gute überleben kann. Was können Sie jungen Menschen mit auf den Lebensweg geben?« »Ich weiß es nicht. Wir leben in einer sehr harten Welt. Und das spürt man mehr in den USA als in Europa. Und mehr in Europa als im Osten. Ein Weg ist immer, dem anderen zu helfen, statt nur an sich selbst zudenken.« »Gibt es Illusionen, die Sie nicht verwirklichen möchten?« »Nein, ich bin im Grunde genommen nicht sentimental in diesem Sinn. Ich wurde gefragt, welche Inschrift ich mir auf meinem Grabstein wünschte. Das ist mir gleichgültig. Vielleicht wäre die beste: Keep out of gras!!!«

Elke Kast

Wir lernten uns vor vielen Jahren auf der Hannover Messe kennen. Ich führte Gespräche mit Prominenten und Elke Kast zählte dazu.
Die attraktive blonde ZDF-Moderatorin zeigt Charme und Natürlichkeit. Wir sitzen gemeinsam in der ZDF-Quizserie »Der Apfel fällt nicht weit vom Stamm« neben Horst Pillau und Carlo von Tiedemann im Rateteam. Elke Kast ist eine Frau, die auch Frauen mögen. Sie trägt kein einstudiertes höfliches Lächeln, sie strahlt ungezwungenen Optimismus und Lebensfreude aus. Obwohl sie sich seit Jahren im Fernsehen engagiert, zählt sie zu ihren schönsten Rollen die Mutterrolle für ihre zehnjährige Tochter Katharina: »Natürlich bereitet mir mein breites Aufgabengebiet als Programmoderatorin streckenweise ein schlechtes Gewissen. So führe ich gerade am Sonntagvormittag, dem Familientag, durch das ZDF-Konzert. Aber bisher ist es mir gut gelungen, beiden Seiten gerecht zu werden. Ich sage oft Angebote ab, die durch meinen Ansagejob entstehen. Das reduzierte ich bewußt auf wenige interessante Aufgaben. Dafür habe ich zu großen Spaß, mit Katharina durch die Weinberge zu radeln.«
Elke Kast ist in ihrer Persönlichkeit sehr ausgeglichen. Für die Sendeteams hat sie immer ein nettes Wort bereit. Ihr hübsches

Gesicht unterstreicht sie mit klassischer, vorwiegend in Pastelltönen gehaltener Garderobe. Sie trägt wenig Schmuck, aber er ist erlesen. Ein schmales Goldarmband, dazu einen fein ziselierten Goldring am kleinen Finger und ein hauchdünnes Halskettchen. Ihre zielstrebige Karriere beim ZDF beschreibt die 39jährige so: »Es ist wichtig, *wie* man etwas erreicht. Für mich war nie entscheidend um jeden Preis weiterzukommen. Umso leichter geht es! Enttäuschungen zählen dazu, dafür wird man durch Positives wieder entschädigt.« Ich frage sie: »Du glaubst, daß das Leben ein ständiges Geben und Nehmen ist und jeder einen Preis für rücksichtsloses Machtstreben bezahlt?« »Unbedingt! Und die, die nicht bereit sind zu geben und nur fordern, wundern sich, wenn sie eines Tages den Preis bezahlen müssen. Mit zunehmenden Erfahrungen beobachte ich immer mehr das Phänomen, daß es diese Form der ausgleichende Gerechtigkeit gibt. Rücksichtslose Machenschaften strahlen irgendwann auf den Menschen direkt zurück. Auch beim ZDF gibt es eindrucksvolle Beispiele dafür!« »Berühren dich diese Schicksale?« »Weniger! Ich habe den Vorteil, daß ich als freie Mitarbeiterin nur 10 Tage im Monat arbeite, d. h. ich bin durchschnittlich zwei bis drei Tage pro Woche im ZDF tätig. Deshalb fallen mir Intrigen nicht extrem auf. Mit meinen Kollegen verstehe ich mich ausgezeichnet.«

Die »Strahlefrau« mit der gewinnenden, unkomplizierten Art, geht um 11 Uhr in die Redaktion und entwirft die Texte für die Nachmittagspräsentation um 16 Uhr selbst. Ebenfalls für die Abendansagen, soweit es die Zeit erlaubt. »Du bist nicht nur erfolgreich vor der Kamera, sondern beteiligst dich auch intensiv an der redaktionellen Arbeit. Welche Ziele strebst du auf Dauer an?« »Meine Form der Selbstverwirklichung besteht darin, nicht nur hübsch und adrett vor der Kamera zu stehen, sondern auch an inhaltlichen Fernsehkonzepten mitzuwirken. Langfristig würde das heißen: jeden Tag mitzuarbeiten, was ich im Prinzip nicht anstrebe.« »Einen festen Mitarbeitervertrag würdest du also nicht wollen?« Elke lächelt und antwortet langsam: »Ich schließe es nicht aus. Wenn das ZDF heute sagen würde: Frau Kast, wir geben ihnen einen Vertrag, verbunden mit einer Planstelle, dann würde ich sicher nicht nein sagen.« Die folgende Erklärung klingt vernünftig und lange überlegt: »Katharina wechselt jetzt auf ein Ganztagsgymnasium in Mainz. Die Schule dauert täglich bis 15.30 Uhr, dadurch gewinne ich noch mehr Zeit für meine beruflichen Pläne.

»Elke, die Kamera ist eines der ehrlichsten Vergrößerungsgläser, die es gibt. Was bedeutet sie für dich? Oder ist es dir im Laufe der Jahre gleichgültig geworden, ob das Rotlicht brennt oder nicht?« »Bei mir fand der Wandel statt, daß die Nervosität im Laufe der Jahre abnahm. Und doch bekomme ich feuchte Hände und mein Herz schlägt drei Takte schneller, wenn ich z. B. die »Schwarzwaldklinik« ansage und weiß, daß 24 Millionen und mehr Zuschauer eingeschaltet haben. Oder damals in Berlin bei der Verleihung der »Goldenen Kamera«: war ich doch damals aufgeregt! Ich wußte, Bundespräsident Richard von Weizsäcker und alle Showmaster der Bundesrepublik Deutschland sitzen im Publikum. Dann reißt man sich zusammen und es geht. Dieses aufregende Gefühl ist meiner Meinung nach wichtig und spricht gegen jede Routine. Meine Arbeit bereitet mir großes Vergnügen und beeinflußt mich menschlich gar nicht, wie viele Zuschauer mir sagen, wenn sie mich persönlich kennenlernen. Privat werde ich sogar noch sympathischer empfunden.« Stimmt! An Elke Kast wirkt nichts gekünstelt. Deshalb meine Frage: »Bist du von der Grundstruktur deiner Persönlichkeit ein fröhlicher Mensch, oder versteckst du nur gekonnt die ernsten Seiten und belästigst niemanden damit, nach dem Prinzip: Mein Herz geht niemanden etwas an?« »Ich bin sicher heiter angelegt, aber in den letzten Jahren entdecke ich hin und wieder nachdenkliche und ernste Seiten in mir. Diese Momente oder auch Stunden bringen mich meinem Innersten noch näher.« »Wird das beeinflußt durch äußere Umstände, oder entwickeln sich diese Gedanken aus dir selbst?« Jetzt wirkt Elke Kast sehr ernst. Sie erzählt: »Es ist manchmal auch nur ein Selbstschutz: ich bin gerne und immer für andere Menschen und ihre Nöte da, weil ich stark und ausgleichend wirke. Und dann kommt der Moment, daß mir meine Umgebung zu viel wird, und ich mich aufgefressen fühle. Lange Zeit registrierte ich nicht, wie viel Kraft es mich kostet. Ich bemühe mich in letzter Zeit sehr, manchmal auch egoistisch zu sein, nein zu sagen und einfach mal das Telefon auszuhängen, um Zeit für mich selber zu finden. Dann reicht mir schon eine halbe Stunde. Zum Entspannen. Und doch bekomme ich schon ein ungutes Gefühl anderen gegenüber, obwohl das ja gar keiner weiß!!!« Elke ist selber überrascht über dieses Geständnis!

Nach einer Weile frage ich diese selbständige und doch feminine Frau, an wen sie sich anlehnen kann. »Ich bekomme sehr viel Kraft durch meine Tochter, sehr viel! Sie wird für mich immer mehr zur wirklichen Freundin. Unser Urlaub über Ostern auf Gran Canaria zählt für uns beide zu den schönsten. Ich versuchte auch vom ersten Augenblick an, eine Persönlichkeit aus ihr zu formen und sie in ihr zu sehen. Ich glaube, das ist mir ganz gut gelungen. Ich werde stark, wenn sie lacht, mir aufmerksame Fragen stellt oder sagt: Mami, du bist so still, ist irgendetwas? Dann kann ich sie anlachen und den Kopf schütteln und sie antwortet: Deine Augen haben aber nicht mitgelacht. – Dann spreche ich mit ihr über mein Problem oder warum ich mich ärgerte. Und daß dies mit ihr nichts zu tun hat. Katharina kann ich nichts vormachen.«

»Du führst bekanntlich eine glückliche Ehe mit dem Diplomkaufmann Manfred Kast. Was bedeutet für dich die Institution Ehe?« »Seit 17 Jahren sind wir verheiratet. Mein Mann ist sehr verständnisvoll und toleriert meinen Beruf. Neulich mußte ich für das ZDF nach Tokio fliegen, um die Sondersendung zu moderieren. Oder letztes Jahr nach Moskau. Manfred hatte nichts dagegen. Ich wurde für Moskau ausgewählt, weil ich in Thüringen auf der Schule auch Russisch lernte. Manfred ist mir auch ein guter Freund, auf den ich mich immer verlassen kann. Man muß nicht um jeden Preis verheiratet sein, aber wenn Kinder da sind, ist die Ehe unbedingt wichtig. Die Ehe mit meinem Mann und Katharina bedeutet für mich einen ruhenden Pol. Wo immer ich auch bin, ich freue mich immer nach Hause zu fliegen zu meiner Familie, anstatt in ein nüchternes Apartement zu kommen.« Elke lächelt. Ich glaube, darin liegt das Geheimnis ihrer Ausstrahlung. Für engagierte Frauen ist es wichtig, nicht auch noch im Privatleben zu kämpfen und sich mit dem Partner auseinanderzusetzen. Für die Erziehung ihrer Tochter übernahm sie viele Ideen von ihren Eltern. Am Vater hing sie besonders. »Er baute mein Selbstbewußtsein auf, und erst auf sein Drängen bewarb ich mich beim Fernsehen. Ich war damals Sekretärin und gerade verlobt. Und ich dachte, Manfred hätte etwas dagegen. Mein Vater rief jeden Tag an und fragte, ob ich endlich die Unterlagen abgeschickt hätte. – Leider ist er gestorben. Meine Mutter paßt oft auf Katharina auf. Wir verstehen uns prächtig.«

»Die beruflichen Aufgaben nehmen zu und die Ehe hat nicht darunter gelitten. War das nun mehr Glück oder Arbeit?« »Das Wort Emanzipation stand nie im Vordergrund, wie bei anderen Frauen, die dafür kämpfen müssen. Denn leider ist die Selbständigkeit der Frau oft vom Mann abhängig, und da habe ich es mit meinem hingegen leichter ...«

»Welche Voraussetzungen muß eine harmonische Ehe erfüllen?« »Die geistige Beziehung muß stimmen! Man muß miteinander reden und lachen können. Lachen ist besonders wichtig und Humor, viel Humor.«

»Alice Schwarzer-Theorien beeinflussen nicht dein zwischenmenschliches Denken?« »Doch, Alice Schwarzer ist gut! Alle Frauenbewegungen sind richtig. Sie helfen manches durchsichtiger zu machen: die Wünsche der Frau und die Gleichberechtigung im Beruf und der Bezahlung.« »Kann die Liebe dich so überwältigen, daß du alles hinter dir lassen könntest?« »Nein, das ist mir nie passiert. Daran dachte ich nie. Ich würde mich nie soweit zurückstellen.« Und nachdenklich fährt sie fort: »Respekt und gegenseitiges Vertrauen in den anderen sind wichtiger.«

Reinhold Messner

Der Untertitel seines neuen Buches »Wettlauf zum Gipfel« (Herbig) heißt: »Strategie und Taktik meiner Höchstleistung«. Von diesen Eigenschaften ist Reinhold Messner durch und durch geformt: starkes Ego, ausgezeichnet mit vorzüglichen Denkstrategien, taktischen Beurteilungsvermögen und höchsten Zielen der Selbstverwirklichung.

Sein Vollbart ist frisch gestutzt, er trägt ganz gegen seine Gewohnheit einen schneeweißen Anzug. Er wirkt jungenhaft, als wir uns in seiner Wohnung begrüßen. Er lächelt, nur seine gletscherblauen Augen bleiben kühl und abschätzend. Wieviel Platz ich für meine Kolumne habe, fragt er mich sachlich. Dabei liest er einen Brief, unterstreicht zwei Sätze und gibt diesen mit kurzen Anweisungen an eine zierliche, ungefähr 25jährige blonde Frau weiter. Ich werde ihr nicht vorgestellt! Während unseres Gesprächs sitzt sie still an seiner Seite. Gekonnt stellt er sich für den »Bild am Sonntag«-Fotografen vor die handgeschnitzten Teakmasken an der Wand – Trophäen von seinen vielen Reisen. Seine Wohnung in München ist hell und großräumig mit einer herrlichen Terrasse. Reinhold Messner, der Welt bekanntester und erfolgreichster Bergsteiger, ist sachlich, drahtig und logisch. Er beeindruckt mich durch sein energisches Auftreten und durch seine emotionale Distanz. Seine

Zeit ist genau eingeteilt! Und das gibt er mir zu verstehen mit einem Lächeln, das nicht wärmt. Ich denke spontan an folgende Formulierung einer Zeitung: Computermensch oder Denkmaschine?
Vielleicht sind diese stahlharten Eigenschaften ausschlaggebend, um menschliche Höchstleistungen zu vollbringen. Zwölf Achttausender schaffte er, zwei Brüder verlor er dabei und die letzten beiden Achttausender will er jetzt bezwingen. Aber nicht, um dann einen ruhigeren und ungefährlicheren Weg einzuschlagen, sondern um noch mehr die Lebensgefahr herauszufordern. Und das macht er ganz spannend: »Ich tue das, was ich tun *muß!* Diese Reise ist für mich eine der wichtigsten, die ich je unternahm. Ich trage dieses Ziel schon wie ein Luftschloß in mir, und ich brauche die Bestätigung von dem, was ich mir da zusammengedichtet habe. Ich fahre nach Tibet, zu einem Volk, das ich gerne mag und in ein Land, daß ich als das schönste Land der Welt ansehe. Sollte mir diese Wanderung von 300 km gelingen, dann bin ich frei für wieder etwas Unmögliches. Das werde ich aber erst nach meiner Rückkehr bekanntgeben.« Reinhold Messner will den Weg der Sherpas nachgehen, die diese Strecke im 16. Jahrhundert gingen? Dieser Weg ist politisch und taktisch für ihn besonders schwierig. Sollte der Fußmarsch nicht gelingen, dann zwingt ihn sein Ehrgeiz, ihn noch einmal zu versuchen. Beim Mißlingen der beiden letzten Achttausender ist er nicht so sicher, ob er einen neuen Versuch starten würde. Er betont, daß er die Schriftstellerei völlig vom Bergsteigen ausklammert. Aber doch von den sogenannten »Abfallprodukten« des Bergsteigens, wie Fotos, Filme und Bücher leben muß. Zur Finanzierung des Bergsteigens entwarf er Schuhe und Zelte. Die schöpferischen Tätigkeiten sind ihm das wichtigste dabei. Aber er betont: »Ich besteige die Berge nicht um zu schreiben. In die Berge ging ich schon vor 20 Jahren.« »Sie sind ein Mensch mit sieben Sinnen, ganze Heerscharen von Schutzengeln reservierten Sie für sich, um nicht herunterzufallen. Sind Sie Gott auf den Gipfeln näher?« Kühl antwortet er: »Mit diesen Klischees räumte ich hoffentlich in meinen Büchern auf. Das Neueste ist

die sogenannte ›Endabrechnung‹. Auf den Bergen bin ich Gott nicht näher. Da oben bin ich nicht glücklicher oder weniger glücklich, es ist ein Versuch meines Könnens, ein Ausspielen meiner Erfahrungen, vielleicht auch von Grenzerfahrung. Jeder Mensch entwickelt eigenes Opium bei hohem Streß. Ich schütte körpereigene Opiate aus und erfahre große Erlebnisse.« Hermann Hesse sagte: »Damit das Mögliche möglich wird, muß man das Unmögliche versuchen! Ist das Ihre Triebfeder in Ihrem Leben?« Seine Antwort klingt kurz und überzeugend: »Seit mindestens 25 Jahren!« »Ihr Lebensweg war immer zielstrebig und logisch. Wie fühlen Sie sich in unserer Gesellschaft oder brauchen Sie die Einsamkeit?« »Ja, ich fliehe oft aus dieser hektischen Welt. Diese Hektik packt mich, wenn ich länger in Europa verweile und allen Leuten nachgebe, weil ich ein gutmütiger Mensch bin.« »Ach, ja?«, frage ich erstaunt zurück. »Leider ja!« bestätigt Reinhold Messner.
»Ihre Frau Uschi stellte Ihnen die Frage: »Die Berge oder ich«, die Sie mit Schweigen beantworteten. Wie einsam treffen Sie Ihre Entscheidungen?« Seine Antwort formuliert er sehr vorsichtig und langsam: »Im großen und ganzen möchte ich die Entscheidungen gar nicht alle treffen. Ich würde sie gerne teilen, wie auch meine Erfahrungen. Aber das ist nicht immer möglich. Wenn ich z. B. zum Gipfel des Makhalu hinaufgehe und mein Partner verspürt keine Lust mehr, muß ich alleine entscheiden.« »Das heißt, daß Ihr Lebenspartner schon Ihre, von Ihnen längst entschiedenen Weg mitgehen muß, um erst kurz vor dem Gipfel gefragt zu werden?« »Ja, in diesem Fall schon.« »Ein wenig anstrengend«, denke ich. »Ein Mann, der sich selbst gerne als Maßstab setzt und in seinen Maßstäben lebt.« Darum frage ich Reinhold Messner nach seinen eigenen Leiden trotz übermäßiger Disziplin und Vernunft? »Um Ihnen diese Frage ehrlich zu beantworten, brauche ich Zeit. Ich versuchte das in meinem Lieblingsbuch ›Alleingang‹ zu beschreiben: die wesentlichsten meiner Probleme darzulegen. Wie weit ich meine eigenen Gedanken dabei filterte oder mich zurückhielt, kann ich nicht beantworten. Aber es ist mir zum Teil gelungen. Wenn ich nicht bereit wäre, etwas herzugeben,

würde ich nicht schreiben. Das macht sicher auch einen Teil meines großen Erfolges aus. Ich kann mich in großen Grenzen mitteilen. Es hat keinen Sinn, nur Märchen zu schreiben, Lebenserfahrungen sind gefragt!« »Welche Antwort fanden Sie für sich selbst im Schreiben?« »Mir wurde vieles bewußter dadurch. Vielleicht zählt das Schreiben bei mir zu den Möglichkeiten, mein Unterbewußtsein aufzuschließen und mir klarzumachen: so ist es und nicht anders. Das Schreiben ist eine große Hilfe für mich selbst.« »Die eigenen Bücher sind Ihre besten Freunde? Wie kalkulierbar ist Reinhold Messner für Menschen?« »Meine engsten Freunde, die mich wirklich gut kennen, können mich ganz genau einschätzen. Ich bin kalkulierbar! Und ich bin sicher zuverläßlich. Das ist selbstverständlich dem anderen gegenüber. Aber oft bin ich verläßlicher, als die Menschen, die ich kenne. Ich selbst zähle nur ganz wenige Menschen zu meinen Freunden und lasse selten Menschen nah an mich heran.«

»Was bedeutet Ihnen die Beziehung Mann-Frau? Sie sind geschieden, leben aber wieder mit Ihrer Exfrau Uschi zusammen?« »Die Mann-Frau-Beziehung, wie sie vielen vorschwebt, ist gar nicht existent. Aber was man daraus machen kann, ist viel mehr, als ich immer sehe! Und doch ist es nicht so, daß diese Verbindung alle Probleme löst. Der Mensch ist als Einzelwesen geboren und nicht als Paar. Und sollten sich zwei finden und ein Paar ergeben, dann dürfen sie ja nicht auf den Fehler verfallen zu denken, jetzt bin ich kein Einzelwesen mehr. Das ist die große Gefahr. Viele Paare begehen diesen Fehler. Ich bin sicher: finden sich zwei Einzelwesen, können sie sehr viel gegenseitig erreichen, aber nicht als Paar, sondern als etwas anderes. Was das aber ist, weiß ich noch nicht.« Ich freue mich über diese Antwort, zeigt sie doch, daß Reinhold Messner auch im Emotionalen ein Suchender ist und Sehnsucht nach Vollkommenheit hat. Ich frage: »Welche Voraussetzungen stellen Sie an eine Beziehung?« »Das jeder für sich ein Individuum bleibt, unabhängig und selbständig. Zwischen beiden liegt das Leben zwischen Geburt und Tod: Und das Einsamkeitsproblem, daß mit dem Sterben das größte Problem des Menschen ist. Aber das kann der Partner nicht abnehmen. Er kann den Anderen nur davon fernhalten, daß er diese Ängste nicht mehr spürt. Aber auf Dauer nimmt das kein Mensch einem Partner ab.« »Gab es je für Sie das Gefühl: ich bin geistig, seelisch und körperlich eins mit einer Frau?« »Ja, das hat sich gelegentlich ereignet. Das gab es schon.« »Sehnen Sie sich manchmal nach dieser Selbstfindung im Du?« »Ich sehe es nicht ganz so, ich sehe es mehr als eine Ergänzung aber nicht unbedingt ...« So klar und präzise sich Reinhold Messner über seine Lebensphilosophien und das Bergsteigen äußert, so zurückhaltend und vorsichtig wählt er die Worte über den ganz privaten Reinhold Messner. Langsam setzt er seinen Monolog fort: »Ein Gegenüber mit einem menschlichen Gesicht gibt mir die Möglichkeit, mein eigentliches Menschsein zu erfahren. Das erfuhr ich erst durch meine Alleingänge. Dabei geht es gar nicht nur um eine Frau, sondern um einen Menschen. Es fehlt mir das menschliche Spiegelbild. Ich wußte manchmal nicht mehr, ob ich ein Mensch bin oder ein anderes Wesen. Ich verlor meine Fähigkeit, mein eigenes Inneres klarzulegen. Das passiert schon nach Wochen der Einsamkeit und das kann eine sehr große Verzweiflung bei mir aufkommen lassen.«

Reinhold Messner, was bedeutet für Sie der Glaube? Glauben Sie nur an sich selbst oder gehören Sie einer bestimmten Glaubensrichtung an?« »Der Buddhismus liegt mir nahe, es ist eine atheistische Lebenshaltung. Auch der Pantheismus überzeugt mich. Deshalb bin ich weder Pantheist oder Buddhist. Ich erkenne die Welt als eine göttliche Vollkommenheit an, und ich brauche keine Macht oder Kraft außerhalb dieser Erde, der ich anhänge, um mein Leben zu ertragen. Nein! Deshalb schließe ich nicht aus, daß es noch etwas anderes, nicht faßbares, gibt. Aber es ist nicht das, was viele als Schicksal bezeichnen. Wenn ich z. B. etwas gegen meinen Instinkt unternehme, dann habe ich mich falsch verhalten. Ich schließe es nicht aus, aber ich schließe es auch nicht mit ein, daß es so etwas wie eine ›Richtung‹ gibt. Daß der Mensch aus dieser Richtung nicht herauskommt. Max Frisch beschrieb das hervorragend in seinen Werken. Aber ich kann auch nicht behaupten, daß es so etwas gibt.

Wie ich auch ein Leben nach dem Tod nicht ausschließe und nicht einschließe. Es kann sein, aber es muß nicht sein. Das alles ist nicht wesentlich für dieses Leben hier. Was nach dem Tod sein wird, ist jetzt nicht wichtig. Wenn es das gibt, komme ich dem sowieso nicht aus.« »Ist das mit ein Grund, warum Sie sich mit Mystik beschäftigen, dem ewigen Kreislauf und der Gewißheit des ewigen Lebens?« »Vielleicht. Die Mystiker sind die, welche die Gesetzmäßigkeit dieser Welt am besten verstanden, zu der auch der Mensch zählt. Deshalb bin ich dem Mystizismus verfallen, weil ich die Dinge im Laufe meines Lebens von Grund auf verstehen möchte.« »Ist es nicht überhaupt Ihr Wunsch, alles zu verstehen und zu erreichen?« »Ich möchte möglichst alles greifen, spüren und wissen, im Sinne von selbst erfahren und erleben.« »Was kann ein Mensch in seinem Leben schaffen?« »Nichts! Ein Mensch schafft das ›Nichts‹. Ich bin ein aktiver und kreativer Mensch und doch bilde ich mir ein, daß ich nichts geschafft habe. Eigentlich ist es die Aufgabe des Menschen, die Welt so zu hinterlassen, wie sie schon seit eh und je war. Wir besitzen nicht das Recht, die Welt zu verändern. Wir können etwas ausdrücken oder schaffen, aber auch ein Kunstwerk wird sich früher oder später in Luft auflösen.« »Was wird von Reinhold Messner bleiben?« »Nichts!« »Auch Ihre Bücher nicht?« »Auch nicht. Vielleicht zehn Jahre, vielleicht dann in 300 Jahren wieder, aber das ist alles nichts im Verhältnis zu 2 Millionen Jahren. Der Mensch darf sich nicht einbilden, daß er irgend etwas schafft.« »Und wozu rechnen Sie Ihr Glücksgefühl, wenn Sie heute abend bei der Pressekonferenz Ihr neues Buch vorstellen?« »Ich lebte lange mit diesem Buch. Es ist wichtig, daß ich es anfassen kann, aber immer mit dem Wissen, daß es für die Menschheitsgeschichte nicht wichtig ist.« »Was waren Höhepunkte in Ihrem Leben, daß Sie eine harmonische Zufriedenheit mit sich selbst erleben durften?« »Das völlige Losgelöstsein von allen Fragen erlebte ich streckenweise. Diese Harmonie ohne Fragen und Zweifel erlebte ich sogar häufig, aber nicht ununterbrochen.« »Viele behaupten, Sie seinen ein sachlich gepolter Mensch. Aggieren und reagieren Sie immer in dieser Form oder sind Sie auch ein Mann des Instinktes?« »Ich reagiere auch instinktiv und emotional, aber schon vom Sternzeichen Jungfrau her bin ich von einer gewissen Sachlichkeit geprägt. Das können meine Freunde bestätigen.«

»Große Hektik und gesellschaftliche Anlässe vermeide ich gerne. Nach meiner Rückkehr im September möchte ich am liebsten in Ruhe in meinem Bauernhaus sitzen und lesen. Deshalb bin ich aber kein Einzelgänger. Es genügen mir nur wenige Menschen.« »Sind Sie ein zufriedener Mensch?« »Ja, aber kein satter Mensch. Die kann ich nicht ausstehen.« »Was ist bis heute Ihr Gewinn vom Leben?« »Bis heute füllte mich mein Leben aus. Das ist das Einzige, das wir Menschen können: unsere Lebensspanne ausfüllen mit Emotionen, Begeisterung und Tätigkeiten, die uns wichtig sind.« »Also in jeder Beziehung Grenzen zu überschreiten?« »Vor allem das zu tun, was ich tun muß! Das steht auch in meinem neuen Buch. Ich erkläre, daß die Menschen Mut entwickeln müssen, ihr eigenes Leben selbst zu leben, unbeeinflußt von Eltern, Lehrern, der Wirtschaft oder anderen Zwängen. Wir sind in eine Welt hineingeboren, die uns kaum noch erlaubt, Mensch zu sein. Jeder sollte seine eigene Lust und Freude ausleben.« »War das Ausleben Ihrer am Berg tödlich verunglückten Brüder auch richtig?« »Vom zweiten Bruder weiß ich es weniger als vom Ersten. Für ihn war es sicher der richtige Weg. Wenn er nicht mitgegangen wäre, wäre er bestimmt unglücklich geworden.« »Haben Sie Angst vor dem Tod?« »Im Moment gibt es keine Todesgefahr. Ich weiß nicht, wie ich darauf reagieren würde. Gab es in meinem Leben die Gefahr, existierte bei mir keine Todesangst. Ich bin mit dem Tod einverstanden. Ich weiß, daß ich sterben muß. Ich bin bereits mein eigener Tod und ich lebe mit ihm! Aber ich unternehme alles, um dem aus dem Weg zu gehen. Die große Kunst beim Bergsteigen ist zu überleben. Es wäre so einfach umzukommen.« »Haben Sie Ihr Testament gemacht?« »Ja, habe ich, ja! Das mache ich vor jeder Expedition!«

Alois Schardt

Der Programmdirektor des ZDF, der größten europäischen Fernsehanstalt, ist ein Mann der leisen Töne. Er zählt nicht zu den aggressiven Managern amerikanischen Zuschnitts, die ihre Machtpositionen nutzen, um sich immer und überall rücksichtslos durchzusetzen! Eine bestechende Intelligenz, menschliche Wärme und ständige Neugierde, verbunden mit dem Willen, eigene Ideen durchzusetzen, beeindrucken jeden Gesprächspartner. Das angegraute Haar des jugendlich wirkenden 59jährigen ist gerade gescheitelt. Denkerfalten auf der Stirn und ein wacher, direkter Blick fallen sofort auf. Alois Schardt benutzt keine diplomatischen Umschreibungen. Seine Antworten sind ehrlich und klar formuliert. Er liebt die Wörter. Wir begrüßen uns in der Halle des Hilton Hotels. Wegen eines nachfolgenden Cocktailempfanges trägt er einen exzellenten Maßanzug aus englischem Tuch.
Alois Schardt schrieb richtungweisende Bücher über Grundfragen der Bildung und Erziehung. Zu allen seinen Veröffentlichungen steht er rückhaltslos. Er sagt: »Ich machte aus meinen Grundüberzeugungen, ob politisch oder konfessionell, einen Beruf. Ich verberge ihnen, Frau Heuer, nichts. Meine Wertvorstellungen sind ja ein Teil des Kräfteparallelprogramms, aus dem ich lebe. Diese Form von Interview gebe ich

das erste Mal, aber ich glaube, die Öffentlichkeit hat einen Anspruch darauf zu erfahren, wie ich denke. – Ich hätte in meinem durchaus erfolgreichen Berufsleben nicht so viel bewegen können ohne meine Frau, die eine nie versiegende Energiequelle für mich ist. Originalzitat von ihr: du hast einen streunenden Geist und bist mit einer konstruktiven Untreue ausgezeichnet! Davon lebt mein Geist. Mir bereitet es Spaß, etwas Schweres zu tun. Nur so muß ich alles, was ich lernte, einsetzen und noch ein bißchen mehr. Und damit meine ich nicht, daß ich immer ein wenig besser bin als andere, sondern daß ich ein bißchen mehr tue, als ich vorher getan habe, und sich das dann aufrechnet. So fasse ich auch Bildung auf: nicht entscheidend ist der Bildungsweg, sondern dieses Stück mehr, das jeder hinzulernen kann. In etwa nach Worten Rilkes: »Ich lebe mein Leben in wachsenden Ringen, die sich über die Dinge ziehen, vielleicht werde ich den letzten nicht vollbringen, aber versuchen will ich ihn.«

Nach diesem Prinzip schuf Alois Schardt die richtungweisende Bildungsinstitution »Telekolleg«: das Fernsehen schaffte die einmalige Möglichkeit, sich mit Sendungen und Telemanuskripten Wissen zu erarbeiten. In den Anfangszeiten wurde alle drei Wochen bei einem Kollegtag die Nagelprobe über die erworbenen Kenntnisse gemacht. Für Alois Schardt war es einer der glücklichsten Tage seines Lebens, als er zum ersten Kollegprüftag Hunderte von Menschen mit Büchern unter dem Arm in München zur Prüfung strömen sah. Er erzählt lächelnd: »Als ich dann in meinem Büro saß, sagte meine Sekretärin: Herr Schardt, was werden sie denn jetzt als nächstes versuchen? Ich fühlte mich in meinem Wesen erkannt. Ein halbes Jahr später war ich weg.« Das zählt wohl zu den wesentlichen Charaktereigenschaften dieses Fernsehmanagers: immer wieder neugierig sein, Neues beginnen, etwas erfolgreich durchziehen und abschließen, um wieder Neues beginnen zu können. Er formuliert es so: »Wenn ich mit meiner Frau spazieren gehe, dann sage ich immer, daß wir doch auch noch über den nächsten Berg gehen, um zu sehen, was dahinter ist.«

Alois Schardt ist ein sehr traditionsbestimmter und überzeugter Katholik. Deshalb frage ich ihn: »Finden Sie Antworten auf zwingende Lebensfragen in der Bibel?« »Nicht viele! Die Bibel betrachtet die Welt und den Menschen völlig anders. Dennoch lese ich gerne in Bibeltexten. Eine Hoffnung von mir ist die Verfilmung des alten Testaments. Die Pläne für dieses große internationale Vorhaben sind schon diskutiert.« »Ihre Tochter Barbara nannte mir ein von Ihnen beliebtes Bibelzitat: Mach dir die Welt untertan ... – Stehen Sie zu dieser Forderung Gottes?« Die Antwort folgt schnell: »Das sind keine Forderungen! Ich dachte oft darüber nach. Ich war ja als Kulturreferent bei der CDU mit den Katholiken beschäftigt. Danach übernahm ich die Aufgabe, das Zentralkomitee der Katholiken mit aufzubauen. Es gibt drei Bildungsangebote in der Schöpfungsgeschichte: 1. Gott schuf den Menschen und hauchte ihm eine Seele ein, setzte ihn in die Welt, damit er sich die Welt untertan macht. D. h. er soll etwas bewegen. Die zweite Forderung ist, daß Gott sagte, die Tiere und alles, was das menschliche Auge sieht, werden so sein, wie die Menschen diese benennen. Das heißt, das Wort ist in der Lage, eine Sache zu bestimmen. Daher kommt z. B. das Beten und Verfluchen, etwas in den Mund nehmen, benennen, falsch benennen oder richtig bestimmen. Das kommt immer auf den Menschen zurück. Und das dritte Angebot unterbreitet die Schlange an Adam und Eva am Baum und sagt: Ihr sollt von diesem Apfel essen, und dann werdet ihr erkennen, was gut und was böse ist. Das ist eine neue Dimension. Und das ist unser heutiger Bildungsbegriff: zu erkennen, was gut und was böse ist. In meiner Auslegung steckt ein aufklärerischer Zug, den ich im Katholizismus zu praktizieren versuchte.«

Zu seinen glänzendsten Ideen gehörte die Edition der katholischen Wochenzeitschrift »Publik«. »Über 50 Bischöfe diskutierten über die Zukunft dieses Blattes. »›Publik‹ wurde mir aus der Hand genommen. Das war der schwärzeste Tag meines Lebens. Ich war bei der Einstellung sehr aufgewühlt. Nach den zermürbenden Diskussionen ging ich in die Redaktion und sagte, daß die Zeitschrift tot ist. Viele Mitarbeiter weinten, ausgewachsene Männer, die ihre Zukunft an die Zeitschrift gehängt hatten. Gott sei Dank konnte ich alle journalistischen Kollegen besser unterbringen als ihre Positionen vorher bei ›Publik‹ war. Darauf bin ich stolz. Sie wechselten zum ›Spiegel‹, zur ›Zeit‹, ›Frankfurter Allgemeinen‹ und ›Süddeutschen‹. ›Publik‹ war eine publizistische Empfehlung. Ich saß wochenlang zu Hause, als ob ich mit dem Kopf gegen einen Pfeiler gerannt wäre. Obwohl ich wußte, daß es auf Dauer nicht gut gehen kann. Die kirchlichen Geldgeber hatten sich etwas anderes vorgestellt. Obwohl ich in meinem Vertrag fixieren ließ, daß ich eine *anspruchsvolle* Wochenzeitung mache. Und ich traute mir das zu! Ich traue mir nicht zu, eine Kirchenzeitung zu machen oder eine Boulevardzeitung. Sogar meine schärfsten Gegner fanden meine Zeitung gut. Ich wußte aber insgeheim, daß ich einen Weg gehe, der irgendwann einmal endet. Ich hatte dann folgendes Schlüsselerlebnis beim Zusammentreffen mit dem damaligen apostolischen Nuntius der Vertretung des Papstes. Ein sehr konservativer Mann, der mir folgendes sagte: »Sie sind also der Chefredakteur von ›Publik‹! Ich lese Ihre Zeitung. Daß sie antirömisch ist, das stört mich nicht. Ich weiß, das ist deutsche Tradition. Aber daß sie Antikatholisch ist, das ist schlimm. Ich fragte zurück: »Exzellenz, meinen sie den politischen Teil?« – Er verneinte. Er meinte den Theologischen. Und ich erklärte: »In diesem Blatt schrieb niemand eine Zeile über Theologie, der nicht im Auftrag des Heiligen Stuhls in Deutschland das Lehramt ausfüllt. Das sind diejenigen, die Menschen für das Priesteramt von morgen ausbilden. Sie sagen damit, diese sind antikatholisch. Dann müßten sie ihre Universitäten ändern! –

Daraufhin vermutete der Nuntius, daß ich vielleicht zu wissenschaftsgläubig sei und daß er für mich beten wird.« Und nach einer Gedankenpause sagt Alois Schardt: »In ›Publik‹ konnte ich die Vorstellungen verwirklichen, die immer meine innere Überzeugung bestimmten.« An eine Neuauflage von ›Publik‹ glaubt Alois Schardt nicht.

Sein Verantwortungsbewußtsein, sein vielseitigen Fähigkeiten und sein Können lebt er sehr erfolgreich seit 1972 beim ZDF aus. Zunächst als Verantwortlicher für das Kinder- und

Jugendprogramm. Elf Monate später als Planungschef und seit dem 1. April 1982 als Programmdirektor. Im Nachinein betrachtet, zeigt sein beruflicher Weg eine logische Folge von Karrierestufen!

Ich frage Alois Schardt, ob der Mensch alle Freiheiten hat, sein Leben frei zu gestalten. »Das wäre schauerlich, der Mensch würde wahnsinnig werden. Ich entscheide aus der Fülle der vorhergegangenen Entscheidungen, aber auf einer Schiene, die ein anderer schon legte. Entscheidungen sind nur Kreuzungen von vorgegebenen Wegen und ich bin frei zwischen mehreren Möglichkeiten zu entscheiden, aber ich bin nicht frei, was dann schließlich und endlich sein wird. Es wäre z. B. eine blödsinnige Überlegung, wieder jung sein zu wollen. Und ich habe diesen Wunsch nicht, denn ich bin neugierig, was morgen ist, das was gestern war, weiß ich ja schon.« Nach einer Gedankenpause: »Heute bin ich Chef eines ›Warenhauses‹ mit der Zielgruppe Mensch. Was ich beim ZDF lernte, war vor allem die betriebs- und volkswirtschaftliche Komponente. Ich mußte einen Etat von über 500 Millionen erstellen und verwalten. Das fordert Engagement und Geduld!« »Schlafen sei bei dieser Verantwortung gut?« »Sehr gut! Ich kann urplötzlich 10 Minuten tief schlafen und fühle mich dann wieder frisch.«

»Sie sind bekannt als demokratischer Chef, nicht als Patriarch!« Alois Schardt lächelt warm: »Ich mache mir das Chefsein unbewußt schwer. Ich kann kein ›Boss‹ sein, ich schaffe das nicht. Meine Philosophie ist: ein Chef ist so gut wie seine Mitarbeiter. Ich bin nicht der Beste in meinem Team, aber ich bin der Beste, der den Chef spielt. Es hat auch viel mit meiner religiösen Auffassung zu tun, daß meine Mitarbeiter von mir vor allem als wahre Menschen ernstgenommen werden. Ich überlege jede Entscheidung mit meinen Mitarbeitern und frage lieber einmal zu viel als zu wenig. Natürlich treffe ich täglich viele Entschlüsse, aber ich fühle mich auch verpflichtet, diese zu begründen.«

»Jeder Mensch unterliegt Irrungen. Nehmen wir den Fall! Ein langjähriger Mitarbeiter oder ZDF-Star erlebt ein schweres Schicksal und liefert nicht die gewünschte Arbeit. Entscheiden sie als kühler, rechnerischer Manager oder als Mensch über seinen weiteren beruflichen Weg?« »Ich gebe Zeit und Ratschläge, wenn ich gebeten werde. Gerade in meinem Metier verbrauchen wir Schicksale. Ist ein Künstler oder Entertainer z. B. durch Alkohol in seinem Privatleben gefährdet, dann bin ich entgegen der Auffassung von Johannes Holzammer der Meinung, daß uns das als öffentlich-rechtliche Anstalt nichts angeht. Sollte sich das aber in den jeweiligen Sendungen auswirken, entscheide ich zunächst gegen Live-Auftritte, um dem jeweiligen Menschen eine Chance zu geben, denn viele haben zum Erfolg des ZDF beigetragen. Und wenn auch das nicht mehr geht, überlege ich weitere Konsequenzen. Ich bremse bewußt meine Mitarbeiter, junge Talente aufzubrauchen und sich ihrer Verantwortung in dieser Hinsicht bewußt zu sein. Denn die Leistung, die wir bringen, ist immer die Leistung von Menschen.«

»Im Staatsvertrag steht, daß das Fernsehen unterhalten, bilden, informieren und vor allem Werte vermitteln soll. Welche Werte sind gemeint?« »Der sorglos lebenden Gesellschaft wurde ein Problembewußtsein beigebracht und es ist unsere Aufgabe, Problemlösungen anzubieten. Wir sollten mehr Mut haben, Gefühle zu zeigen und nicht nur Hirn.«

»Wie ist der Mensch Alois Schardt?« »Ich bin gerne gefühlsbetont, ich lache und weine. Ich freue mich über eine zauberhafte Landschaft oder einen seltenen Vogel,und ich kann einfach dasitzen und zwei Stunden meine ›Seele auf die Weide‹ schicken. Logik wird mir in meinem Beruf abverlangt, aber ich liebe die Logik nicht. Sie ist auch nicht liebenswert. Den Uranteil der Irrationalität bei den Bayern liebe ich. Daß Menschen etwas tun ohne jede Logik. Das ist der Mensch in seinem Ursprung, alles andere ist Leistung.«

»Werden Sie vielleicht wieder nach München ziehen?« »Ich werde in Frankfurt in unserem Haus wohnen bleiben, daß meine Frau baute. Aber ich werde in München wieder etwas bewegen, das mich fordert, aber nicht mehr voll beansprucht. Ich durfte in meinem Leben unendlich viel lernen und das möchte ich weitergeben. Redend! Wissen sie Frau Heuer, das Schwieri-

ge in meinem Job ist, daß ich dauernd mit Vollgas fahre und den Fuß nicht vom Gaspedal hebe. Irgendwann möchte ich ihn aber runternehmen, wenn ich mal über 65 bin. Der Mensch muß auch an seine Zukunft denken.« Am 3. November wird Alois Schardt 60.
»Sie führen eine glückliche Ehe mit ihrer Frau Maria. Ihre drei Kinder Barbara, Andreas und Susanne sind auch erfolgreich im Journalismus tätig. War es eine gottgegebene Gnade, Ihrer Frau zu begegnen?« »Es war eine Begegnung mit der Liebe auf den ersten Blick. Eine wirklich totale innere Erschütterung! Wie so schön im Schnulzenschlager gesungen wird: Sieh, wie all mein Herz nach dir schrie! Ich war 16 und besuchte mit einer Jugendgruppe die ältere Schwester meiner Frau im Nachbardorf im Westerwald. Das war unsere schicksalhafte Begegnung.« »Glauben Sie an eine Vorbestimmung durch das Schicksal?« »Ich glaube, daß der liebe Gott etwas mit uns vorhat. Don Bosco schrieb den beherzigenswerten Spruch: ›Gott schreibt auf krummen Zeilen gerade!‹
Deshalb bin ich aber nicht so schicksalsgläubig, daß alles zwingend kommen *muß*.« »Ergänzen Sie und Ihre Frau sich sehr?« »Meine Frau betreut das Finanzressort. Wir sind eine, wie es in meiner Generation ganz wichtig war, Arbeitsgemeinschaft. Eine sogenannte Partnerschaftsehe, in der jeder seine Aufgaben wahrnimmt. Der Vater ist außerhäusig tätig und schafft sich Reputation. Meine Frau gestaltet zu Hause eine sinnlich erfahrbare Atmospäre. Ich verdiene das Geld und meine Frau mehrt es. Als wir heirateten, versprach ich meiner Frau, sie immer zu lieben, die Kinder zu ernähren und sie nie zu langweilen. Seit 36 Jahren sind wir glücklich verheiratet.« »Sie sind auch ein diskutierfreudiger Vater! Was lernten Sie von ihren Kindern?« »Barbara, meine Älteste, ist mir sehr ähnlich. Sie besitzt ein starkes Durchsetzungsvermögen, so daß wir uns gelegentlich auch in die Haare geraten. Von ihr lernte ich, daß ein Mensch so mutig sein kann, allein zu leben. Menschen, die alleine leben und alleine Kinder aufziehen: das ist heute das wahre Heldentum. Den Mut habe ich nicht. Ich bin stolz, daß sie eine hervorragende Journalistin ist. Meine jüngste Tochter

Susanne gehört zu der Generation, die wieder die Zärtlichkeit für sich neu entdeckt. Und mein Enkel hat selbstverständlich Narrenfreiheit. Alle drei Kinder besitzen den gleichen Dickkopf wie ich. Ich werde auch kritisiert! Meine Frau ist ebenfalls ungeheuer starrköpfig, darin sind wir ähnliche Temperamente. Ein schönes Kompliment von meinem Sohn Andreas war, als er seiner Frau bei einer Auseinandersetzung sagte: Sieh doch, wie meine Eltern als Individualisten miteinander auskommen! – Die Kinder lehrten mich, daß ich mich über nichts hinwegmogeln kann. Sie sind sehr literaturbegeistert, und dieser Umgang mit schöngeistiger Literatur hatte für mich immer etwas ›geschmäcklerisches‹. Aber Bücher prägen weniger als ich glaubte.«

»Sie beendeten Ihr Studium unter andrem mit einem Diplom in Psychologie. Wie weit beeinflußt Sie Ihr psychologisches Wissen in der Wertung und Beurteilung Ihrer Mitmenschen und Ihrer Kinden?« »Sehr wenig. Ich vesprach meiner Frau, daß ich die Kinder nie nach den Grundsätzen der klassischen Psychologie erziehen werde. Außerdem war ich immer nur ein heißgeliebter Wochenendvater. Das Studium lehrt nur gewisse Techniken, nach denen der Psychologe Umstände diagnostizieren kann. Mit meinem Studium der Geschichte, Philosophie, Literatur und Psychologie schaffte ich mir eine innere Unabhängigkeit gegenüber dem jeweiligen Aufgabengebiet.« Und nach einer Pause fährt Alois Schardt fort: »Meinen Kindern gegenüber habe ich ein Gespür für Stimmungen. Allerdings bemerkt die meine Frau noch früher. Sie hat einen siebten Sinn dafür. Plötzlich will sie ein Kind anrufen, und in dem Augenblick ruft dieses Kind an. Das ist eine Kommunikation, die nicht über den Kopf geht.«

»Sie entspannen sich bei Gartenarbeit. Was macht diese Freude aus?« »Gartenarbeit ist das Einzige, bei der ich sehen kann, was ich geschafft habe. Der berufliche Karriereweg ist zu abstrakt. Ich sage immer, ich mache Wind in die Gesellschaft. Die Fernsehbilder verschwinden wieder, sie werden aufgenommen oder auch verarbeitet, anfassen kann ich das nicht. Anfassen kann ich Kinder und Enkelkinder, Blumen und Bäu-

me, das hat so etwas sinnträchtiges. Das ist ein tiefes Erlebnis. Meine Frau ist die Gärtnerin mit den grünen Fingern. Ich bin nur für das Grobe: Bäume fällen, hacken und sägen.«
»Sicher erwarten viele Menschen durch Sie als Herrscher über Serien, Spielfilme, das gesamte Fernsehprogramm, eine Förderung und biedern sich in gekrümmter Haltung an. Wie gut können Sie da unterscheiden?« »In vielen Fällen bin ich zu langmütig. Mich kann ein Mensch auch zweimal aufs Kreuz legen, aber dann ist Schluß. Ich irrte schon und tief sitzende menschliche Enttäuschungen vergesse ich nie.« »Was bedeutet Ihnen Treue?« »Dieses Wort nehmen mir viel zu viele Menschen in den Mund. Treue heißt für mich, daß ich auch dann zu einem Menschen stehe, wenn er etwas unternimmt, das ich nicht verstehe. Viele Menschen verwechseln den Begriff der Treue mit dem Begriff der Verläßlichkeit.« »Ein nigerianischer Philosoph sagte folgenden Satz: ›Wir in Afrika sind die einzig wahren Menschen. Wir können lachen und weinen. Ihr Europäer seid nur noch reine Denkmaschinen!« »Das ist nicht ganz falsch! Unsere Gesellschaft verlernte Dinge, die wir hoffentlich wieder lernen: Erstens zu lachen, und nicht alles so furchtbar ernst zu nehmen. Zweitens, daß zu Begegnungen untereinander auch ein natürliches Körpergefühl gehört, sich umarmen und anfassen. Nicht nur der Kopf führt zum Miteinander, sondern der ganze Mensch. Die jungen Leute entdecken die Zärtlichkeit wieder, und sie sind dennoch rational in ihrem Beruf. Aber diese Rationalität bestimmt nicht ihre Lebensphilosophie. Das ist tröstlich und daraus können wir lernen. Sollte ich etwas Zeit haben, werde ich eine Glosse darüber schreiben, daß zu den Grundrechten der Deutschen z. B. auch das Recht auf die Angst gehört. Schlimm wird es, wenn die Angst als Erziehungsmittel eingesetzt wird. Davon mußte ich mich früh befreien. Ich wuchs mit lauter körperlichen Handicaps auf, und je mehr es waren, umso stärker und besser wurde ich. Der Mensch sollte sich jeden Augenblick einfach nur sagen: da bin ich!!!« Alois Schardt wurde als Infanterist an der Westfront schwer verwundet. Es fehlen ein paar Rippen und ein Arm blieb steif. Er erzählt: »Das Denken ist wichtig. Durch den

Kopf wird der Mensch krank oder gesund. Man muß etwas wollen, sonst gelingt es nicht. Der Mensch sollte sich immer sehr viel mehr zumuten, als er gestern getan hat. Es bereitet mir Vergnügen, etwas Schweres zu tun. Nur so muß ich alles einsetzen, was ich lernte, und ein bißchen mehr. Und davon lebt der Geist.«

»Wem teilen Sie sich bei emotionalen Problemen mit?«

»Meiner Frau, meinen Kindern, aber meistens löse ich diese eventuellen Schwierigkeiten allein!«

»Sie sind seit über 40 Jahren Mitglied der CDU. Ist Ihre Partei reformbedürftig?« »In der Bundesrepublik Deutschland bietet die CDU die besten Möglichkeiten. Aktiv tätig werden kann ich nicht, aber wenn sich großer Blödsinn ereignet, dann sage ich das auch öffentlich und lasse mir dafür auch ins Gesicht schlagen.«

»Herr Schardt, wie sieht ihre Prognose für die Medienlandschaft im Jahre 2000 aus?« »Die Zuschauer werden die Chance haben, sich international zu bedienen. Und es wird noch zwei private Sendeanstalten geben, für viel mehr ist nicht Platz!«

»Weil es den Ansprüchen des Publikums nicht entspricht oder weil das Publikum einfach nicht mehr verkraften kann?« – »Zynisch gesagt, das hat wenig mit dem Publikum zu tun. Es kommt darauf an, was der Markt hergibt.« »Welche Sendungen sehen Sie als Programmdirektor mit Vorliebe?« »Natürlich sehe ich sehr viel aus dienstlichen Gründen. Privat am liebsten einen Western oder Krimi. Ich werde dann für Stunden jemand ganz anderer.«

»Herr Schardt, welchen Zeitgenossen würden Sie gerne persönlich kennenlernen?« Die Antwort kommt schnell: »Papst Johannes Paul II. Er ist ein traditionalistisch geprägter Mensch. Bei ihm findet Religiosität nicht nur im Kopf statt, sondern sie kommt aus dem Herzen und nimmt den ganzen Menschen in Anspruch.« »Welche Frage würden sie dem Papst gerne stellen?« »Meine wichtigste Frage wäre an ihn, ob er nicht doch glaubt, daß der Mensch auch im Wohlstand ein guter Christ sein kann. Als Pole bereitet es ihm Besorgnis, das der Wohlstand in Amerika und in Europa den Menschen davon abhält, kirchlich zu sein. Logischerweise ist der Pfarrer in einer armen Gemeinde besonders stark, aber wir leben im Wohlstand und sollten alles unternehmen, daß viele daran teilhaben. Ist das nun der Weg, die Leute vom Glauben wegzubekommen, ja oder nein? Diese Frage beschäftigt mich sehr.« »Glauben Sie, daß der Wohlstand verdirbt?« »Das muß nicht sein. Jeder muß lernen, mit Armut und Wohlstand zu leben. Ich hatte das Glück, beides erleben zu können.«

Wencke Myhre

Schon mit drei Jahren stand Wencke Myhre – mit dem Schnuller im Mund – hinter der Bühne und beobachtete ihren Vater auf den berühmten Brettern, die die Welt bedeuten.
Mit sieben Jahren war sie nicht mehr zu bremsen. Sie erhielt ihr erstes Engagement für fünf Kronen (= DM 2,–). Seit 30 Jahren ist Wencke Myhre erfolgreich im Showgeschäft. Mit Recht wird sie als Temperamentsbündel, Wirbelwind, quirlige Showmasterin bezeichnet. Sie beherrscht souverän Tanz und Gesang. Sie sagt über ihre Karriere: »Mein Beruf ist mein Hobby, denn so wie ich den Beruf betreibe, müßte ich schon vom Fenster weg sein. Ich bekam z. B. vier Kinder, was man eigentlich in diesem Beruf nicht darf. Wenn ich auf der Bühne stehe und das Publikum unterhalte, ist es wie eine Erholung. Kein Mensch oder Telefon stört mich. Ich lebe mich richtig aus. In meinem Leben war ich nie besonders ehrgeizig. Ich nehme nur künstlerisch interessante Angebote an. Quer durch den Gemüsegarten, die mir Spaß machen. Jetzt bereite ich eine große Bühnenshow in Skandinavien vor, und dann möchte ich irgendwann in Deutschland Theater spielen. Tourneeunternehmer Grabowsky bot mir eine attraktive Rolle an. Ich nehme das Angebot vielleicht an, und mein Mann, Michael Pfleghar, wird eventuell die Regie übernehmen.«

Die Künstlerin sieht mit ihren 38 Jahren sehr jung aus. Ich sage es ihr. Sie lacht hell auf! Eine dunkelbraune Lockenpracht rahmt ein feines, fröhliches Gesicht mit einer leichten Stupsnase und großen braunen Kulleraugen. Wencke Myhre ist zierlich. Ihre wohlgeformten langen Beine betont sie mit einem frechen, kurzgearbeiteten, engen Rock in weiß, ein luftiges T-Shirt mit Blumenstickereien und darüber trägt sie eine offene Seidenbluse. Ich begrüße sie in der Halle des Hilton Hotels. Ihr Mann ist dabei. Beide verabschieden sich zärtlich. Ich spüre eine starke Vertrautheit zwischen ihnen. Wir gehen mit ihrem jüngsten Sohn Michael in den Hilton Biergarten. Obwohl Wencke Myhre hohe Stöckelschuhe trägt, tollt sie mit ihrem Kleinen über die Wiese: »Unser Sohn schnullert seit der ersten Sekunde nach der Geburt, nicht wie andere Kinder am Daumen, sondern am Mittelfinger und Ringfinger gleichzeitig.« Ihr Mann erzählt mir begeistert von der erstaunlichen Vielseitigkeit seiner Frau, die noch im siebten Monat neben dem Kochen für die Familie durch das Haus in Norwegen »steppte«. Ich frage Wencke Myhre: »Was können Sie denn nicht?« Sie gibt zu: »Ich bin leider eine Perfektionistin! Ich versuche, alles so gut wie möglich zu machen. Ich liebe meinen Beruf, aber meine Familie steht absolut an erster Stelle, erst dann folgt der Beruf.«

Wencke Myhre wollte eigentlich Kinderärztin werden. Ihre Eltern unterstützten diesen Berufswunsch. Aber wie das Leben eben spielen kann: Sie gewann 1966 in Baden-Baden das deutsche Schlagerfestival, erhielt einen interessanten Plattenvertrag und konnte dann aus diesem bunten »Karussell« nicht mehr aussteigen. Sie sagt: »Im Showgeschäft gibt es den Ausspruch: Why do you take it so seriously?« Ich glaube, man muß dieses Geschäft ernsthaft und voller Überzeugung betreiben. Das Publikum ist der beste Gradmesser für das Können. Für begabte Künstler ist genug Platz im Showbusiness. Jeder, der überzeugt, ist auch gut im Geschäft.« »Welche Eigenschaften muß ein Künstler unbedingt mitbringen, um sich durchzusetzen?« »Keine Neidgefühle, menschliche Großzügigkeit, ausgewogene Diplomatie und den Respekt vor anderen Lebenseinstellungen, den jeder durch viele Auslandsreisen entwickelt. Das ist das Ergebnis einer gewissen Erziehung, die ich erfahren habe.» »Wo liegen ihre Grenzen der Diplomatie?« »Beim Neid anderer hört bei mir jede Großzügigkeit auf. Leider ist in den letzten zehn Jahren extremes Konkurrenzdenken festzustellen.«

»Weisen Sie Menschen in Ihrer direkten Umgebung auf Ihren Ärger hin?« »Ich gebe zu, das fällt mir besonders schwer. Ich vermeide Auseinandersetzungen und ziehe mich dann von diesen Menschen zurück. Besser wäre die italienische Mentalität, offen schimpfen und wieder von vorne anzufangen. Neid und Verleumdung nagen furchtbar an mir. Irgendwann platzt mir dann der Kragen, aber dann gibt es für den anderen keine Chance mehr an meiner Seite. Das ist wahrscheinlich auch eine besondere Schwäche von Künstlern, die ja sehr empfindsam sind und oft auch nicht mit Geld umgehen oder um Geld verhandeln können. Ich wähle Angebote nach dem künstlerischen Anspruch aus und vergesse leicht die Frage nach der Gage. Bis heute fand ich noch keinen geeigneten Manager. Das ist bei mir natürlich auch schwierig, weil ich Skandinavierin bin.«

»Aber Ihr Aussehen und Ihr Temperament entsprechen doch sehr dem südländischen Typ?« »Ja, eine Handleserin sagte mir einmal, daß ich in einem früheren Leben eine italienische Komptesse gewesen wäre. Die levantinische Mentalität liegt mir auch sehr nahe.«

»Michael und ich haben dort auch unlängst ein ›Nest‹ gefunden und fühlen uns in Italien heimisch. Die Sprache lerne ich mit Händen und Füßen. Wenn mein Mann und ich bei einem Herrenschneider bestellen, steht Michael ganz stumm da, obwohl er fließend italienisch spricht und läßt mich mit meinem blöden italienisch erklären, wie ich mir den Hosen- oder Jakkenschnitt für ihn vorstelle. Er lacht sich krank dabei.« »Glauben Sie an sogenannte Voraussagen wie Handleserei oder Astrologie?« »Ein wenig. Wir Künstler sind ein leichtes Opfer dafür. Ich weiß, daß ich mich als Wassermann besondes gut mit Fischen, Waagen und Löwen verstehe. Aber ich will nicht wissen, was mir die Zukunft alles bringt. Die Wassermänner zeichnet eine große Freiheitsliebe aus. Sie stehen logisch zu ihren Überzeugungen. Wir gehen mit wehender Fahne hoch aber aufrecht unter. Wenn überhaupt, beziehe ich mich lieber auf Zahlen. Alles versuche ich mit meiner Glückszahl ›sieben‹. Ist meine Flugnummer 555, addiere ich die Gatenummer dazu und wenn es sein muß die Sitznummer, um auf meine Glückszahl zu kommen. Ich besitze auch eine ausgesprochene Intuition, fast unheimlich! Wir sitzen im Wohnzimmer und ich gehe ans Telefon. Meine Familie sagt: ›Es klingelt doch gar nicht!‹ Aber in dem Moment, wenn ich abheben will, klingelt es. Überhaupt treffe ich meine Entscheidungen nur vom Instinkt her.«

»Ihre erste Ehe ging nach vielen Jahren in die Brüche. Was lernten Sie daraus, um heute in einer glücklichen Ehe mit Michael Pfleghar zu leben?« »Ich heiratete mit 22 Jahren, viel zu früh. Heute heiraten Frauen mit 35, bekommen ihre Kinder mit 40 und leben sehr viel selbstbewußter. Ich schwebte beruflich und privat auf einer rosaroten Wolke bis 30, war ›Mrs. Sunshine‹ in jeder Lebenslage und dazu noch sehr unreif bis dahin. Und dann folgte diese furchtbare Krise mit meinem ersten Mann. Ich wußte weder aus noch ein. Ich war so weit unten, daß es dann nur noch aufwärts gehen konnte. Ich stieg für ein halbes Jahr völlig aus und zog nach Paris. Die Presse verfolgte mich, und die Kinder erfuhren aus der Zeitung, daß ihre Eltern geschieden sind. Bis dahin hatten sie keine Ahnung. Heute weiß ich, daß ein Mensch gelitten haben muß, um als Mensch zu reifen, auch als Künstler.« Wencke Myhre macht eine Atempause, so schnell erzählt sie von dieser traurigen, aber wichtigen Zeitspanne ihres Lebens! »Michael Pfleghar kannte ich schon einige Jahre beruflich. Wir sind uns allerdings immer aus dem Weg gegangen. Unbewußt! Dann traf ich ihn in dieser Zeit wieder, einfach so. Für mich als halb Ertrinkende war es so, als würde ich plötzlich Land sehen. Ich war anfangs sehr unsicher, ich konnte nicht glauben, daß sich so schnell eine Tür zu einem solchen Glück öffnet. Normalerweise muß jeder Mensch erst ein paar Jahre irrelaufen. Und seitdem bin ich mittendrin in dieser ganz großen Liebe, die ich mit Michael das erste Mal erlebe. Ich kann gar nicht beantworten, was diese Liebe ausmacht, bevor ich sterbe.«

»Langjährige Freunde von Michael behaupten, daß er sich in dieser Ehe sehr gewandelt habe?« »Wir philosophieren oft darüber, weil wir bemerkten, daß es immer so hätte sein können. Dieses totale Vertrauen, über alles mit einander reden können, besser als mit einer besten Freundin. Wieviele Ehepaare laufen blind nebeneinander her? Michael und ich mußten aber wahrscheinlich erst eine gewisse Reife erlangen, um es so erleben zu können, das ist eine wirkliche Gnade.« Und nach einer Gedankenpause: »Zu ihrer letzten Frage: Ich glaube nicht, daß sich Michael änderte. Er muß innerlich immer so gewesen sein, mit der Sehnsucht nach Familie. Denn so extrem kann sich ein Mann nicht wandeln.« »Sicher ist auch die berufliche Ergänzung eine wichtiger Bestandteil ihrer Ehe?« »Für mich ist Michael der beste Ratgeber, er ist klug, behält den Überblick, ist hochintelligent. Er ist alles in einem für mich und ich kann mich als Frau an ihn anlehnen. Er ist auch gerecht mit den Kindern. Mein Mann wollte anfangs Norwegisch lernen. Aber ich erklärte ihm, daß es besser ist, wenn die Kinder Deutsch lernen. Jetzt sprechen sie mit ihm Deutsch und Englisch.«

»Wer ist der Boß der Familie?« »Michael! Obwohl ich in meinem Beruf so selbstsicher bin, trifft er die Entscheidungen. Er ist mir überlegen! Ich empfinde es als sehr schön, mich als Frau neben einem Mann ›hilflos‹ fühlen zu können. Wir sind aufeinander eingestellt, und ich frage ihn oft um seinen Rat. Ich finde eine Frau sollte eine ›Frau‹ sein. Länger als zwei Tage können wir nicht getrennt sein. Dann fliegt er oder ich nach.« »Wieviel psychologisches Einfühlungsvermögen zeigt ihr Mann, um ihre jeweilige innere Verfassung zu erkennen?« »Wir sind beide sehr sensibel und eigentlich zwei unheimlich liebe Menschen. Wir wollen es uns beiden schön machen. Es gibt von außen manchen Angriff und auch Härten, wie bei jedem Menschen, Michael und ich schaffen diese Klippen gemeinsam. Es stimmt einfach zwischen uns, es ist das totale Geben und für den anderen da sein. Wir können gemeinsam weinen und la-

chen. Er paßt auf mich auf und ich auf ihn. Z.B. bei der Daimler-Benz Show damals: Wir schützen uns gegenseitig. Was zählt, ist das Publikum und sind nicht die Kritiker.« Wencke Myhre hat Tränen in den Augen. Glückliche Tränen! Bei diesem Thema ist sie sehr gerührt und gibt es zu. »Es ist schrecklich. Bei solchen Dingen fange ich an zu heulen. Das muß ein Künstler wohl haben: diese Naivität.«
Wencke Myhre trägt am linken Ringfinger einen Diamantreif, spitz zugearbeitet. In der Spitze ist ein wunderschönes Herz aus einem Diamanten eingearbeitet. Sie bemerkt meinen aufmerksamen Blick. Ich frage: »Entwarfen Sie diesen Ring selbst und schenkten Sie sich das schöne Stück auch selbst?« Sie lächelt und sagt: »Ja, er ist nach einer Skizze von mir gestaltet und ich schenkte ihn mir. Ich habe damals sehr viel gearbeitet. Als Belohnung!«
»Für einige Ihrer Shows übernahm Michael Pfleghar die Regie. Welche neuen Seiten von Ihnen offenbarte er?« »Die interessante reife Frau mit Persönlichkeit. Er zeigte mich nicht mehr ausschließlich als Wirbelwind.« »Welcher Lied-Text entspricht am ehesten Ihrer Lebenseinstellung?« »Da ist immer ein Lichtschein am Ende des Tunnels.«
»Eine gute Fee gibt Ihnen drei Wünsche frei. Welche Wünsche wären das?« »Gesundheit! Ist der Mensch gesund, kann er alles schaffen. Und den Glauben an morgen! Illusionen darf der Mensch nie verlieren. Mein Mann hat Rückenbeschwerden, nichts Schlimmes. Ich wünsche mir, daß diese Probleme vergehen und ich wünsche, daß meine Kinder ein glückliches Leben haben.« »Frau Myhre, Sie strahlen Fröhlichkeit aus. Woraus schöpfen Sie Ihre innere Kraft?« »Aus meiner Familie. Bei uns ist es wie im Kino: Die Großen gehen zum Teil schon ihre eigenen Wege. Kim, der Größte (15) ist stundenlang beim Angeln, hat eine große Geduld und ist immer ein wenig in Gedanken versunken. Er schreibt auch sehr gut! Danzy, der Zweite (12) ist ein richtiger Lausbub. Wenn ich meinen Taschenrechner liegen lasse, ist dieser in 15 Minuten zerlegt. Er ist ein sehr gesunder Junge und ich muß immer hinter seinen Schularbeiten her sein. Und meine Fam (11) spielt hervorragend Klavier

und ist auch eine gute Reiterin. Also wieder ganz anders! Und unser Kleiner, Michael jr. (4) hat die blauen Augen meiner Schwiegermutter und ist blond. Bei ihm ist alles drin. Er hat eine sehr empfindsame Antenne für Stimmungen. Gestern sagte mein Mann zu mir: ›Hy, Mammi‹ und der Kleine setzte hinzu: ›I love you‹, als hätte er aus der Stimme meines Mannes gehört, daß noch so etwas kommen mußte. Immer komme ich mit meiner Familie auf den Boden der Realität zurück, wo sich das wirkliche Leben abspielt und worum es im Leben geht.«
»Ist ein fünftes Kind geplant?« Wencke Myhre lacht und sagt: »Man soll das Schicksal nicht herausfordern. Wir haben vier gesunde Kinder, that's it! Jeder muß erkennen, was er hat. Niemand darf das Leben überfordern. Ich kann noch 20 Steaks essen, der Geschmack bleibt immer gleich. Ich zeigte meine Live-Show vor 25000 Menschen, ich kann mir auch 40.000 Menschen vorstellen. Aber was ändert das? Mehr kann ein Mensch gar nicht erwarten. Ich wiederhole nochmals: Meine Familie ist das Wichtigste! Wenn sie mich braucht, sage ich alles andere ab. Diesen Urinstinkt lebte ich immer aus. Wir sind gesund, haben gute Freunde. Dafür muß ich dankeschön sagen.«

Horst Wendlandt

Horst Wendlandts Kennzeichen ist eine Davidoff Zigarre und ein unsteter neugieriger Blick aus verschmitzten blauen Augen. Sein eisgrauer Vollbart veränderte sich nicht in den letzten zehn Jahren. Er hat immer einen Schalk auf den Lippen. Und er ist sehr neugierig, fragt mit einer tiefen Stimme auf Berlinerisch lieber zwei Mal nach. Menschen, die ihn nicht kennen, würden ihn in seinem lässigen Aufzug für einen verspäteten Globetrotter halten. Aber jeder kennt ihn als erfolgreichsten deutschen Filmproduzenten. Einen exklusiven Gemischtwarenladen bieten seine Produktionen: Winnetou, King Kong, Apokalypse Now, Amadeus, Otto und nicht zu vergessen die weiteren Streifen Zelluloid »The day after«, die Louis de Funés-Filme, viele Wallace Krimis und die Chaplin-Filme. Der richtige Name von Horst Wendlandt ist Gregon Gubanow. Sein russischer Vater wurde im ersten Weltkrieg in Deutschland gefangengenommen. Er blieb als Landarbeiter. Nach dem zweiten Weltkrieg wurde er Bürgermeister eines kleinen Ortes. Die Schwester von Wendlandts Mutter adoptierte den Jungen, daher der Name Wendlandt. Sie gab ihm den Vornamen Horst. Horst Wendlandt liebte den Vater über alle Maßen. Er erzählte im Hilton Hotel Biergarten: »Mein Vater war wunderbar. Sehr gutmütig und konnte keinem Menschen und keiner Fliege etwas zu Leide tun. In den Ferien fuhr ich immer zu meinen Eltern. Das schlimmste Schicksal hatten damals die Polen und die Russen. Sie waren eine sogenannte zweite Sorte Mensch. Im Vergleich dazu werden die Gastarbeiter heute wie Engel behandelt. Die Polen und Russen mußten die dreckigste Landarbeit verrichten. In der Hitlerära war es das Schicksal der Grenzbevölkerung nicht für voll genommen zu werden.«

Ich betrachte Horst Wendlandt, wir kennen uns seit zehn Jahren. Ich habe immer das Gefühl einen außerordentlichen Menschen vor mir zu haben, mit den Eigenschaften eines lieben Brummbären. Ich frage deshalb: »Du bist wirklich so herzensgut?« »Ja, wahnsinnig! Aber ich fühle mich deshalb nie ausgenutzt. Nur meine russische Seele macht mir manchmal zu schaffen: Himmelhochjauchzend und zu Tode betrübt.« »Und wer setzt deinen beiden Kindern die nötigen Grenzen in der Erziehung?« Horst Wendlandt strahlt, trinkt einen Schluck Weißbier und streicht sich nachdenklich über den Vollbart: »Meine Frau Ilse ist die beste Mutter der Welt. Ich möchte, daß meine Kinder in jungen Jahren glücklich sind. Und nicht erst, wenn sie 60 oder 70 Jahre alt sind und wie andere darauf warten, daß die Alten sterben und sie etwas erben. Das lehne ich kategorisch ab. Man muß Kinder rechtzeitig an Geld gewöhnen, wenn die Eltern Geld verdienen. Sie würden doch gar nicht damit klar kommen, wenn sie von heute auf morgen Reichtum besitzen.« Und voller Stolz erzählt er von seiner Tochter und seinem Sohn. »Es gab bei uns nie Probleme wie Rauschgift oder andere Schwierigkeiten. Susi ist eine große Reiterin. Mit 16 Jahren war sie Vizemeisterin von Berlin im Springreiten. Und Mathias ist ein großer Segler. Sport war immer ein wesentlicher Bestandteil unserer Kinder. Ihre Freundschaften aus diesen Sportclubs bestehen noch heute. Vor Wochen wurde eine Geburtstagsparty gefeiert, und heute sind das erwachsene Männer mit Kindern und davon auch viele Ärzte, wie mein Sohn. Ich kann allen Eltern nur raten, ihre Kinder in einen Sportclub zu geben.« »Ich habe den Eindruck, daß es dich beruhigt, daß deine Kinder verheiratet sind?« »Nein, das nicht. Diese Entscheidung muß jeder für sich selbst treffen. Ich drehte nie an irgendeiner Schraube. Susi wollte erst das Leben und die Männer kennenlernen. Sie hatte eine Menge Freundschaften. Als junges Mädchen verliebt man sich sehr oft. Eines Tages sagte Mathias, daß es an der Zeit sei, sie unter die Haube zu bringen. Susi lachte und sagte, bevor sie nicht den Richtigen findet, heiratet sie nicht. Und dann kam der Richtige!«

»Du bist 35 Jahre verheiratet. Beide macht ihr einen glücklichen und zufriedenen Eindruck?« »Ja, sehr. Ille, so nennt Horst Wendlandt seine Frau, ist mein Lebenspartner schlechthin. Wir sind tolerant miteinander. Wir haben getrennte Schlafzimmer. Ille ist Frühaufsteherin. Ich lese noch gerne bis tief in die Nacht hinein. Wenn die Zugehfrau um 8:00 Uhr kommt, fragt sie mich noch heute, was sie ihr sagen soll, warum ich bis 10:00 Uhr schlafe. Ille ist auch viel realistischer als ich. Sie sagt immer: bleib mal schön auf dem Teppich! Du weißt, daß viele Leute neidisch sind und du in deiner dummen Art denkst, sie freuen sich über deinen Erfolg und mögen dich. Und sie kennt ja alle in der Banche. Sie ist wahnsinnig realistisch, gibt nicht an und schneidet nicht so auf.« »Behauptet das deine Frau von dir?« »Ja, wenn ich beispielsweise Interviews gebe, empfindet sie das als Aufschneiderei. Als vor Jahren in einem Männer-Magazin eine Geschichte über mich stand, mußte ihr Ingmar Bergman mit psychologischen Argumenten eine Stunde lang erklären, warum das gut ist und nicht verkehrt. Sie mag es nicht, wenn irgend jemand mit etwas protzt.« »Aber den Erfolg hast du dir doch erarbeitet, darauf kann doch auch sie mit Recht stolz sein?« Horst Wendlandt lacht: »Das versuche ich ihr auch zu erklären, und ihre Gegenantwort ist dann: Bezahlt man dich dafür? Brauchst du Geld? Du bist nur eitel und willst in die Zeitung. Man muß doch nicht alles erzählen. Und ich antworte dann: solange das Finanzamt weiß, was zu meinem Besitz gehört, kann ich es auch ruhig erzählen.« »Würde deine Frau ein Interview geben?« »Vielleicht, wenn du sie fragst, vielleicht!« Ich verspreche, daß ich seine Frau anrufen werde. Meine nächste Frage bezieht sich auf die Haushaltskasse. »Wir haben keine Gütertrennung, alles geht in eine gemeinsame

Kasse!« Er berichtet: »Private Entscheidungen treffen wir gemeinsam. Eine Ausnahme war unser Segelschiff. Ich überlegte mit Susi, wie wir die Anschaffung der Mutter beibringen können. Wir trauten uns nicht, weil Ille so ungern auf dem Wasser ist. Dann weihte ich Mathias ein. In einer Zeitung fanden wir in einem Artikel den Ausspruch meiner Frau, daß sie gerne mal mit einem Traumschiff um die Welt fahren möchte. Wir waren beim Skilaufen und tranken abends unseren Schoppen und sagten ihr: Wir können dir einen Traum erfüllen. Aber keine Reise um die Welt, sondern mal vier Wochen auf einem Segelschiff. Sie konnte es gar nicht glauben und freute sich riesig.« Einen Segelschein hat nur der Sohn Mathias in der Familie.
Jetzt holt Horst Wendlandt weit aus über seine glückliche und zufriedenen Ehe. Er beißt in den aufgeschnittenen Rettich, lächelt schelmisch, grinst und erzählt: »Unser Kennenlernen war einfach ein gutes Schicksal: ich fuhr 1947 in einem überfüllten Zug zu meinen Eltern und Ille mit ihrer Schwester zu ihren nach Stralsund. Sie stand am Waggonfenster und fragte nach einem Platz. Ich lehnte wegen der Überfüllung ab und riet ihr frech sich einen Platz zu suchen. Ein Mitfahrer öffnete aber die Tür und ließ beide rein. Meine spätere Frau schaute mich wütend an und sagte, daß ich ausgesprochen unhöflich sei. Es wäre ja doch genug Platz, wie ich sehen könnte. Ich entschuldigte mich, und wir unterhielten uns prächtig. Sie wirkte sehr erotisch und wir hielten auch bald Händchen. Es war einfach toll. Mir gefiel auch ihre absolute Sauberkeit, ihre ehrliche sudetendeutsche Art. Ich war ja auch Flüchtling wie sie. Es gefiel mir, wie sie von ihrer Heimat erzählte. Ich war nicht verliebt, ich liebte sie von Anfang an. Wir waren ein halbes Jahr befreundet, bis wir uns verlobten. Ich versprach ihr, sie zu heiraten, wenn ich meinen ersten Job habe. Als ich von Prof. Karl Fröhlich als Kassierer Anfang der 50er Jahre angestellt wurde, heirateten wir, nicht wahr!« Es ist eine Gewohnheit Wendlandts hinter jedem zweiten Satz »nicht wahr« als Betonung stehen zu lassen. Ich frage ihn nach den vielen Verführungen, denen ein erfolgreicher Filmproduzent zwangsläufig ausgesetzt ist. Er grinst und sagt: »Ach, ich bin ganz harmlos. Zwischen Ille und

mir herrscht absolute Vertrautheit. Und was ganz wichtig ist, das Wissen, daß wir zusammengehören. Nie ließ ich etwas wichtiger werden als meine Ehe.« Horst Wendlandt sagt von sich, daß er sich eigentlich von frühester Jugend an nicht änderte. Ich frage ihn: »Ist das eine ererbte Stabilität, die dich geprägt hat? Oder woran liegt es, daß gerade in der Filmbranche so viele Menschen mit dem Erfolg auch starken Persönlichkeitswandlungen unterliegen?« »Es ist eine Sache der Willensstärke. Gerade in der Showbranche gibt es natürlich besonders anfällige, labile Menschen. Im Showbusiness werden zu viele Möglichkeiten zum Ausflippen geboten. Eine gewisse moralische Festigkeit ist wichtig. Nur diese bringt den Menschen weiter. Und vor allem ist es ganz wichtig, daß das Zuhause stimmt, daß das Familienleben glücklich ist. Daß die Ehepartner Verständnis füreinander haben. 35 Jahre miteinander sind eine lange Zeit. Unsere Kinder sind groß, und ich freue mich besonders darüber, daß mein Sohn Arzt wurde und nicht in derselben Branche hinter seinem Vater herrennt.« Und nach einer Pause: »Spätenstens mit 16–17 Jahren habe ich mich genau entschieden, was ich nicht will. Weder wurde ich Mitglied in der Hitlerjugend noch woanders. Menschenansammlungen sind mir seit jeher verhaßt. Und wenn ich etwas will, dann versuche ich alles.« Das war auch mit der Grund warum die Firma »Tobis« Horst Wendlandt nach vielen, vielen Anrufen als Lehrling einstellte, obwohl 150 Bewerbungen vorlagen. Der Produzent erzählt: »Die Sekretärin hielt mich für einen Verrückten, der 10 mal täglich angelaufen kam.«

Zu seinen frühen Erinnerungen zählen spannende Kinoerlebnisse. Als Horst Wendlandt 1947 aus der Kriegsgefangenschaft nach Hause zurückkehrte, ging er mit 50 Pfennig von der Arbeitslosenkarte ins Kino und amüsierte sich bei Chaplin-Filmen. Er sagt: »Die Filme waren so heiter. Diese Stunden im Kino habe ich nie vergessen. Chaplin verschloß die Filmnegative 1950. Und 1970 öffnete er wieder die Kiste und ich erfuhr das zufällig von einem Freund, nachdem ich zehn Jahre hinter den Filmen hergerannt war. In diesen Jahren hieß es immer, daß Chaplin nicht glaubt, daß die Jugend Verständnis für seine Filme hätte. Obwohl ich die Filme Jahre nicht gesehen hatte, ging ich trotzdem sofort hin und kaufte das ganze Paket.« Ein erfolgreiches Paket wie jeder weiß. Ich frage ihn: »Dein letzter Film ›Otto‹ ist sogar der erfolgreichste Film seit Kriegsende in der BRD. Geht das auf deinen Instinkt für den richtigen Stoff zurück, oder wirst du von qualifizierten Mitarbeitern gut beraten?« »Nein, es ist mehr oder weniger das, was in jedem Menschen steckt. Etwas Neues zu entdecken, sich daran aufzuhängen, und es noch besser auszuformen als das Alte. Ich kannte Otto seit 15 Jahren vom TV-Schirm her, und dachte als Produzent nicht daran ihn anzurufen. Und dann stand er plötzlich vor mir, und ich machte mir Vorwürfe, daß ich mit ihm bis dahin keinen Film gedreht hatte. Ich treffe meine Entscheidungen immer sofort. Wenn ich ein Buch lese und der Stoff gefällt mir, überlege ich nicht lange, dann kaufe ich die Rechte und drehe.« »Müssen dir Glücksschauer über den Rücken laufen?« »Nein, keine Schauer, Spaß ist das, Freude. Heute ist es Freude. Als ich anfing, war es eine Qual, weil ich nicht sicher war, ob es richtig ist oder nicht. Auch den Beruf Produzent muß der Mensch lernen.« »Welche Eigenschaften braucht ein erfolgreicher Produzent, wie du es seit 40 Jahren bist?« »Das Geheimnis ist zuzuhören, zu schauen, Dinge anzunehmen oder nicht. Das Entscheidende ist nicht, künstlerisch begabt zu sein, sondern ein Produzent muß auch ein guter Kaufmann sein. Und diese beiden Komponenten vereint findet man ganz selten. Entweder sind sie nur Kaufleute und scheitern daran, daß sie alles zu sehr durchrechnen und streichen und damit einen Film kaputt machen. Oder sie sind zu sehr Künstler und sind nach ein oder zwei Filmen pleite.«

»Du mußt die Stoffe, die du kaufst, verstehen?« »Das ist das Wesentliche überhaupt. Als die Jungfilmer begannen, die eigenen Probleme in Zelluloid umzusetzen sagte ich, daß es nicht meine Aufgabe sein kann, solche Filme zu kaufen oder zu produzieren. Und ich hörte 1970 als Produzent auf. Ich begann mit dem Verleihgeschäft.« Horst Wendlandt schenkte 50% seiner Verleihfirma seinen Angestellten, um für sich und seine Familie Zeit zu gewinnen. Er möchte sich nicht mehr so hetzen. »Je-

des Jahr einen schönen Film, das reicht!«, sagt er. Und er findet auch: »Meine Aufgabe zu entscheiden, was gut und gängig ist und – gut ist, aber nicht gängig – hängt davon ab, einfach Mensch zu bleiben. Ich bin selbst immer der Gleiche geblieben. Ob ich arm oder reich war, ich habe die gleichen Freunde wie vor 40 Jahren. Sogar mein Lebensstandard blieb im Grunde derselbe. Ich esse Zuhause dasselbe wie jeder normale Bürger. Früher konnte ich mir kein Schnitzel leisten, gut, heute kann ich es. Ich spiele und zocke nicht. Ich lebe ein paar Liebhabereien aus, wie Tennisspielen oder Fußball. Im übrigen gestaltet meine Frau das Familienleben, wie es in einer gut funktionierenden Familie sein soll. Das ist ganz wichtig für mich. Auch sie blieb die gleiche wie vor 35 Jahren. Wir haben wie immer dreimal die Woche eine Zugehfrau, sonst kocht Ille und macht mehr sauber als alle Putzfrauen zusammen. Sie erzog die Kinder ohne Kindermädchen, und wir hatten nie ein Problem. Ich bin der Meinung, man darf nie all zu kühne Höhenflüge unternehmen. Ich hatte nie die große künstlerische Ambition, Dinge zu machen, die ich nicht verstehe.«
Ich verstehe Horst Wendlandt, einen lieben Träumer, dessen neuester Film »Momo« ist. Er wurde nach dem Weltbestseller Michael Endes gedreht und läuft am 18. Juli 1986 in Deutschland in den Kinos an. Ein Märchen, wie Horst Wendlandts Leben. »Nur, seines ist wahr!«

Rita Süssmuth

Die Bundesfamilienministerin Rita Süssmuth und ich treffen uns schon um 8.30 Uhr in einem Hotel in Hamburg. Eine zierliche Frau im offenen Trenchcoat kommt mir forsch entgegen. Sie trägt darunter ein graublaues Blousonkleid. Ihr Handschlag ist fest und herzlich. Wie das Gesicht: offen, wenig geschminkt und ein gerader Blick aus dunkelbraunen Augen, die lächeln. Während unseres Gespräches blicken sie mal ironisch, mal nachdenklich. Die Kurzhaarfrisur ist von feinen grauen Strähnen durchzogen. Über meinen Gewürzblumenstrauß aus dem bayerischen Oberland freut sie sich offensichtlich. Sie bittet mich, dem bayerischen Ministerpräsidenten Franz Josef Strauß Grüße zu bestellen. Geduldig stellt sie sich für das Foto auf den windigen Vorplatz des Hotels. Diesen Morgen ist sie um 5.30 Uhr aufgestanden, hat einen Flug hinter sich und eine Sitzung. Auf meine Frage, ob sie Frühaufsteherin ist, lacht sie: »Geworden! In meinen Studienjahren war ich ein Nachtmensch. Heute kann ich mir die Zeit nicht mehr so gut einteilen und wurde Frühaufsteherin. Manchmal schrillt schon um vier Uhr der Wecker.« Sicher liegt das nicht an mangelnder Zeiteinteilung, sondern an den vielen Aufgaben, die die Ministerin nur mit einem Aufwand von 14 und mehr Stunden täglich bewältigen kann. Den täglichen Streß sieht man ihr nicht an. Sie ist ruhig und gelassen, wirkt keinesfalls gehetzt. Über ihre Familie mit ihrem Mann, dem Historiker Hans Süssmuth und der 19jährigen Tochter Claudia, sagt sie: »Der wichtigste Diskussionspartner ist für mich meine Familie. Gerade mit einem Amt wie dem meinen kommen Belastungen auf Mann und Tochter zu, die auch Schwierigkeiten mit sich bringen. Sie kennen als Frau sicher das Gefühl, das mich befällt: Eigentlich müßte ich jetzt zu Hause sein! Ich mußte lernen, daß beides gleichzeitig eben nicht geht und ich auch manchmal ein Auge zudrücken muß. Mein Mann unterstützt mich sehr und übernimmt zu Hause viele Aufgaben. Ich mußte auch lernen, dann seine Entscheidungen zu respektieren.« Sie sieht meinen erstaunten Blick: »Sie leben seit 22 Jahren eine wirkliche Partnerschaft in ihrer Ehe?« frage ich. »Ja, mein Mann wurde zwar traditionsbestimmt erzogen, was dafür keine günstige Voraussetzung war. Aber Erziehung allein macht es nicht. Es gibt für ihn heute fast keinen Bereich, in dem er in der Familie nicht Hand anlegt. Die Partnerschaft in unserer Beziehung heißt, daß er auch das übernimmt, was ich kann und umgekehrt. Wir studierten gemeinsam, haben gleiche Interessen. Oft und gerne arbeiteten wir am Schreibtisch gemeinsam an Publikationen. Sicher gab es aber auch bei uns Konflikte.«

»Sind Sie geprägt von sanfter zurücknehmender Art, die sich mit Geduld durchsetzt?« »Es ist wichtig, nicht alles auf einmal zu wollen und beständig am Ball zu bleiben. Dazu zählt auch, sich selbst zurücknehmen zu können. In jüngeren Jahren war ich anderer Meinung: Alles, was für mich klar im Kopf war, müßte sich auch ohne Probleme in die Praxis umsetzen lassen können. Falsch! Geduld ist wichtig, ohne dabei möglichen Konflikten aus dem Wege zu gehen. Experten behaupten, alles kann demokratisch, partnerschaftlich und offen diskutiert werden. Aber der Alltag sieht doch ganz anders aus. Wir leben in Verpflichtungen und Vereinnahmungen, und oft ist immer noch die Frau für vieles zuständig. Mein Mann lernte dazu und nimmt mir heute sehr viel ab. Er fühlt sich für engste Familienfragen mitverantwortlich. D. h., wenn Mütter in der Erziehung ihrer Söhne vieles vergessen haben, ist die Chance *nicht* verpaßt, einen verständnisvollen Partner in dem erwachsenen Mann zu finden.«

»Frau Ministerin, als eines Ihrer Lebensprinzipien gilt ›learning by doing‹, wieviel konnten Sie Ihrer 19jährigen Tochter an Bewußtsein mitgeben, das Sie selbst mit 19 Jahren nicht hatten?« »Zwischen meiner und ihrer Entwicklung liegen Welten. Manchmal frage ich mich, wer in den Erwartungen weiter fortgeschritten ist: sie oder ich. Wir lernen wechselseitig voneinander, was nicht gegenseitig aufgerechnet werden kann. Häufig bereitet sie mir spontan eine freudige Überraschung. Sie weiß, ihr Vater und ihre Mutter verwöhnen auch sie. Besonders gut schneidet dabei ihr Vater ab. Überhaupt verändert sich die Elternbeziehung mit dem Erwachsenwerden der Kinder. Mal bin ich ausschließlich Mutter, manchmal gibt es wieder Phasen des Abstands. Bei Streitgesprächen gebe ich mich als echte Freundin. Für mich ist die Familie kein Friedhof, in dem geruht wird und das Leben daran gemessen wird, wie ruhig es verläuft. Konfliktsituationen, die bereinigt werden, und Harmoniephasen müssen sich abwechseln. Das weiß meine Tochter und sagt dann: Bitte bleib zu Hause, ich muß dringend etwas mit dir besprechen. Wenn ich mich ärgere, warte ich nicht 14 Tage, bei längerfristigen Lebensbereichen überlege ich dreimal, ob ich sofort reagiere.«

»Welches Erziehungsmittel wählten Sie vorrangig bei ihrer Tochter?« »Dasein, in dem Sinne, daß meine Tochter wußte, auf diese Menschen kann ich mich absolut verlassen, ganz gleich, was ich anstelle. Man muß Kindern etwas zutrauen. Meine Tochter wußte immer, daß ich das Unmögliche möglich mache, wenn sie mich sehr brauchte.« Und nach einer Gedankenpause setzt die Ministerin fort: »Sicher mußte ich manches Mal im Berufsleben lügen, weil man ja nie sagen darf, daß man wegen eines Kindes verhindert ist.« Ich bestätige das mit eigenen Erfahrungen bei meiner Tochter, und Rita Süssmuth erklärt: »Aber da finden wir schon Auswege, Frau Heuer. Sogar mein Mann nahm wichtige Abendtermine nicht wahr, damit er bei unserer Tochter bleiben konnte.«

»Was fehlt Ihnen bei ihrer anspruchsvollen Tätigkeit am mei-

sten in Ihrem Leben?« »Zwei entscheidende Dinge: Die Zeit ist verplant und die nicht eingeteilte Zeit gering. Das hält ein Mensch nur aus, wenn er sich darin noch ›Nischen‹ schafft. So wie Kinder ihre Rückzugsecken benutzen, brauche ich meine Nischen. Meine Hauptkraft schöpfe ich aus Gesprächen mit wertvollen Menschen. Über Fachkenntnisse verfüge ich. Aber diese veröden zu leicht zu rein technischem Wissen, wenn sie nicht mehr auf Menschen bezogen werden.« »Welchen Rat geben Sie Frauen, die aus einem alten Mann/Frau-Schema ausbrechen wollen und sich mit bloßen Familienaufgaben nicht mehr zufriedengeben?« »Wenn eine Frau behauptet: Mein Leben ist zu Hause öde, sollte sie sich zunächst fragen, was sie an sich selbst verändern kann. Ein wenig verlernten wir auch, aus vorgegebenen Lebensbedingungen das Positivste zu machen. Z. B. sollte man sich die Frage vorlegen, worin bin ich als Mensch gut? Die meisten Frauen erzählen sofort, was sie nicht können.« »Ist das eine typisch weibliche Eigenschaft?« »Nein, typische Eigenschaften für Mann und Frau gibt es für mich nicht. Sie sind stark anerzogen. Sicher ist es auch ein Vorteil, daß Frauen selbstkritisch sind, aber ich frage Frauen gerne umgekehrt: Was mögen sie an sich. Denn wenn sie erkennen, daß sie auch noch andere Talente besitzen, ist es der Anfang, das Leben zu ändern. Vielen ist ihre Welt zu klein geworden, sie errichten um ihre Begrenzung Mauern, indem sie entweder nur auf eine Beziehung fixiert sind oder sich ausschließlich an einen Beruf ketten lassen, aber von etwas anderem träumen, das sie in ihrem Hier und Jetzt nicht finden können.«
»Wie ausschließlich leben Sie in der Gegenwart?« »Nicht nur, das wäre furchtbar. Mein Lebensgrundsatz ist: Wenn der Mensch aufhört zu träumen, dann hört er auf zu leben. Wenn ich nicht träumte, würde ich auch nicht weitermachen. Das eine ist das, was ich vorfinde, das andere ist das, wie ich es mir vorstelle und was anders sein kann. So ist es auch im politischen Alltagsgeschäft. Wir können viel bewegen, aber es gibt auch starke Grenzen. Kein Mensch kann sich in jede Lebenssituation so hineinversetzen, wie wir uns das einbilden. Die Politik hat für manche Bereiche keine Antworten, am wenigsten

für individuelle Schicksale. Da wäre sie auch überfordert. Sie kann Rahmenbedingungen schaffen, z. B. in der Wirtschaft. Es ist wie in der Wissenschaft, die auch nicht die Komplexität des Lebens in allen Bereichen erfassen kann.«

»Stehen nun die Männer den Frauen in der Frage der Gleichberechtigung im Weg, oder sind die Frauen sich auch oft selbst im Weg, Frau Süssmuth?« »Wenn Frauen begreifen, daß ihre eigene Solidarität und ihre Entschiedenheit zur Veränderung die besten Voraussetzungen sind, um auch die Männer zu ihren Förderern zu machen, z. B. im öffentlichen Leben, dann wären wir schon ein Stück weiter. Ich hörte einen tiefgründigen Satz in Israel: Mann und Frau besitzen bei aller Unterschiedlichkeit etwas Gemeinsames: Sie möchten geliebt und nicht immer kritisiert werden! Wenn wir Frauen nur geliebt werden wollen, dann fehlt uns manchmal der Mut, uns auch durchzusetzen. Geduldiges Warten mit zielgerechten Hinweisen, die ihre Wirkung haben, das ist richtig.« »Frauen neigen doch allgemein dazu, sich in ihrer Zuneigung zum Mann anzupassen?« »Ja, aber Liebe macht nicht nur abhängig, sondern auch stark. Ich spreche aus Erfahrung: Mich macht sie ungemein stark. Und ich kämpfe seit Jahren dagegen, daß Frauen die Emotion gepachtet haben und die Männer lediglich den Verstand.« »Ist für Sie die Logik der Diener und das Herz der Meister?« »Ja, mit Freude! Und der Humor sich selbst gegenüber. Wenn ich mich z. B. wieder über die gleichen Dinge aufrege, obwohl ich die schon wiederholt erlebte.« »Was enttäuscht Sie am meisten?« »Menschen, die andere für ihre Vorteile benutzen. Nicht selten finden wir dieses Verhalten in der Politik vor.«

Frau Minister und ich bestellen uns einen zweiten Karottensaft. Sie erzählt weiter: »Und ich lache über mich selbst, wenn ich mich an den Haaren aus dem Sumpf gezogen habe und weiß, daß mir wieder die nötige Gelassenheit fehlte.« »Also Sie sind nicht so gelassen, wie Sie wirken?« »Keinesfalls, so wirke ich nur nach außen.« »Wer übt an Ihnen die meiste Kritik?« »Mein Mann, er ist sehr viel direkter als ich. Ich verpacke meine Gefühle besser.«

»Frau Süssmuth, wie stehen die Chancen der Gleichberechtigung in der Zukunft der Bundesrepublik Deutschland?« »Über Erziehung und Bildung können die Frauen nicht alles erreichen. Sie müssen nicht nur die Partnerschaft in all ihren Tiefen begreifen, sondern sie müssen auch lernen, allein leben zu können. In den verschiedenen Bereichen der Öffentlichkeit konnte die moderne Frau erst in letzter Zeit ihre Rolle wahrnehmen. Wir Frauen müssen vor allem lernen, nicht nur als Einzelperson politische und gesellschaftliche Zielvorstellungen durchzusetzen.«

Biographie Holde Heuer

1. Public-Relations-Manager bei Hilton International München seit 1976.

2. Wöchentliche Talk-Show im Hilton seit 1978.

3. Mitwirkung im Rateteam »Der Apfel fällt nicht weit vom Stamm« im Vorabendprogramm des ZDF seit 1984. Moderation Hans-Jürgen Bäumler.

4. Monatliche Wirtschafts-Talk-Shows seit 1.1.1985 in der Sendung »TOP – Aktuelles von Personen«, produziert von der GWF (Gesellschaft für Wirtschaftsfernsehen) für SAT 1.

5. Kolumnistin für »Bild am Sonntag« seit August 1985.

6. ZDF-Interviewerin seit 1986 (O. W. Fischer, Peter Ustinov etc.) im Vorabendprogramm des ZDF.

– 36 Jahre, verheiratet, fünfjährige Tochter Laura.

Als Journalistin und Moderatorin gelingt es Holde Heuer seit vielen Jahren, ihre Gesprächsgäste mit Sensibilität und Intelligenz aus der Reserve zu locken. Zu ihrem Kreis zählen Politiker, Wissenschaftler, Unternehmer, Künstler von Bühne, Fernsehen, Film usw.

Sie kann sich bei Ihren Gesprächen auf Ihre angeborene Neugierde stützen. Dazu kommen Ihre Erfahrungen von längeren Aufenthalten in Paris, London und Los Angeles, bei denen sich Holde Heuer gerne von den Fragen leiten ließ: Wer ist eigentlich dieser Mensch? Was bewegt ihn? Wer ist er wirklich?

Langen Müller

Guido Baumann

Mein Gästebuch
Gefragte Leute

Langen
Müller

Langen Müller